바울과 야고보, 가톨릭과 개신교, 복음주의자와 자유주의자에 이르기까지 복음과 신앙은 핵심 논제였다. 각자는 각 시대와 상황에서 이 두 주제에 대해서, 또 그 관계에 대해서 나름의 해답 혹은 해석을 내놓았다. 지난 세기 중반 이후 개신교인들, 특히 복음주의자들은 이 문제를 심도 있게 논의해왔다. 그 결과 신약성서가 말하는 믿음은 복음의 내용에 대한 지적 동의, 하나님께 대한 강력한 신뢰, 예수님에 대한 충성 등의 용례가 있음을 밝혀냈다. 그중에서 본서는 복음의 내용이 왕으로 즉위해 있는 예수에 대한 충성이라는 측면으로 철저하게 신약성서 연관 본문을 해석해내고 있다. 그 동안 복음을 이신득의에 대한 지적 동의로만 알았던 크리스천들에게 본서는 복음의 내용과 실천에 대한 신선한 지식을 제공해줌과 아울러 복음의 핵심 내용인 왕이신 예수께 지금 충성해야 함을 도전하고 있다.

김동수 평택대학교 신학과 교수

매튜 W. 베이츠의 『왕이신 예수의 복음』 제목 자체가 저자의 저술 목적을 확연히 드러낸다. 저자에 따르면 신약성경이 제시하는 복음은 일차적으로 메시아이신 나사렛 예수의 왕권, 특별히 왕위로의 등극에 관한 것이다. 따라서 복음은 왕으로 오신, 앞으로 오실 예수를 향한 충성을 핵심 사상으로 담는다. 여기서 저자는 복음의 내용과 그 내용에 대한 그리스도인의 반응 사이에는 구별이 있어야 한다고 주장한다. 그에 따르면 복음의 본질은 예수에 관한 것이지, 단순히 우리의 구원에 관한 것이 아니다. 이 점은 이신칭의 교리에 집중해온 전통적 개신교인들에게는 매우 충격적일 수 있다. 저자는 신앙과 행위, 이신칭의, 믿음 우선주의와 같은 가르침들 안에 놓인 대중적 오해와 오류들을 과감하게 지적하면서 성경에서 말하는 복음의 본류로 돌아갈 것을 강력하고 설득력 있게 주장한다. 기존 태도를 흔들어 놓을 뿐 아니라 새롭게 복음을 이해하도록 이끈다. 저자의 모든 논의와 주장에 다 동의하지 않는다 할지라도 복음에 관심이 있는 목회자들, 설교자들, 신학생들은 반드시 읽어야 할 도전적인 책이다.

류호준 백석대학교 신학대학원 은퇴교수

"왕이신 예수께 충성하는 제자가 되라"는 명령은 신약성서의 지속적인 요구로서 믿음은 행동으로써 체현되어야 함을 함의한다. 이처럼 중요한 요소를 망각한 오늘의 교회와 그리스도인이 사회에 무엇을 보여줄지 주저되는 현실에서, 저자는 신약성서의 핵심 주제가 무엇인지 묻는다. "예수 그리스도를 통한 하나님의 구원 행동"으로서의 "복음"은 변질되거나 축소될 수 없지만, 세상은 그것을 변조하라고 유혹하고, 교회는 그것에 재빠르게 반응하여 "믿음에 관한 오해의 미궁" 속으로 탈선했다는 파격적 진단이다. 저자는 이것이 복음이 바뀌어야 할 명확한 이유이며, 복음의 클라이맥스(climax)인 "예수를 왕으로 인정하고 그에게 전적으로 충성하는 것"이야말로 세상을 변혁시키는 강력한 토대라고 선언함으로써 독자를 복음의 본질 앞으로 호출한다. 기존의 해석과 달라 다소 도발적이지만, 저자의 논지를 곱씹어 보면 현대 교회와 그리스도인이 섭취할 또 하나의 영양소임을 인정하게 될 것이다.

윤철원 서울신학대학교 신약학 교수

이 책은 매우 진솔하고 솔직한 언어로 쓰여 있다. 저자는 복음이란 기존의 로마서의 길도, 이신칭의도, 하나님이나 예수도 아니라고 주장한다. 그에게 복음의 신학적 요점은 "예수가 왕이신 그리스도"라는 것이다. 저자에게 자주 믿음으로 번역되는 그리스어 피스티스의 핵심은 "충성"이다. 그래서 그가 기대하는 목적의 하나가 다른 대중적 기독교 저서들보다 더 정확하고 명확한 "충성"으로 기독교 신앙관을 파악하는 것이다. 이를 위해 저자는 딱딱하거나 지루하지 않은 어투로 독자와 대화한다. 그래서 이 책은 전공자부터 비전공자에 이르기까지 부담스럽지 않으면서도 흥미로움을 증여한다.

이민규 한국성서대학교 신약학 교수

『오직 충성으로 받는 구원』을 통하여 주목을 받았던 노던 신학교의 매튜 베이츠 교수는 보다 쉬운 책인『왕이신 예수의 복음』에서 복음, 믿음, 행위, 이신칭의, 은혜 등과 같은 신약성경의 중요한 주제들에 대해 재고하게 한다. 그는 교회에 만연해 있는 부정확한 복음에 대한 이해를 거부하고 복음을 오직 왕이신 예수께서 행하신 일로 설득력 있게 정의한다. 또한 피스티스를 "믿음"으로 번역하는 구 관점을 비판하고, "신실"로 번역하는 새 관점도 비판하면서 특정한 문맥에서는 "충성"으로 번역할 때 더 나은 해석이 가능하다고 주장한다. 이 책은 새 관점의 입장에 서서 기독론과 구원론에 대한 새로운 이해를 돕는 훌륭한 책으로 일반 성도, 목회자, 신학자들의 신앙과 학문에 큰 유익을 줄 것이다.

이상일 총신대학교 신약학 교수

복음과 믿음이 무엇인지 진지하게 성찰하게 할 새 책이 나왔다.『왕이신 예수의 복음』은 신약성경의 "믿음"(피스티스)의 상당 부분을 "충성"으로 이해해야 한다고 주장하며, 전통적인 이신칭의 중심적 복음 이해에 날카롭고 의미심장한 의문과 비평을 던진다. 무엇보다도 삶과 신앙을 분리시키는 문제의 핵심을 신랄하게 지적하며, 개신교의 전통적인 복음 이해가 태생적으로 지닌 단점의 역린을 건드린다. 논의는 단순한 서술과 주장을 넘어서 있다. 저자는 "피스티스 크리스투", "새 관점과 옛 관점", 바클레이의 "은혜 개념 연구" 등 최근 학계의 논의를 반영하면서 자신의 논지를 개진할 뿐 아니라, 개신교와 가톨릭 사이의 이해 갈등과 대화 창구에 자신의 주장을 적극적으로 반영한다. 충성에 대한 저자의 강조는 우리 시대에 "충성된 순종"이 약화된 분위기에 충분한 자극제 역할을 한다. 본서는 복음이 무엇이고, 믿음이 무엇이며, 참 구원이 어떤 것인지를 신중하게 고민하고 행동하는 길로 독자를 인도하고 자극할 것이다.

이진섭 에스라성경대학원대학교 신약학 교수

예수를 믿는다는 것은 무엇일까? 하나님의 크신 은혜라는 문구 속에 그 은혜는 우리의 구원과 무슨 상관이 있는 걸까? 단순히 교리적 제의적 고백 속에 겉돌아온 신약성서의 이 개념들은 이 책에서 철저히 해부되어 새로운 함의로 거듭나며 성서적 신앙의 층을 두텁게 조형한다. 그 알짬은 신약성서에서 예수에 대한 믿음(*pistis*)이란 게 단지 인격적 신뢰를 가리키는 데 그치지 않고 그의 가르침과 삶에 대한 온전한 충성, 그의 복음에 대한 철저한 순종을 포괄한다는 것이다. 이러한 어휘 해석이 전혀 새로운 것은 아닐지라도 이 책은 그 개념의 풍성한 재구성, 재조명을 통해 오늘날 기독교 신자들이 외면하거나 피상적으로 인식해온 믿음의 세계를 충성과 행함, 은혜와 구원이란 맥락에서 확대 적용함으로써 복음서와 바울 서신을 소통시키고, 1세기 당대의 신앙과 21세기 오늘날의 신앙을 연동시킨다. "예수를 믿는다"는 고백이 단지 주술적인 동어반복처럼 그저 교회 주일예배 모임 가운데 우리 입술에서 달싹거릴 뿐이고 교회 밖으로 나서서 그렇게 고백한 예수의 인격을 닮아가고 그리스도의 구원을 이루어나가는 투쟁적인 충실성이 결여된다면 그 고백은 얼마나 공허하고 무기력한 것일까.

차정식 한일장신대학교 신학과 교수

빨-주-노-초-파-남-보, 일곱 색깔 무지개다. 빨간색을 제일 좋아하고, 초록색이 가장 산뜻해 보여도 이것만으로 무지개의 다채로운 형체를 다 드러내긴 역부족이다. 예수 십자가에 대한 "믿음"이나 예수 부활에 대한 "믿음"은 소중하다. 그러나 이 "믿음"의 본말은 그리스도 사건을 피상적 점(dot)으로 끝내지 않는다. 그렇다. 점들로 이어진 실체적 선(line)을 따라가다 보면 "믿음"은 승천하셔서 왕으로 통치하시는 예수께 마땅히 돌려야 할 우리의 "충성"으로 귀결된다. 그리스도의 복음은 이처럼 넓고 깊고 높다. 더 정확히 말해 이 복음은 그처럼 넓고 깊고 높게 이해되어야 한다. 우리가 이 땅에서 만들어 낸 복음이 아닌 우리가 깨달아야 할 하늘의 복음이기 때문이다. 이 작품은 베이츠가 앞서 소개한 자신의 책『오직 충성으로 얻는 구원』의 자매편과 같다. 도발과 전복의 시즌 2인 셈이다. 이전보다 더 교육적이고 더 목양적인 걸 보면 "복음이 말하는 충성"은 "사랑으로써 역사하는 믿음"(갈 5:6)을 보여주는 듯싶다. 예수의 제자로 살기를 고민하고 있는가? 베이츠의 오랜 고민과 해법에도 귀를 기울여보자.

허주 아신대학교 신약학 교수

개신교 전통에 속한 우리는 교회가 항상 개혁하고 있다고 믿지만, 이러한 개혁은 성경에 집중된 시선을 유지해야 한다. 『왕이신 예수의 복음』은 신약성경의 복음 본문을 통해 모험적인 여정을 시작함으로써 복음주의의 복음을 개혁한다. 베이츠는 자신의 강력한 목소리를 더해 주요 목회자-신학자들에게 보다 정확한 복음을 전하도록 도전한다. 교회에서 꼭 읽어야 할 책이다.

스캇 맥나이트 노던 신학교, 『왕 예수 복음』의 저자

달라스 윌라드의 명언이 제자도에 대한 우리의 생각을 인도해야 한다. "우리가 전하는 예수와 우리가 지지하는 복음은 우리가 얻을 제자를 결정할 것이다." 『왕이신 예수의 복음』은 성경의 복음이 포괄적인 복음이라는 것을 보여주며 정곡을 찌른다.

바비 해링턴 Renew.org 및 Discipleship.org의 설립자

본서는 신약성경으로 돌아가 복음을 다시 한번 듣도록 우리를 초대하는 자극적이고 도전적인 책이다. 예수와 사도들에게 "믿음"이라는 단어는 어떤 의미였으며, "믿음"에 대한 현대의 언어는 그들의 고민을 충실히 대변하고 있을까? 그의 모든 결론에 동의하든 않든 모든 독자는 신약성경에서 가장 중요한 이 주제에 대한 베이츠의 탐구를 통해 유익을 얻을 수 있을 것이다.

팀 맥키 더 바이블 프로젝트 공동 설립자

이 책은 요점을 바로 짚어주며, 솔직히 우리의 마음을 아프게 한다. 당신은 충격 때문에 한걸음 뒤로 물러섬과 동시에 호기심에 쌓이게 되지만, 결국에는 충성할 가치가 있는 유일한 분께 무릎을 꿇고 항복하는 자신을 발견하게 될 것이다.

카일 아이들먼 켄터키주 루이빌의 사우스이스트 크리스천 교회 담임목사, 『팬인가, 제자인가』의 저자

신실함을 배양하기 위한 목적을 지닌 흥미롭고 도발적인 베이츠의 최신 책은 기독교인들이 하고 있거나 해야 하는 질문에 초점을 맞추고 있다. 나는 나의 학생들과 교우들에게 이 도구를 제공하여 우리가 모두 복음의 영광에 새롭게 참여할 수 있기를 간절히 바란다.

에이미 필러 휘튼 대학

『왕이신 예수의 복음』은 단순하지만 심오한 논증을 제시한다. 베이츠는 믿음은 단순히 믿는 것이 아니라는 것을 보여준다. 오히려 성경적 믿음은 충성이다. 이 한 가지 관찰은 은혜와 행위, 구원과 믿음을 둘러싼 여러 가지 까다로운 신학적 사상을 풀어 설명해준다. 교회는 이로 인해 더 나아질 것이다.

마크 E. 무어 피닉스 밸리의 그리스도의 교회 담임목사

Gospel Allegiance

What Faith in Jesus Misses for Salvation in Christ

Matthew W. Bates

A GOSPEL ALLEGIANCE

왕이신 예수의 복음

매튜 W. 베이츠 지음 | 송일 옮김

진짜 복음은 단지 믿음이 아니라 왕에게 충성을 요구한다

새물결플러스

조녀선 마일스와 대니얼 스트러드위크를 위하여

당신들이 보여준 매우 다른 방식의

왕이신 예수에 대한 충성은

나에게 커다란 영감을 줍니다.

목차

감사의 말

나는 이 지면을 통해 감사의 마음을 전하고자 한다.

테레사 고렐과 조너선 마일스는 여러 원고의 초안들을 자주 읽으면서 내가 각 장을 마칠 때 광범위한 피드백을 주었다. 나는 대단히 감사하게 생각한다.

몇몇 사람들은 원고 초안이나 그것의 일부에 대해 논평을 했다. 로드 바커(현재 은퇴한 매우 훌륭한 목자), 오브리 브래디, 매튜 브래디, 앤드류 캐시맨, 대니얼 스트러드위크, 조슈아 지프, 조사이아 프렌거, 척 새킷 등이 그런 분들이다. 척은 또 다른 훌륭한 목자다. 그가 내 대화를 위한 가이드 질문을 자세히 검토한 것에 대해 특히 감사를 드린다. 대단히 고맙게 생각한다.

나의 멋지고 훌륭한 아내 사라 베이츠는 내가 작업을 할 수 있도록 도움을 주었고 모든 장에 대해 논평해주었다. 그녀는 나와 일곱 명의 아이들을 돌보면서 이 일을 해냈다. 그녀에게 "성자 같다"(saintly)는 표현을 사용하는 것은 결코 과장이 아니다. 나를 지속적으로 젊게 만들고 동시에 성숙하게 만드는 테드, 제크, 애디, 리디아, 에비, 안나, 냇을 칭찬해주고 싶다.

나는 Renew.org, 특히 책임자 바비 해링턴에게 감사한다. 우리는 왕이신 예수께 충성을 다하는 제자를 길러내야 한다는 공통적인 절박함을 공유하고 있다. 바비는 나를 위해 이 책의 원고를 읽었을 뿐만 아니라 개인적으로 너무나 큰 격려를 해주었으며, 또한 Renew.org과의 협력관계를 조율해주었다. 그의 목회 비전은 충성의 메시지가 더 많은 독자들에게 다가갈 수 있도록 돕고 있다.

나는 『왕이신 예수의 복음』(*Gospel Allegiance*)을 출판한 브래저스 출판사에 감사하고 싶다. 특별한 일이 없는 한, 두 번째 책이 곧이어 나올 것이다. 브래저스의 특정 관계자들은 큰 찬사를 받을 만하다. 브라이언 다이어는 이 프로젝트를 맡았다. 브라이언은 다듬고, 개조하고, 일관성을 찾도록 도와주었다. 그것은 환상적인 작업이었다. 마케팅과 홍보 분야에서 탁월한 능력을 발휘한 제러미 웰스, 메이슨 슬레이터, 카라 데이, 셸리 맥노튼에게 감사한다. 에릭 살로와 그의 팀은 제작하는 일에서 뛰어난 능력을 보여주었다. 폴라 깁슨과 그녀의 디자이너들은 이 책의 디자인을 아주 매력적으로 꾸며주었다.

나는 이 책을 퀸시 대학교에서 가르치는 나의 가장 절친한 동료인 조너선 마일스(Jonathan Miles, 철학 교수)와 대니얼 스트러드위크(Daniel Strudwick, 신학 교수)에게 헌정한다. 내가 개인적인 말을 할 수 있도록 허락해 주길 바란다. 당신과 함께 일하는 것은 나에게 큰 기쁨이다. 하지만 그것이 내가 이 책을 당신에게 헌정하는 이유는 아니다. 나는 당신이 하루하루를 어떻게 사는지 안다. 그리고 당신의 삶의 질은 당신만의 독특하고 상당히 다른 방식으로 내가 예수께 더 큰 충성을 하도록 격려한다. 당신이 생각하는 것 이상으로 그러하다.

마지막으로 나는 모든 독자들께 감사를 드린다. 이 책을 읽을 만큼 복음에 많은 관심을 보이신 데 대해 진심으로 감사한다. 나는 여러분께서 나를 더 도와주실 수 있는지 묻고 싶다. 소셜 미디어, 블로그 또는 대화에서 『왕이신 예수의 복음』(*Gospel Allegiance*)에 대해 자주 언급해주시길 바란다. 다른 사람들을 위해 이 책을 평가하거나 리뷰를 남겨 주시길 바란다. 이러한 일들은 오늘날의 출판계에서 홍보와 에너지 창출을 위해 믿을 수 없을 만큼 중요한 일이다. 당신이 인터넷에 올리는 서평, 교회에서 이 책을 어떻게 사용하고 있는지 또는 당신이 진행하고 있는 토론에 대해 나에게 알려주는 것에 대해 부끄러워하지 말기를 바란다. 나는 SNS를 사용한다. 당신은 내 이메일 주소를 어디서나 쉽게 찾을 수 있다. 감사를 드린다.

왕이신 예수에 대한 충성심이 더욱 커지기를!

오직 하나님께만 영광.

서론

비록 겉으로는 귀신같아 보였지만, 이것은 나무의 정령이 아니었다. 그가 소지한 소총은 견고하고 위협적이었다. 한 군인이 정글에서 나와 빠르게 전진하고 있었다. 젊은 모험가인 스즈키 노리오는 그 군인이 다가오자 모닥불 옆에 무릎을 꿇고 있다가 일어섰다. 스즈키는 손을 떨며 그에게 경례를 했다.

스즈키는 바로 이 목적을 위해 일본에서 필리핀의 작은 섬인 루방으로 간 것이었다. 그는 전설적인 군인 오노다 히로를 찾고 싶었다. 그것은 1974년의 일이었다.

제2차 세계대전 당시 일본 정보 장교였던 오노다 히로는 1945년 일본군이 그와 그의 군대를 위해 돌아올 때까지 자살하지 말고 게릴라전을 수행하라는 사령관의 명령을 받고 섬에 남겨졌다. 그는 수년을 기다려야 할지도 모른다는 말을 들었다.

죽기까지 충성을 다하며 오노다는 29년이 지난 지금까지도 여전히 연합군과 싸우고 있었던 것이었다. 그는 최근 지역 경찰과의 총격전으로 마지막 남은 그의 네 명의 부하를 잃었다. 이제 지휘할 사람도 없는 상황에서 그는 홀로 전쟁을 계속했다. 그러나 그 후 이 별난 일본인 모험가 스즈키는 고무 샌들과 양말을 신고 해변에 나타났는데, 이는 섬사람의 차림새가 아니었다.

오노다는 그의 자서전『항복은 없다』(*No Surrender*)에서 그 해변에서 만나 대화를 나눈 기념비적인 사건에 대해 이야기한다. 오노다는 가장 먼저 스즈키를 쏘고 싶은 충동을 느꼈다. 하지만 스즈키가 무장을 하지 않았고 특이한 옷을 입고 있었기 때문에 오노다는 모든 위험을 감수하기로 마음먹었다. 그는 정글에서 그를 불렀다. 스즈키는 해변에서 예의 바르게 일본식 경례를 했다. 오노다는 크게 놀랐다. 그리고 스즈키는 "저는 일본인입니다"라고 카랑카랑한 목소리로 여러 차례 말했다.

그러자 손에 총을 든 오노다는 덤불에서 나와 예리한 질문을 던졌다. "당신은 일본 정부에서 왔습니까?" "해외 청년 협력 단체에서 오셨습니까?" 스즈키는 자신은 관광객이라고 대답했다. 오노다는 그를 믿지 않았다. 그러자 스즈키는 "당신은 오노다 씨입니까?"라고 물었다. "네. 저는 오노다입니다." 그가 대답했다. "정말 오노다 중위님이십니까?" 오노다는 고개를 끄덕였다. 스즈키는 계속 말했다, "저는 당신이 길고 힘든 시간을 보냈다는 것을 압니다. 전쟁은 끝났습니다. 저와 함께 일본으로 돌아가지 않겠습니까?"[1]

오노다는 스즈키에게 자신의 상관인 일본 장교인 다니구치 소령으로부터 "공식 명령"을 받을 경우에만 항복할 것이라고 말했다. 약 3주 후에

....

1   다음을 보라. Hiroo Onoda, *No Surrender: My Thirty-Year War*, trans. Charles S. Terry (Annapolis, MD: Naval Institute Press, 1974), 197-204, 특히 197-98.

스즈키는 다니구치 소령과 함께 돌아왔다. 배신을 경계한 오노다는 군인의 위장복을 입고 정글에서 살금살금 기어 나왔다. 오노다는 항복을 명하는 공식 명령서를 큰 소리로 읽은 다니구치 소령과 비로소 재회했다.[2]

만약 오노다의 상관인 다니구치 소령이 최종 명령을 내리지 않았다면 오노다는 지금도 정글에서 싸우고 있을지도 모른다. 그리고 그는 일본이 항복한 후 수년 동안 계속해서 싸운 수백 명의 일본인 저항자들 중 한 명에 불과했다. 일본 천황이 제국주의적 야망을 위해 만든 부시도 규범에 영향을 받은 오노다와 그의 동지들은 (거의 반사적으로) 천황에 대한 그들의 충성심을 변함없이 발휘했다. 잘 연마된 사무라이 칼날처럼 삶과 죽음의 의미는 남달랐다. 그것은 바로 **충성**이었다.

━━━━━

그는 열다섯 살에 노스캐롤라이나 샬럿에 있는 가족 농장의 헛간 근처에서 노새에게 건초 더미를 던져주고 있었다. 이 청년은 세례를 받은 후 입교를 했고, 교회에 정기적으로 출석했으며, 그의 교회에서 동료들의 리더로 섬겼다. 하지만 그는 주로 야구에 관심이 많았다. 그는 헛간에서 노래 부르는 소리를 듣고 그의 아버지가 일부 광신자들에게 그 공간을 사용하도록 허락했구나라는 경멸스러운 생각을 했다. 이 청년은 그날 밤 헛간에서 열린 부

....
2   Onoda, *No Surrender*, 11-16.

흥회에 참석하지 않았다. 하지만 그곳에는 버논 패터슨이라는 세일즈맨이 참석했다. 그리고 패터슨은 하나님이 샬럿에 세계적인 전도자를 세워 달라고 기도했다.

몇 주 후 순회 전도자 모르데카이 햄은 몇 주에 걸쳐 또 다른 부흥회를 인도하기 위해 마을에 왔다. 이 청년은 전혀 관심이 없었다. 그러나 그는 이 전도자가 지역 고등학교의 특정 죄인들의 이름을 밝혀내는 데 선수라는 말을 듣고 그곳에 가면 아주 재미있을 것이라는 생각이 들었다. 지역의 한 농부는 그가 유제품을 실어 나르는 트럭을 몰고 집회에 참석할 수 있도록 그를 매수했다. 그 집회에서 이 청년은 자신의 죄를 크게 깨달았고, 그가 받은 세례와 입교가 그를 구원하기에 충분한지 확신하지 못했다. "우리 가족은 성경을 읽고 기도하며 찬송을 부르고 교회에 다녔지만, 이 모든 것이 나를 불안하게 만들었다.···나는 영적으로 죽어 있었다."

매일 밤 복음 전도자 햄은 사람들을 하나님 앞으로 초대했다. 매일 밤 이 청년은 이에 저항했다. 마침내 어느 날 저녁 성가대에서 "큰 죄에 빠진 날 위해"를 부르고 이어서 "거의 설득되었고 이제 나는 믿으오"를 불렀다. 성가대가 마지막 소절을 큰 소리로 부를 때 그는 자신이 설득되어 이제 믿게 되었다는 것을 알게 되었다. 그는 무거운 발걸음을 옮기며 앞으로 나아갔다. 그는 그리스도를 영접하게 해달라고 말하며 죄인의 기도를 드렸다. 그는 집에 돌아와 어머니를 껴안고 기뻐하며 "저는 변화 받은 소년이에

요!"라고 말했다.[3]

빌리 그레이엄(Billy Graham)은 이제 그가 햄에게 들은 것과 동일한 메시지를 선포하며 20세기의 가장 위대한 전도자가 되었다. "당신은 지금 영생을 얻기 위해 회개하고 그리스도를 믿고 영접할 수 있습니다." 수백만 명이 그의 집회에 참석했다. 그레이엄은 직설적이며 솔직한 남부 출신 설교자였으며, 그의 메시지는 분명했다. "당신의 죄가 당신을 정죄합니다. 하지만 예수 안에는 구원의 복된 소식이 있습니다. **죄를 회개하고 예수를 믿으라.**"

복음이 말하는 충성 소개하기

당신이 복음을 사랑한다면 이 책은 당신을 위한 책이다. 이 책은 다른 대중적인 기독교 저서보다 더 명확하고 정확하게 복음과 구원을 위한 믿음을 설명하는 것을 목표로 한다. 하지만 이 책은 갈등을 일으킬 수 있다. 나는 다음과 같은 결론에 도달했다.

진정한 성경적 복음은 결코 변할 수 없다.

복음은 바뀌어야 한다.

....

3   빌리 그레이엄의 회심에 대한 이야기는 다음에 의존했다. Bob Paulson, "Jesus Saves an Ordinary Farm Boy," *Decision Magazine*, October 1, 2009, https://billy graham.org/decision-magazine/october-2009/jesus-saves-an-ordinary-farm-boy.

겉으로 보기에 서로 모순되는 이 두 진술은 감전을 일으킬 정도로 커다란 긴장을 불러일으킨다. 두 진술 사이에 일어나는 불꽃은 이 책에 열정을 불러일으키는데, 이것은 전 세계적으로 이 불길이 더 활활 타오르기를 원하는 많은 노력 중 하나에 불과하다. 나는 왕이신 예수에 대한 충성이 불길처럼 확산되기를 기도한다.

복음만큼 그리스도인 개인과 교회, 그리고 궁극적으로 이 세상에 중요한 것은 없다. 복음이 우리를 사로잡을 때 복음의 선함은 우리의 마음속에서 화산과 같은 압력을 일으킨다. 찬양이 터져 나온다. "오 주님, 당신의 사랑이 하늘에 닿습니다!" 당신이 이 책을 다 읽고 나면 복음을 비롯하여 복음과 믿음, 은혜, 행위의 관계에 대해 좀 더 정확한 이해를 얻게 되기를 바란다. 나는 이것이 당신을 새로운 찬양의 경지로 인도하기를 바란다. 나는 또한 그것이 교회의 제자 양성 사명을 위해 당신을 준비시켜줄 수 있기를 기도한다.

하지만 우리는 현실적으로 생각해야 한다. 거기에는 장애물이 있다. 교회는 복음과 믿음, 구원에 대한 올바른 이해가 부족하다. 우리는 교회 안에 나쁜 교사들이 있다는 것을 알고 있다. 짐 바커(Jim Bakker)나 크레플로 달러(Creflo Dollar) 같은 신뢰할 수 없는 사기꾼들 말이다. 하지만 문제를 일으키는 나쁜 교사들만 있는 것은 아니다. 좋은 교사들도 있다. 이것이 바로 복음이 바뀌어야 하는 이유다.

복음과 믿음에 대해 성경이 가르치는 것에 대한 오해는 교회 전반에 퍼져 있다. 이것은 매우 강한 주장이지만, 나는 그것이 사실임을 입증할 수 있다고 생각한다. 이러한 오해는 매트 챈들러(Matt Chandler), 그레그 길버트(Greg Gilbert), 존 맥아더(John MacArthur), 존 파이퍼(John Piper), R. C. 스프로울(Sproul)과 같은 목사-학자들이 쓴 표준적인 저서에도 나타나 있다. 내가 이들을 언급하는 이유는 이들 모두가 복음에 관한 책을 쓴 유명한 작가들이기 때문이다. 그들은 또한 성경에 충실하기 때문에 크게 존경받고 있다. 마땅히 그럴 만하다. 그들은 교회가 보유하고 있는 최고의 교사들이다. 따라서 그들 **모두**가 복음에 대해 성경이 가르치는 것을 살짝 잘못 표현하고 있음을 발견할 때 그것은 이러한 문제가 교회 안에 만연해 있다는 것을 보여준다. 그것은 복음이 우리들의 교회 안에서 바뀌어야 한다는 것을 보여준다.

오늘날 교회 안에는 복음에 대한 잘못된 오해가 광범위하게 퍼져 있다. 나는 주재권 구원(lordship salvation), 값없는 은혜(free grace), 튤립(TULIP), 가톨릭 모델 등 현재의 구원 모델이 부적절하기 때문에 이러한 일이 벌어졌다고 생각한다. 나는 구원이 어떻게 작동하는지에 대한 모든 해답을 가지고 있음을 주장하려는 것이 아니다. 그것은 수천 년에 걸쳐 그리스도인들이 풍성하고 광범위하게 진행해온 대화다. 하지만 나는 다른 사람들과 함께 해결책을 찾으려는 노력에 동참하면서 적어도 이에 대한 올바른 질문을 던지기를 바란다. 이에 대한 답을 제시하려는 나의 노력은 다음과 같은 확신으로 이어졌다. 우리는 성경이 구원에 대해 가르치는 것을 더 정확하게 전달하기 위해 더 나은 언어와 참신한 모델이 필요하다. 이를 통해 전도와 제자도가 강화되고 하나님을 찬양하는 능력이 더 커지기를 기도한다.

내가 제안하는 모델은 **복음이 말하는 충성**이다.

눈살을 찌푸리게 만드는 것에 관해

독자들은 이 책의 첫 몇 페이지를 읽으면서 벌써 적잖이 눈살을 찌푸렸을 것이다. 본질적인 기독교 가르침에 광범위한 오류가 존재한다는 주장은 억지스럽거나 불필요한 우려를 자아내는 것처럼 보일 수 있다. 사실 나는 지금 이 책을 쓰면서도 일부 독자들이 혐오감에 휩싸여 다음과 같은 생각을 하며 이 책을 세차게 닫는 모습을 상상할 수 있다. 교회는 구원을 위한 새로운 모델을 필요로 하지 않는다. 교회는 복음을 재평가하기보다는 오직 예수에 대한 믿음의 변하지 않는 복음을 **보존해야** 한다.

또 다른 이들은 새로운 것을 탐구하기에는 너무 소극적이며, 이러한 일을 추구하는 것은 너무 위험하다고 생각할 수도 있다. 아무튼 거짓 설교자들은 맨 처음부터 거짓 복음을 마구 전파했다(갈 1:6-7을 보라). 오늘날의 교회는 하나님이 우리를 부자로 만든다거나 육체적으로 건강하게 해준다거나 정신적으로 균형 있는 사람이 되게 한다거나 좋은 인맥을 쌓게 해준다거나 군사적으로 강한 나라를 만들어준다거나 다른 사람에게 관대한 사람이 되게 해준다고 가르치고 선포하는 거짓 복음들과 맞서 싸워야 한다. 최근에는 샌프란시스코 성공회의 유별난 괴짜 사제가 비욘세에게서 영감을 받은 성찬식을 거행하여 화제가 되었다. 성가대는 하나님께 찬양을 드리는 대신 인기 있는 비욘세의 노래를 불렀다![4] 나는 도무지 이것을 어떤 유형의 거짓 복음이라고 해야 할지 모르겠다. 하나님은 우리가 모두 팝 음악 아이콘이나 섹스 아이콘이 되기를 원하신다는 것이 복음인가? 우리는 정말 이상한 시대에 살고 있다.

이러한 거짓 복음과 달리 진정한 복음은 인간의 죄 문제를 다룬다. 그것은 또한 전체 사회 질서와 창조세계에 영향을 미친다. 복음은 우리를 변화시켜야 한다.

나는 주저하는 사람들에게 더 말할 필요성을 느낀다. 왜냐하면 나는 그들을 불쌍히 여기기 때문이다. 내가 이전에 쓴 『오직 충성으로 받는 구원』(*Salvation by Allegiance Alone*)이 출간되고 나서 나는 믿음과 복음에 관해 많은 대화를 나누었다. 따라서 나는 복음을 재고하려는 것을 위험하고 잘못된 시도로 여기는 사람들은 대체로 참된 복음을 순수하고 단순한 것으로 여기기 때문에 그렇게 생각한다고 자신 있게 말할 수 있다.

주저하는 사람들에게 복음은 다음과 같이 다양한 방식으로 쉽게 요약될 수 있다. 예수가 당신의 죄를 위해 죽었다는 것을 믿으면 당신은 구원을 받을 것이다. 당신의 행위를 믿지 말고 예수의 의만을 신뢰하라. 당신의 죄를 위해 죽은 예수의 희생과 그의 부활의 능력을 믿어라. 성경 지식이 있는 그리스도인이라면 은혜와 믿음의 필요성과 행위의 문제점에 의문을 제기

....

4   Tony Bravo, "Grace Cathedral's Beyoncé Mass Draws Faithful Crowd of 900-Plus," *San Francisco Chronicle*, April 25, 2018, https://www.sfchronicle.com /news/article/Grace-Cathedral-s-Beyonce-Mass-draws-faithful-12865544.php.

하지 못할 것이다. 결국 사도 바울은 "너희는 은혜에 의하여 믿음을 통해 구원을 받았다.…행위에서 난 것이 아니므로 아무도 자랑하지 못하게 함이라"(엡 2:8-9, 저자의 번역)고 말한다.[5] 참된 교회는 이러한 핵심 진리에서 벗어날 위험이 거의 없다. 결론부터 말하자면 본서에서 제안하는 여행은 우리가 길을 잃어버리게 하든지 아니면 전혀 새롭지 않은 곳으로 인도하든지 할 것이다.

새로운 모델이 필요한가?

그러나 바로 이것이 문제다. 성경은 "예수가 당신의 죄를 위해 죽었다는 것을 믿으면 구원을 받을 것이다"라는 것이 복음이라고 말하지 않는다. "당신의 행위를 믿지 말고 오직 예수의 의만을 신뢰하라"는 것도 복음이 아니며, "예수가 당신의 죄를 위해 죽은 것과 그의 부활의 능력을 믿으라"는 것도 복음이 아니다. 그리고 맥아더, 파이퍼 그리고 다른 사람들의 주장과는 대조적으로 복음의 핵심은 분명히 이신칭의가 아니다(1장을 보라). 성경이 제시하는 복음은 상당히 구체적이다. 성경은 속죄를 위한 예수의 죽음과 그의 부활이 복음—그리고 당연히 믿어야 할 핵심적인 사실—에 해당한다고 말하지만, 이것은 참된 복음의 한 부분일 뿐이다. 그리고 이런 식으로 사고하는 것조차도 잘못된 곳에 초점을 맞추는 것이다. 이러한 잘못된 사고

....
5   나는 (여기서처럼) 때때로 성경의 원어의 정확한 의미를 살리기 위해 나의 번역을 제시하지만, 나의 번역은 일반적으로 ESV에 가깝다.

의 결과는 매우 심각하다.

　　나아가 우리는 믿음과 은혜를 긍정적으로 받아들이지만, 과연 우리는 사도 바울과 다른 저자들이 그 말씀을 기록할 때 실제로 무엇을 의미했는지 확실히 알고 있는가? 아무튼 바울은 피스티스(*pistis*)와 카리스(*charis*)라는 그리스어 단어를 사용했지만, 그의 시대와 문화에서는 이 단어들이 오늘날 "믿음"과 "은혜"를 의미하는 것과는 다소 다른 의미를 지니고 있었다. 게다가 예수, 바울, 다른 신약성경 저자들은 우리가 우리의 행위에 근거하여 심판을 받을 것이라고 거듭 강조한다(예. 마 16:27; 요 5:28-29; 롬 2:6-16; 추가적인 논의는 5장을 보라). 따라서 구원에서 행위의 역할은 얼핏 보기와는 달리 훨씬 더 복잡하다. 우리는 구원에 대한 성경의 비전이 매우 단순하다는 데 동의할 순 있지만, 그것이 그렇게 단순하지만은 않다.

　　예수와 사도들에 의해 교회에 주어진 복음은 결코 변할 수 없다. 그러나 복음을 큰소리로 요란하게 선포하는 많은 목사, 작가, 교회를 포함하여 온 교회가 복음, 믿음, 은혜, 행위, 구원에 대해 왜곡된 이해를 갖고 있다는 것이 문제다.

　　이러한 정확하지 않은 복음이 외부로 퍼져나가면 왜곡은 더욱 심각해지고 교회에 문제가 발생한다. 이것이 바로 우리의 복음이 바뀌어야 하는 이유다. 우리는 구원의 복음이 그 모든 진리와 능력을 통해 전파될 수 있는 새로운 성경적 패러다임이 필요하다. 복음이 말하는 충성의 구조는 구원에 대한 성경의 가르침을 더 정확하게 파악할 수 있게 한다. 그것을 소개하는 것이 바로 우리가 이 책에서 해야 할 과제다.

어두운 창을 통해 바라보는 복음

진정한 복음이 완전히 실종되거나 사람들이 구원의 문으로 들어오지 않는다는 것이 아니다. 전혀 그렇지 않다. 구원의 효력을 지닌 복음이 여전히 선포되고 있다. 지금의 상황은 오히려 먼지가 잔뜩 낀 창문이 하나밖에 없는 어수선한 차고에 서 있는 것과 같다. (상당한 양의 질 좋고 아름다운) 장미 덤불이 밖에서 자라는 것은 볼 수 있지만, 장미는 가려져서 잘 보이지 않는다.

당신이 장미를 볼 필요성을 인식한다면 당신은 먼저 청소를 하고 먼지를 닦아내고 상자들을 치우기 시작할 것이다. 그리고 당신이 다시 밖을 내다보면 당신은 생기 넘치는 백합, 난초, 튤립, 양귀비뿐만 아니라 당신이 상상했던 것보다 훨씬 더 많은 (수많은 선명한 색상의) 장미를 볼 수 있을 것이다. 당신은 그동안 장미 덤불이 꽃밭의 일부라는 것을 깨닫지 못했다. 이 책은 이제 이 밝고 아름다운 정원 전체(왕이신 예수의 구원의 복음)를 볼 수 있도록 상자들을 옮기고 유리창을 닦는 역할을 할 것이다.

나는 복음과 우리의 믿음의 반응이 십자가, 심지어 십자가와 부활로 축소되어서는 안 된다는 것을 보여주고 싶다. 복음은 그것보다 훨씬 더 광대하다. 왜 우리의 복음은 바뀌어야 하는가? 성경이 말하는 복음의 절정은 십자가가 아니라 흔히 복음의 일부로 전혀 여겨지지 않는 것, 즉 예수의 즉위이기 때문이다. 그리고 우리가 이것을 비로소 보게 될 때 우리는 성경에서 구원을 가져다주는 믿음이 왜 단순히 하나님의 약속에 대한 확신이나 내적 신뢰만이 아니라 왕에 대한 **육체적 충성**(bodily allegiance)을 의미하는지 그 이유를 알게 될 것이다. 이것을 본다는 것은 우리가 믿음과 은혜와 행위가 어떻게 서로 조화를 이루는지를 재고한다는 것을 의미한다.

과거와 현재와 미래

이 책은 독립적이다. 당신은 『오직 충성으로 받는 구원』(*Salvation by Allegiance Alone*)을 먼저 읽을 필요는 없다. 하지만 나의 이전 책과 이 책이 어떻게 연관되어 있는지를 이해하는 것은 도움이 된다. 나는 계속해서 구원에 이르는 충성에 대해 두 가지 기본적인 질문을 받고 있는데, 하나는 신학적인 질문이고 다른 하나는 목회적인 질문이다. (1) 우리는 어떻게 오직 충성으로 받는 구원에 대한 이해를 심화시킬 수 있을까? (2) 우리 교회와 개인의 삶에서 충성 문화를 조성하기 위해 우리는 무엇을 할 수 있을까?

이것은 절대로 완벽한 대답을 얻을 수 없는 거대한 질문들이다. 『왕이신 예수의 복음』은 나의 이전 작품을 넘어 다음과 같은 방식으로 전개된다.

1. **이 책은 복음을 가장 우선시한다.** 복음 자체를 더 정확하게 정의하고 더 철저하게 탐구한다.
2. **이 책은 더 실천적이며 목회적이다.** 이 책은 우선 교회 지도자, 평범한 그리스도인, 소그룹 성경공부, 교회 교육 프로그램을 위한 것이다. 학생들과 학자들은 그다음이다. 이 책에는 많은 이야기들과 예시들이 들어 있다. 나의 주요 대화 파트너는 존 맥아더, 존 파이퍼 등의 표준적인 목회 서적이다. 나의 연구는 학문에 기초하여 이러한

대화를 진전시키려 하지만, 우선순위는 목회적인 것이다. 이 책의 실천적·경험적 목적을 극대화하기 위해서는 개인이나 그룹을 위한 질문과 활동을 제공하는 부록 2의 추가 대화를 위한 가이드를 함께 읽어야 한다.

3. **이 책은 더 깊이 들어간다.** 독자들은 복음, 충성으로서의 믿음, 은혜, 행위에 대해 더 많이 다루어줄 것을 요구했다. 이 책은 나의 이전 연구의 궤적을 따라 나아가지만, 이에 대한 더 자세한 설명과 근거를 제공한다.

4. **이 책은 모든 것을 재구성한다.** 아무도 이전의 책을 되풀이하고 재탕하는 책을 원치 않는다. 성경의 주요 복음 관련 본문은 항상 중요한 본문으로 남아 있을 것이므로 본문을 제시하는 데 있어 약간 중복되는 것은 어쩔 수 없다. 그러나 다른 렌즈와 접근 각도는 새로운 통찰을 가져다줄 수 있다. 반복을 최소화하기 위해 모든 성경 본문을 새롭게 접근하고 새로운 본문을 추가로 논의했다.

5. **이 책은 더 예리하게 초점이 맞추어져 있다.** 이것은 더 깊지만 더 협소한 연구서다. 『왕이신 예수의 복음』은 복음과 은혜와 행위를 더 철저하게 다루고 있다. 이 책은 사도 바울의 신학을 중시하는데, 이는 바울의 신학이 이 주제 논쟁의 초점이 되어왔기 때문이다(물론 이 책은 바울의 신학을 성경 전체의 비전 안에서 통합하고 맥락화하려고 노력한다).

이 책은 각 장을 통해 흔히 구원론에 대한 성경의 최고 진술로 여겨지는 에베소서 2:8-10에 제시된 주제를 발전시켜 나간다.

> 너희는 은혜에 의하여 믿음을 통해 구원을 받았다. 이것은 너희에게서 난 것이
> 아니며 하나님의 선물이다. 행위에서 난 것이 아니므로 아무도 자랑하지 못하
> 게 함이라. 우리는 그리스도 예수 안에서 선한 일을 위하여 지으심을 받은 그
> 의 걸작품이다. 이것은 우리가 그 가운데서 행하도록 하나님께서 전에 예비하
> 신 것이다(저자의 번역).

이 책의 본론은 복음, 믿음, 은혜, 행위 등 핵심 주제에 대한 우리의 이해에
문제를 제기하고 이 주제가 가톨릭-개신교의 분열과 어떻게 연관되어 있
는지를 살펴볼 것이다. 우리는 마지막 장에서 이 모든 것을 종합하여 그것
을 우리의 삶 속에 적용할 것이다. 당신은 지금까지 알고 있는 것을 통해 에
베소서 2:8-10을 복음이 말하는 충성의 틀 안에서 설명할 수 있는가? 당
신은 당신이 제시하는 답을 이 책에서 제시하는 답과 비교하면서 당신 자
신을 검토할 수 있을 것이다. 뒤에 수록되어 있는 답안을 미리 들여다보면
안 된다!

　　더 많은 것을 추구하는 사람을 위해 집필된 『오직 충성으로 받는 구
원』은 이 책에 수록될 수 없는 많은 관련 주제를 다룬다. 이 책에서 내가 구
원과 관련된 특정 문제(구원의 순서, 칭의와 성화의 관계 또는 귀속된 의 대[對] 주
입된 의)를 다루지 않는다고 실망한다면 그 내용은 이전 책에서 확인하길
바란다.

나는 현재 복음-충성 모델의 핵심 내용을 넘어서는 문제들을 다루는 책을 따로 집필하고 있다. 나는 지금 매우 흥분한 상태에 있다! 계속 관심을 갖고 지켜보아 주길 바란다. 채널 고정!

함께하는 여행

복음이 말하는 충성으로의 여정은 나의 지적·영적 순례의 길을 반영한다. C. S. 루이스가 말했듯이 나는 이 여정이 "더 높고 더 깊은 곳으로" 들어가는 여정이었다고 생각한다. 나와 함께 이 여행을 시작했으므로 당신은 이제 나에 관한 소소한 이야기를 듣고 싶어 할지도 모른다.

만약 당신이 탐정이라면 당신은 이미 나에 대한 모든 것을 알아냈을 것이다. 나는 노터데임 대학교에서 박사 학위를 마쳤다. 나는 현재 프란치스코 수도회와 관련이 있는 가톨릭 대학교에서 가르치고 있다. 나는 일곱 명의 자녀가 있다(당신은 어쩌면 우리가 이 많은 아이들을 모두 태우기 위해 교회의 큰 밴을 몬다는 것도 알아냈을 수 있다). 나는 가톨릭의 아침 기도문에 따라 기도하고 때로는 미사에 참석한다. 그리고 이 책은 우리가 충성으로 구원받는다고 주장한다. 향을 피우지는 않아도 가톨릭 냄새가 난다.

하지만 이러한 단서는 오해의 소지가 있다. 나는 개신교 신자다. 비록 가톨릭교회의 가치를 인정하고 많은 가톨릭 친구가 있지만, 나는 가톨릭 고유의 교리들이 성경이나 초기 기독교 역사 또는 진리와 일치하지 않는다고 생각한다. 나는 성경을 강조하는 보수적인 독립 교회에서 자랐다. 나는 대학생이 된 이후로 다양한 교육 기회를 찾아 자주 이동했다. 나는 독립교회, 장로교회, 침례교회, 메노나이트 교회, 복음주의적 자유교회에 정기적으로 출석하거나 정식 교인이었다. 나는 개혁주의 전통의 대학교에서 학사 학위(휘트워스)를 받았고, 초교파 개신교 신학교에서 석사 학위(리전트 칼리지)를 받았으며, 가톨릭 대학교에서 박사 학위(노터데임)를 받았다.

이러한 다양한 배경의 학교에서 수업한 결과가 무엇이냐고 묻는다면 나는 신학적으로 잡종이라고 답할 것이다. 나는 전통적인 사고를 하는 그리스도인으로서 교회를 지지하지만 어떤 특정 교파와도 연관이 없다. 나는 내가 받은 다양한 교육과 경험에 감사하고 있는데, 그 이유는 다양한 기독교 전통의 장단점을 모두 이해하는 데 큰 도움이 되었다고 생각하기 때문이다. 오직 충성으로 구원을 받는다는 나의 주장과 관련하여 가톨릭교회에 강하게 반대하는 일부 독자들은 내가 노터데임 대학교에서 수학하는 동안 악마 및 교황과 비밀 조약을 맺은 것이 분명하다고 주장할지 모른다. 하지만 사실 내가 이러한 결론에 도달하는 데는 개신교가 가장 큰 영향력을 미쳤다. (아이러니하게도 나의 견해에 아무런 책임도 없는 노터데임 대학교의 내 논문 지도교수는 루터교 신자다.) 나는 가톨릭 신자도 아니고 정교회 신자, 루터교 신자, 성공회 신자, 개혁파 신자, 아르미니우스파 신자, 침례교 신자도 아니다. 나는 어떤 공식적인 신학 체계의 입장에서 또는 그 신학 체계를 위해 글을 쓰지 않는다. 나는 그리스도인과 개신교인이라는 것 외에는 다른 모든 꼬리표를 거부한다.

그러나 보기 드문 개신교인이라고 말하는 것이 적절하겠다. 그 이유는 가톨릭 또는 정교회의 나의 형제자매들이 복음의 내용을 거부했거나 타협했다고 나는 생각하지 않기 때문이다. 이것이 바로 내가 그들을 그리스도 안에서 나의 완전한 형제자매로 여기는 이유다. 그렇다고 해서 서로 간의 의견 차이가 심각하지 않다거나 중요하지 않다는 의미는 아니다. 하지만 우리는 모두 한 기독교 가정의 **정식 구성원**이다. 만약 이것이 사실이 아니라고 생각한다면 이 책을 계속 읽기를 권한다.

왜 우리의 복음은 바뀌어야 하는가? 그 이유는 비성경적인 복음이 하나의 참된 교회를 그릇되게 분열시키고 있기 때문이다. 가톨릭 신자, 정교회 신자, 개신교 신자들의 관계가 개선되었음에도 불구하고 현재 나는 개신교 신자로서 기꺼이 교황과 함께 성찬에 참여할 마음이 있지만, 가톨릭 교회의 일원으로서 교황은 나와 함께 성찬에 참여하기를 원치 않는다는 사실은 여전히 남아 있다(비록 우리가 같은 복음을 받아들이고 둘 다 그리스도인으로서 세례를 받았음에도 불구하고 말이다). 반면에 너무 많은 개신교 신자들이 가톨릭 신자들에게 독설을 퍼붓는 것을 좋아한다. 이것은 나를 매우 슬프게 한다. 나를 C. S. 루이스가 말한 "순전한 기독교"를 옹호하는 사람, 교회의 공통점을 존중하는 사람으로 생각해주길 바란다. 우리는 복음의 진리를 희생시키지 않고 서로 간의 공통점을 존중해야 한다.

궁극적으로 『왕이신 예수의 복음』은 구원에 대한 성경의 가르침을 초교파적으로 적용하는 새로운 모델을 제시한다. 타인이 임의로 만들어놓은 꼬리표가 당신이 이미 알고 있는 내용을 미리 판단하지 못하게 하라. "개혁주의", "아르미니우스주의", "가톨릭"이 아니라 성경이 당신을 이끄는 안

내자가 되게 하라. 당신이 성경을 주의 깊게 읽으면 그러한 꼬리표가 복음이 말하는 충성 모델을 정확하게 설명하지 못한다는 사실을 깨닫게 될 것이다. 이것이 그러한 꼬리표 외에 성경이 말하는 경계가 어디에 있는지를 재평가할 수 있는 좋은 기회라고 생각하라.

우리가 서로 함께 여행하는 동안 우리는 성경이 실제로 고대인들이 고대인들에게 쓴 책임을 명심해야 한다. 성경이 우리에게 하나님의 말씀인 것만큼 그들에게도 하나님의 말씀이었다. 이것은 우리가 우리의 현재 상황뿐만 아니라 고대 단어가 갖는 의미와 문화에도 주의를 기울여야 한다는 것을 의미한다. 따라서 나는 때때로 고대 자료(요세푸스, 필론, 가톨릭 외경 등)를 인용하는데, 이는 권위 있는 경전으로서 인용하는 것이 아니라 신약성경이 기록될 당시에 특정 단어가 어떻게 사용되었는지를 보여주기 위해 인용하는 것이다. 복음이 말하는 충성을 실천한다는 것은 고대 및 현대의 의미와 적용의 차이를 파악하는 법을 배우는 것을 포함한다.

더 충성스러운 미래를 향하여

나는 오노다 히로와 빌리 그레이엄의 이야기를 나란히 소개하며 이 책을 시작했다. 오노다의 충성 이야기는 비록 그 목표가 뚜렷하진 않았어도 그레이엄의 복음주의 모델의 부족한 부분을 수정하는 데 도움이 된다는 것이 내가 이 책에서 주장하는 바임을 분명히 한다. 나는 그레이엄을 존경한다. 누가 감히 그가 태산처럼 큰 공헌을 했다고 말하지 않을 수 있겠는가?

그러나 그레이엄의 모델은 구원을 위한 결단과 제자도 사이의 균열을 조장한다. 이에 따라 그레이엄은 이른바 "쉽게 믿고 받는 구원"(easy believe- ism)이나 덜 경멸적인 표현을 사용하자면 오늘날 "값없는 은혜"로 알려진 입장을 장려했다는 비난을 받아왔다. 존 맥아더와 그의 지지자들은 소위 값없는 은혜를 반박하기 위해 "주재권 구원"(lordship salvation)을 옹호해왔다. 이것은 교회를 위한 생산적인 대화였다. 그러나 복음이 말하는 충성은 복음 전도와 제자 양육에 대한 훨씬 더 포괄적인 비전을 제시한다. 이에 대해서는 나중에 더 자세히 설명하겠다.

내가 오노다와 그레이엄에 대한 이야기로 시작한 데는 또 다른 목적이 있다. 이야기는 가공되지 않은 사실보다 더 깊은 이해의 경지로 우리를 이끌어간다. 이야기는 우리가 인생이라는 직물의 질감을 경험하고, 머리와 마음으로 이해하도록 돕는다. 그래서 나는 세 번째 이야기를 하려고 한다. 그것은 실화이며 오래된 이야기다. 그것은 신약 시대가 끝날 무렵에 일어났다. 그것은 그 당시 충성이 왜 구원에서 중요한 역할을 하는지—그리고 왜 그것이 오늘날에도 여전히 그래야 하는지—를 우리가 쉽게 이해하고 경험하는 데 도움을 준다.

———

플리니우스는 고민에 빠졌다. 그는 2세기 초 로마 제국의 비그리스도인 총독이었다. 그가 총독으로 있던 지역의 어떤 이들이 그리스도인이라는 명목

37
서론

으로 고발을 당했다. 그는 기독교가 불법이라는 사실을 알고 있었지만, 이 문제를 어떻게 처리해야 할지 몰랐다. 그래서 그는 트라야누스 황제에게 조언을 요청하는 긴급서신을 보냈다.

자신이 "전염병"과 "미신"이라고 불렀던 기독교가 이미 도시와 마을 과 시골 곳곳에 퍼져있었기 때문에 그는 신속하게 대처할 필요가 있었다. 따라서 황제의 답변을 기다리는 동안 그는 피고인들을 검토한 후 유죄선 고를 내리기 위해 개인적인 심문에 들어갔다. "저는 그들에게 그리스도인 이냐고 물었고, 만일 그들이 그렇다고 자백하면 처벌하겠다는 협박과 함께 그들에게 두 번, 세 번 물어보았습니다. 그들이 계속 그리스도인이라고 대 답하면 저는 그들을 처형하라는 명령을 내렸습니다."[6] 따라서 그리스도인 들은 자백을 번복할 기회가 주어졌지만, 계속 자신의 대답을 유지하면 즉 각적으로 처형되었다.

그러나 이러한 성가신 그리스도인 문제를 해결하려는 동안 플리니우 스의 어려움은 점점 더 심각해졌다. 국가가 개인의 고발을 신뢰하기 시작 하자 고발은 점점 더 늘어났다. 실제로 "그리스도인"으로 의심을 받는 수 많은 사람의 이름이 적힌 명부가 플리니우스에게 주어졌지만, 그 명부에는 구체적인 고발자의 서명이 없었다. 따라서 플리니우스는 더 많은 심문을 해야만 했다.

....

6   Pliny the Younger, *Letters* 10.96, in J. Stevenson, *A New Eusebius: Documents Illustrating the History of the Christian Church to AD 337*, rev. W. H. C. Frend, new ed. (London: SPCK, 1987), 18-20. 나는 이 단락 전반에 걸쳐 이 자료를 인용한다.

플리니우스는 하는 수없이 누가 진정한 그리스도인인지 아닌지를 판단할 수 있는 심문 절차를 개선할 수밖에 없었다. 현대 독자에게는 그 내용 중 일부가 이해하기 어려울 수도 있다. "저는 자신이 그리스도인이 아니고 그리스도인이었던 적이 단 한 번도 없었다고 말한 사람은 풀어주는 것이 옳다고 생각했습니다. 왜냐하면 그들은 저의 지시에 따라 신들에게 드리는 기도를 암송했고, 황제 폐하의 동상 앞에서 분향하고 포도주를 부으며 간절히 기도했기 때문입니다. **저는 바로 그런 목적으로 당신[트라야누스 황제]의 조각상을** 다른 신상과 저주받은 그리스도의 형상과 함께 **법정에 가져오라고 지시했습니다.** 이러한 행동은 진정한 그리스도인이라면 결코 할 수 없는 일입니다(라고 사람들은 말합니다)."

21세기의 관점에서 플리니우스의 심문을 평가할 때 진정한 그리스도인들이 그리스도를 저주하는 것을 거부하거나 이교도 신들을 경배하는 것을 거부하는 것은 전혀 우리를 놀라게 하지 않을 것이다. 하지만 플리니우스가 트라야누스 황제의 조각상을 매우 의도적으로 법정에 배치한 것은 이상하다. 만약 우리가 약간 조사를 해본다면 우리는 이 시기에 로마 황제들이 점점 더 신격화되고 있었다는 올바른 결론을 내리게 될 것이다. 따라서 플리니우스가 다른 신상들 가운데 하나의 신으로 트라야누스의 조각상을 배치하는 것이 좋겠다고 생각한 것은 전혀 문제가 되지 않을 것이다. 그렇다면 고발당한 사람이 이교도들의 신상을 숭배할지 여부를 테스트하는 것만으로는 왜 충분하지 않았을까? 다른 신상들이 갖고 있지 않는 것을 트라야누스의 신상이 **특별히** 갖고 있던 것은 과연 무엇이었을까? 플리니우스의 묘사는 다음과 같이 이어진다. "제보자에 의해 지목당한 다른 사람들은 그리스도인이라고 자백한 후 그것을 부인하면서 자신들은 과거에는 그리스도인이었지만, 3년 전, 수년 전, 심지어 20년 전에 이미 그리스도인이기를 포기했다고 설명했습니다. 또한 이 사람들은 모두 **당신의 조각상과 다른 신상들을 숭배했고**, 그리스도를 저주했습니다."

또한 황제의 형상은 이 테스트에서 다른 우상들보다 더 특별한 의미를 갖는다. 왜일까? 다른 신들이 통치할 수도 있지만, 황제의 신적 통치는 가시적이고 구체적이며 즉각적이다. 플리니우스에게 트라야누스는 살아 있는 황제-신이며, 그의 신하들에게 **실제적인 최고의 충성**을 정당하게 요구하는 신이다. 이러한 충성은 그들이 보내는 극도의 찬사 및 존경과 함께 그들의 충성 맹세, 전쟁 지원, 납세로 표현될 것이다.

왕에 대한 충성으로서의 믿음

플리니우스는 우리가 흔히 간과하기 쉬운 것을 파악하고 있었다. 비록 충성이 오늘날 기독교 신학에서 변방에 자리 잡고 있음에도 불구하고 플리니우스는 트라야누스의 조각상에 절하는 것을 리트머스 시험지로 삼았다. 왜냐하면 그는 그것의 절대적인 중요성을 정확히 파악하고 있었기 때문이다. 플리니우스에 따르면 참된 그리스도인은 다른 모든 신들 대신 예수를 경배함으로써 단순히 그의 신성을 인정한 것이 아니다. 그는 단순히 예수의 대속적 죽음에 대한 "믿음만" 갖고 있었던 것도 아니다. 오히려 그는 다시 살아나 하늘 보좌에 앉으시고 **지금도 살아계신 왕** 예수가 트라야누스 황제와 비슷한 유형의 **최고의 충성**을 요구한다고 느꼈던 것이다. 참된 그리스도인은 황제가 신이자 최고 통치자이며 구세주라는 주장을 전복시키며 왕이신 예수께 충성을 다했다.

오늘날에는 "믿음"이란 단어 자체가 재고될 필요가 있다. 신약성경의 그리스어 원문에서는 피스티스(*pistis*)가 일반적으로 "믿음"으로 번역되는 단어다. 피스티스는 "믿음"보다 더 풍부한 의미를 지닌 단어다. 이 단어는 충성을 의미할 수도 있다. 예를 들어 요한계시록 2:13에서 예수는 버가모 교회가 예수 대신에 황제를 숭배하라는 압박을 받을 때도 자신에게 충성을 다했다고 칭찬한다. 예수는 그들에게 "너희가 나에 대한 피스티스를 저버리지 않았다"고 말한다.[7] 예수는 "너희가 너희 죄를 용서받기 위해 나에 대한 믿음을 저버리지 않았다"고 말하지 않고, "너희는 왕인 나에 대한 충성을 저버리지 않았다"고 말한다. 트라야누스 황제에게 충성이 매우 중요했던 것처럼 그것은 왕이신 예수께도 마찬가지였다. 그리고 우리가 기독교 신학의 범주—복음, 믿음, 은혜, 행위, 칭의—를 재검토할 때 충성은 우리에게도 매우 중요한 요소가 될 것이다.

....

7   계 2:13은 다음과 같이 말한다. *ouk ērnēsō tēn pistin mou*("너는 나에 대한 피스티스를 저버리지 않았다"). 여기서 *mou*는 아마도 목적격 소유격일 것이다. "너는 나에 **대한** 충성을 저버리지 않았다." 다음을 보라. G. K. Beale, *The Book of Revelation*, New International Greek Testament Commentary (Grand Rapids: Eerdmans, 1999), 245-48.

1장

복음을 올바로 이해하기

그것은 지금까지 내가 경험한 모든 저녁 식사 가운데 가장 어색한 경우 중 하나였다. 나는 그 경험을 통해 우리가 왜 복음을 올바로 이해해야 하는지 알게 되었다.

우리는 지하 스위트룸에서 중국 중년 남자 세 명을 저녁 식사에 초대 했다. 나는 교회를 통해 자원봉사 영어교사로 그들을 만났다. 기독교에 관심이 있든 없든 누구나 과외를 받을 수 있었다. 우리의 우정은 수개월에 걸쳐 커갔다. 그래서 아내와 나는 그들을 환대하고 싶었다. 우리가 대문을 열었을 때 그들은 수줍은 미소를 지으며 들어왔다. 그들은 아내와 내가 다 먹을 수 없을 정도로 많은 양의 선물을 가지고 왔다. 거대한 바나나 여덟 다발과 작은 귤 수십 알을 선물로 가지고 왔다. 아내는 풍미가 진한 소고기 스튜와 소고기 롤을 준비했고, 나는 가든 샐러드 만드는 것을 도왔다. 그들은 우리가 준비한 음식에 대해 극찬했다. "당신이 만든 샐러드는 너무 맛있어서 먹지 못하겠네요."

스튜는 이미 그릇에 담겨 있었다. 나는 기도했다. 우리는 샐러드를 나누어주었다. 아내와 내가 무슨 일이 일어났는지 미처 알아차리기도 전에 손님 중 두 명은 스튜가 들어 있는 그릇에 샐러드를 담았다! 뜨거운 국물과 둥근 소고기 덩어리와 붉은 감자 위에 상추와 드레싱, 파르메산 치즈 덩어리가 둥둥 떠 있었다.

우리는 손님에게 미리 일러주지 못한 것 때문에 충격을 받고 당황스러워했다. 우리는 서둘러 찬장에서 새 그릇을 꺼냈다. 하지만 그들은 새 그릇을 다시 사용하기를 거부했다. 심지어 우리가 신선한 스튜를 떠서 그릇에 담았는데도 말이다. 그들 또한 무척 당황스러워했지만, 우리가 느낄 수 있는 수치심을 최소화함으로써 주인의 체면을 세워주는 것을 선호했다. (서양인들은 손님-주인 관계에서 다른 사람을 위해 겸손을 보이는 것에 대해 동양인들에게 배울 것이 많다.) 그래서 그들은 대신 스튜-샐러드라는 괴상한 음식을 먹으면서 "이것이 바로 우리가 선호하는 방식입니다! 이렇게 먹는 것이 훨씬 더 맛있습니다"라고 우겼다.

몇 주 후에 그들은 지하실에 있는 그들의 숙소로 우리를 초대했고 우리에게 진짜 누들 수프를 만들어주었다. 우리는 샐러드를 거기에 넣지 않았다. 당연히 그래야 했겠지만 말이다! 그리고 우리는 지난번 저녁 식사에 대해 이야기하며 함께 웃을 수 있었다.

더 나은 복음?

우리의 우정이 싹트면서 나는 내가 신학교에 가게 된 이유를 설명했다. 나는 예수를 섬기기 위해 더 잘 준비된 사람이 되기 위해 보수를 많이 받는 전기공학자로서의 직업을 그만두고 가난한 학생이 되었다. 이러한 하향 곡선을 그리는 내 진로의 궤적은 그들을 어리둥절하게 만들었다. 우리는 경험이 많지 않은 이들에게 예수의 방식이 얼마나 흥미를 불러일으키는지 결코 과소평가해서는 안 된다.

시간이 흐르면서 나는 세 사람에게 직접 복음을 전했다. 그들은 예수에 대해 관심이 있었지만, 예수에 대해 어떻게 생각해야 할지 확신이 없었다. 그는 정말로 사람들을 치유했나요? 그는 정말로 죽은 자들 가운데서 살아났나요? 그들 중 하나인 마오(Mao)는 다른 사람보다 더 치열하게 기독교와 씨름하고 있었다.

내가 마오에게 복음을 전했을 때 나는 그에게 회개하고 예수가 그의 죄를 위해 죽었다는 사실을 믿으라고 말했던 것을 기억한다. 우리는 그가 그리스도인이 되면 중국에서 겪게 될 어려움에 대해 이야기했다. 한 달 후 마오는 예수에 대한 믿음을 표현했다. 몇 주 후에 그는 중국으로 돌아갔다. 그와 연락이 닿지 않기 때문에 나는 그가 아직도 예수를 따르고 있는지 모른다. 때로는 한두 번의 짧은 순간이 우리에게 주어진 전부일 수도 있다. 복음을 올바로 이해하는 것은 중요하다.

더 나은 복음이라는 것은 없다. 참된 복음이면 그것으로 충분하다. 하지만 과연 내가 전한 복음이 바로 그런 복음이었을까?

나는 이제 마오가 복음에 가까운 것을 들었다고 생각한다. 아무튼 "당신은 당신 자신을 위해 아무것도 할 수 없으므로 회개하고 예수를 믿으라"는 것이 복음이라면 무엇이 더 필요하겠는가? 제자도가 왜 필요하겠는가? 나는 씨를 뿌리려고 했다. 그런데 내가 제시한 복음이 땅속 깊이 파고들어 갈 수 있을까? 나는 내가 제시한 복음이 부족했음에도 불구하고 성령께서 일하셨다고 믿는다.

하지만 그 사건은 또한 복음을 올바로 이해하기 위한 탐구에 동기를 부여했다. 만약 내가 지금 마오에게 다시 복음을 제시할 수 있다면 나는 수확할 가능성이 더 높은 복음을 마오가 받아들일 수 있도록 도울 수 있으리라고 생각한다. 나는 그가 하나의 틀—용서하는 왕 예수에 대한 충성—안에서 구원과 지속적인 제자도를 하나로 통일하여 생각할 수 있도록 도울 수 있을 것이다.

순수한 복음보다 더 가치 있는 것은 없다. 교회는 이 보물을 보호하고 보여주며 다른 이들도 이 보물을 경험하도록 초대해야 한다. 교회가 성경적 복음을 불완전하게 이해했다는 것을 인식하게 되었을 때 교회는 이 복음이 온전한 진리에 이르도록 정제하여 그 복음을 바꾸어야 한다. 하나님은 우리의 결점에도 불구하고 구원 사역을 이루어나가신다. 그러나 영생이 달려 있다고 말해도 과언이 아니다. 하나님께서 복음을 보존하고 선포하는 일을 자신의 교회에 맡기셨기 때문이다.

복음은 중요하다

이 장에서 우리는 성경이 복음에 대해 말하는 것을 자세히 살펴보기 시작할 것이다. 내가 이미 이에 관한 내용을 다른 곳에서 다루었던 것처럼 나는 복음을 철저하게 이해한다고 생각하는 많은 사람들이 자신이 복음에 대해 무척 오해하고 있다는 사실을 깨닫고 놀라는 것을 발견했다. 나는 매트 챈들러(Matt Chandler), 그렉 길버트(Greg Gilbert), 존 맥아더(John MacArthur),

존 파이퍼(John Piper), R. C. 스프로울(Sproul)과 같은 선도적인 목회자-학자들이 쓴 복음에 관한 대중적인 책조차도 그들이 제시하는 복음에 부정확한 내용을 포함하고 있음을 보여줄 수 있다고 생각한다. 이들은 성경적 가르침을 추구하는 작가다. 그러나 나는 성경이 실제로 말하는 것에 비추어 볼 때 그들이 제시하는 복음이 정교하게 조정될 필요가 있다고 제안한다. 그리고 이들은 좋은 작가들이다! 그들의 복음이 예리하게 조정될 필요가 있다면 베니 힌, 케네스 코플랜드, 조엘 오스틴과 같은 기독교 교사들이 제시한 복음은 얼마나 더 의심스러울까? 부정확한 복음이 교회에 만연해 있기 때문에 이것은 오늘날 교회 안에서 복음이 얼마나 바뀌어야 하는지를 잘 보여준다. 나는 이 책을 통해 제자도와 복음 전도가 다시 활기를 띠게 되기를 바란다.

복음이 아닌 것

우리는 주로 대조를 통해 배운다. 어렸을 때 우리는 주로 파란색이 녹색, 빨간색, 노란색이 아니라는 것을 인식함으로써 파란색이 무엇인지를 배웠다. 따라서 만약 우리가 복음이 무엇인지를 논의하려 한다면 먼저 복음이 **아닌** 것을 설명하는 것이 도움이 될 수 있다. 또한 우리가 "복음"이라는 단어가 매우 다양한 방식으로 이해된다는 것을 발견하면 교회 안에서 광범위한 혼란이 일어나는 것은 당연하다. "복음"이 이것저것 모든 것을 의미한다면 명확한 구분은 존재하지 않는다. 파란색을 식별하는 데 녹색, 빨간색 또는 노란색이 도움이 되지 않듯이 말이다. 복음에 혼란이 일어난다.

복음은 모호한 기독교 활동이 아니다

"복음"이란 단어는 성경의 묘사와 느슨하게 연관된 각양각색의 기독교 또는 준-기독교 활동과 계획을 묘사하는 데 사용되었다.

모든 것이 복음이면 그 어느 것도 복음이 아니다. 모든 것이 복음이라면 그 어느 것도 복음이 아니게 되어버린다. 왜냐하면 그 단어는 아무런 의미가 없기 때문이다. 더 심하게 말하면 그것은 하나의 마케팅 전략이 되고만다. 복음이 이끄는 이것, 복음 중심의 저것, 수많은 복음 "프로젝트" 등이 넘쳐난다. 심지어 복음과 느슨하게 연관되어 있음에도 불구하고 이들 중 다수는 기독교의 최고급 자료로 꼽힌다. 하지만 노련한 홍보담당자들은 복음이 팔린다는 것을 알기 때문에 복음이라는 라벨을 붙인다. "복음"이라는 용어를 홍보 전략으로 너무 광범위하게 사용하는 것은 혼란을 초래하는데, 이는 교회가 복음의 정확성을 잃어버리기 때문이다. 복음은 기독교의 전부도 아니고 기독교 이야기의 전부도 아니다. 그것은 결코 더 많은 돈을 벌어들이는 수단이 되어서는 안 된다.

복음 활동? 기타 활동들이 헷갈리게 복음이라고 불린다. 복음은 무조건 다른 사람을 사랑하는 것이 아니다. 그것은 당신의 마음속에 있는 하나님의 규범이 아니다. 그것은 어떤 음악 스타일도 아니다. 예수는 가난한 자들, 병든 자들, 억압받는 자들에게 복음을 전하셨다(눅 4:18-19). 그래서 일부 교회 전통에서는 이러한 자들을 돕는 활동을 "사회 복음"이라고 부른다. 그것을 더 정확하게 표현하면 복음은 사회적 함의가 담긴 정치적 진술이라고 말할 수 있다. 그리고 성경은 그리스도인들이 왕이신 예수의 이름으로 그런 행동을 할 것을 권면하고 명령한다. 그러나 우리는 적절한 복음과 그것이 가져다주는 다양한 종류의 혜택을 구별해야 한다(3장과 1부 끝부분의 "가교"를 보라).

일단 복음에 의해 변화되면 우리가 취하는 수많은 활동이 있지만, 이러한 활동을 복음이라고 부르면 혼란만 초래할 뿐이다. 그러니까 복음은 다른 이들에게 용서나 은혜를 베푸는 것이 아니다. 복음은 더 거룩해지거나 스스로 절제하거나 관용을 베푸는 것이 아니다. 실제 복음은 하나님이 왕이신 예수 안에서 그리고 그를 통해 행하신 일이지, 우리가 무엇이 되거나 다른 이들을 위해 행하는 것이 아니다. 그게 다!

말하라! 여기에는 연관된 문제가 있다. 복음은 말과 분리된 행동이 아니다. 아시시의 성 프란치스코는 "언제나 복음을 전하라. 필요하면 말을 사용하라"고 말한 것으로 전해진다. 말을 사용하지 않고도 복음을 전할 수 있다는 것이다. 우리는 이 말이 매력적이라고 생각한다. 왜냐하면 교회 밖에 있는 이들에게 예수와 구원에 관해 이야기하는 것이 부담스러울 수 있기 때문이다. 그러나 성경은 복음을 순전히 타인에 대한 선한 행위로만 선포될 수 없는 것으로 묘사한다. 우리의 선한 행위는 복음의 메시지를 강화할 수 있지만, 우리의 행동이 그 메시지를 강화하기 위해서는 먼저 누군가가 복음의 메시지를 말로 선포해야 한다. 그리고 성 프란치스코가 실제로 이런 말을 했다는 증거는 없다.

따라서 복음은 기독교 이야기의 전부가 아니며, 마케팅 슬로건도, 도움을 주는 것도, 가난한 자들에게 먹을 것을 주는 것도, 타인을 사랑하는 것도, 다른 이들에게 은혜나 용서를 베푸는 것도 아니다. 그리고 그것은 단순히 우리의 행동이 아니라 **예수를 통해 하나님이 하신 일**을 전하는 우리의 말을 통해 선포되어야 한다. 복음은 우리가 행하는 기독교 활동이 아니다. 복음은 우리의 행위가 아니라 예수의 행위에 관한 것이다. 우리는 복음을 전하기 위해 우리의 말을 사용하여 그분의 행위를 설명해야 한다.

복음은 로마서의 길이 아니다

소위 "로마서의 길"로 알려진 것이 복음과 동등하기라도 한 것처럼 복음을 소개하는 이들이 많다. 이 방식은 로마서의 본문을 사용하여 구원을 설명한다. 이 길은 모든 사람이 하나님의 의의 기준에 이르지 못하고(롬 3:23), 의인은 아무도 없다는 것을 인정하는 것으로 시작한다(3:10). 하나님은 의로우시므로 우리가 지은 죄에 합당한 대가인 죽음을 우리가 치르도록 하신다(6:23). 그러나 심지어 우리가 죄인이었을 때도 영생을 위한 값없는 선물로서(6:23) 그리스도가 우리를 위해 죽으셨으므로(5:8) 누구든지 예수를 주님으로 믿고 고백하는 자는 구원을 얻을 것이다(10:9-10).

로마서의 길은 책, 소책자, 책갈피, 공예품, 소품, 배너, 플래시 카드 등 다양한 형태로 소개된다. 당신은 단돈 2.24달러로 이러한 문장이 들어간 자, 팔찌 또는 펜까지도 살 수 있다. 당신이 십자가를 끄적거리고 있을 때 누군가가 물어보면 당신은 복음을 전하는 데 도움을 얻을 수도 있다. 최근에 아주 대중적인 두 권의 책이 이런 일반적인 방식을 취하고 있다.

먼저 매트 챈들러의 『완전한 복음』(The Explicit Gospel)의 목표는 제목에 명시되어 있다.[1] 챈들러는 성경의 복음을 가능한 한 쉬운 말로 소개하기를 원한다. 이 책은 두 방향—지상과 공중—에서 독자들이 복음을 경험할 수 있도록 구성되어 있다. 지상에서 제시된 복음은 하나님의 완전한 의, 타락한 인간에 대한 하나님의 정의로운 진노, 그 진노를 지고 가는 그리스도의 대속적 희생, 하나님의 은혜가 사람이 믿음으로 반응하게 하는 방식 등에 대한 성경의 기본적인 내용을 소개한다. 따라서 이 책의 전반부는 전통적인 로마서의 길 접근법을 따른다. 그것이 분명히 드러나 있지 않지만 말이다. 후반부의 공중에서 제시되는 복음은 훨씬 더 넓은 시각을 가지고 하나님의 선한 창조세계가 인류의 타락으로 어떻게 더럽혀졌으며, 하나님이 그리스도 안에서 어떻게 **모든 만물**을 화해시킴으로써 창조세계 전체가 새롭게 회복될 것인지에 초점을 맞춘다.

그렉 길버트의 『복음이란 무엇인가?』(What Is the Gospel?)는 복음을 정의하려고 시도하는 수많은 복음주의적 진술을 유용하게 열거한다.[2] 그의 요점은 복음의 경계에 관해 놀랍게도 많은 이견이 있다는 것이다. 그는 이 문제를 해결하는 한 가지 방법으로 성경 자체가 무엇을 말하고 있는지를 보는 것이 진중한 태도일 수 있다고 제안한다. 정말 그렇다! 그러나 결국 그

....

1 Matt Chandler, with Jared Wilson, *The Explicit Gospel* (Wheaton: Crossway, 2012, 『완전한 복음』, 새물결플러스 역간).

2 Greg Gilbert, *What Is the Gospel?*, 9Marks Series (Wheaton: Crossway, 2010), 18-20.

는 복음을 정의하는 가장 좋은 방법으로 로마서 여행을 선택한다. 그렇다면 그의 책에서 제시하는 복음이 이미 많은 이들이 다녀간 로마서의 길을 여행하는 것으로 끝난다는 것은 예측 가능하지 않을까? 하나님은 의로운 창조자이시고, 인간은 죄인이며, 예수 그리스도는 구원자이시고, 우리는 믿음과 회개로 응답해야 한다는 것 말이다.

로마서의 길 접근법이 지닌 문제는 그것이 사용하는 본문에 구원에 관한 적절한 진리가 빠져 있다는 것이 아니다. 그 본문들은 구원의 진리를 담고 있다. 문제는 이러한 진리를 소개하는 수단으로 왜곡된 틀이 도입된다는 점이다. 로마서의 길은 스캇 맥나이트가 명명한 "구원 문화"—빌리 그레이엄과 다른 복음주의자들과 관련이 있는 쉽게 믿어 얻는 구원—에는 기여하지만 진정한 복음 문화를 조성하는 데는 거의 도움이 되지 않는다.[3]

왜일까? 로마서의 길 접근법은 우리가 로마서에서 증거 본문을 찾아내어 "복음"이라고 부르는 인위적인 구조에 그것을 집어넣음으로써 무엇이 복음인지에 대한 **우리의 생각**을 제시한다. 오히려 우리는 복음의 내용을 의도적으로 직접 다루는 성경 본문을 우선시할 때 진리에 더 가까워질 수 있다. 이러한 명백한 본문은 우리에게 개요와 틀을 제공해준다. (따라서 아이러니하게도 챈들러의 『완전한 복음』은 충분히 완전하지 않다.) 우리가 본문을 여기저기서 뽑으면—심지어 그 본문들이 구원의 핵심 진리를 담고 있다

---

3 Scot McKnight, *The King Jesus Gospel* (Grand Rapids: Zondervan, 2011, 『예수 왕의 복음』, 새물결플러스 역간), 2장.

56
1부 복음이 말하는 충성 발견하기

하더라도—우리는 복음을 왜곡하게 된다.

로마서의 길은 복음이 아니다. 만약 성경이 묘사하는 복음이 표준이라면 로마서의 길은 복음의 참된 내용 대부분을 완전히 놓치고, 복음에 해당하지 않는 많은 개념을 추가한다. 이것이 바로 복음을 정확하게 기술하려는 챈들러와 길버트의 노력이 부족한 이유다. 로마서의 길은 구원과 관련된 몇 가지 사실을 현대 교회가 재배열한 것으로 보는 것이 가장 적절하다. 이것은 절대로 복음이 아니다. 당신이 이 장을 다 읽고 나면 나는 왜 이것이 사실이고 중요한지를 당신이 더 온전히 깨닫게 되리라고 생각한다.

복음은 우리의 이신칭의가 아니다

우리의 이신칭의가 복음 혹은 복음의 핵심이라고 주장하는 것이 성경에 정통한 목회자와 학자들이 범하는 가장 일반적인 오류다. 로마서의 길 접근법처럼 이 견해도 바울 서신을 활용한다. 사도 바울은 우리가 구원을 이해하는 데 도움이 되는 중요한 은유를 사용하는데, 그것이 바로 법정이다. 우리는 특히 바울이 "의"와 "칭의" 같은 단어를 사용하는 데서 이것을 발견한다. 이 단어들은 법적으로 정당하거나 무죄한 상태와 관련이 있다. 하나님은 재판관이시고 우리는 하나님 앞에서 죄인이다. 그러나 그리스도 안에서 우리는 의롭다 하심을 얻는다. 즉 우리의 지위가 유죄에서 무죄로 바뀐다.

종교개혁 시대의 많은 논쟁은 이러한 지위의 변화가 정확히 어떻게 일어나는지와 관련된 것이었다. 마르틴 루터는 이러한 무죄 선언은 오직 믿음을 통해 이루어진다고 주장했다. 가톨릭교회는 보속(penance)과 면죄

(absolution)도 필요하다는 입장을 견지하며 대응했다. 가톨릭교회는 심각한 죄는 세례 때 얻은 은혜를 잃게 한다고 주장한다. 만약 어떤 사람이 세례를 받은 후에 심각한 죄를 짓는다면 그는 화해의 성례를 통해 은혜의 상태로 회복되어야 한다. 우리는 6장에서 이 논쟁의 상세한 의미에 대해 더 자세히 살펴볼 것이다. 현재로서는 루터가 이신칭의 교리에 대한 확신이 확고했기 때문에 종종 그것을 "복음"이라고 부르거나 복음의 일부에 포함했다는 점에 주목할 필요가 있다.[4]

이신칭의가 복음의 핵심? 오늘날 많은 학자들은 여전히 이신칭의를 복음의 핵심이라고 말한다. 예를 들어 존 파이퍼는 그의 저서『하나님이 복음이다』(God Is the Gospel)에서 "나는 칭의를 복음의 핵심이라고 부르게 되어 매우 기쁘다"라고 말한다. 그는 이를 다음과 같이 설명한다. "여기서 '핵심'은 칭의가 하나님과 인간 사이의 주요 문제를 가장 직접 다룬다는 것을 의미한다.…[그것은] 복음의 다른 모든 혜택의 지속적인 원천이다."[5]

파이퍼는 복음에 대해 두 가지 의문스러운 주장을 펼쳤다. 하나는 이신칭의가 복음의 핵심이라는 주장이다. 그럴듯하게 들린다. 하지만 당신은 성경 용어 색인이나 전자성경 앱을 가지고 있는가? "복음" 또는 "좋은 소식"이라는 단어를 한번 검색해보라. 그것을 "믿음"과 "칭의" 또는 "의"와

....

4   예컨대 다음을 보라. Luther, *Commentary on Galatians* 1:1; *Preface to the New Testament* (1522); *Commentary on Romans* 1:17.
5   John Piper, *God Is the Gospel* (Wheaton: Crossway, 2005, 『하나님이 복음이다』, IVP 역간), 44.

다양하게 조합하여 검색해보라. 할 수 있다면 그리스어로 검색해보라. 이 신칭의가 복음의 일부라고 명시적으로 언급하고 있는 본문을 나열하라. 오래 걸리지 않을 것이다. 이제 다 끝났는가? 당신이 신약성경 원어로 작업하고 있다면 아무 본문도 없을 것이다.

만약 당신이 로마서 1:16-17 혹은 갈라디아서 3:8을 **잘못 해석한다면**(이 본문들은 나중에 논의할 것이다) 당신은 복음과 이신칭의를 동일시하고 싶은 유혹을 받을 수 있다. 사도행전 13:38-39은 복음 본문의 일부인데(특히 32절을 보라), 얼핏 보면 이신칭의를 거의 복음의 일부로 말하는 것처럼 보인다. 하지만 그렇지만은 않다. "복음"과 "이신칭의"를 거의 동일시하는 본문은 갈라디아서인데, 거기서 바울은 갈라디아 교인들이 복음이 아닌 것을 위해 복음을 버렸기 때문에 큰 충격을 받는다(1:6-7). 나중에 바울은 복음과 타협하는 다양한 행위를 상세히 열거하는데(2:5, 14), 이는 어떤 이들이 믿음이 아닌 율법 또는 율법의 행위로 의롭다 함을 얻으려 하고 있음을 암시한다(2:16; 3:11, 24; 5:4). 그러나 바울은 그의 복음이 이신칭의라고 말하지 않는다. 비록 루터 이래로 많은 바울 해석자들이 바울의 취지를 넘어 이러한 결론에 도달했지만 말이다. 만약 성경이 결코 단 한 번도 복음이 이신칭의라고 말하지 않았다면 적어도 우리는 이신칭의가 복음의 핵심이라는 파이퍼의 주장이 의심스럽다는 데 동의할 수 있을 것이다.

나는 오직 믿음으로 의롭다 함을 얻는 것이 사실이 아니라고 주장하는 것이 아니다. 만약 칭의(*dikaiosynē*)와 믿음(*pistis*)을 올바르게 이해한다면 그것은 절대적으로 사실이다. 내 주장은 다르다. 즉 우리의 이신칭의는 복음의 일부가 아니다. 우리는 칭의와 믿음이 어떻게 서로 달리 연관되어 있는지, 그리고 그것들이 어떻게 복음과 연관되어 있는지를 정확하게 파악하기 위해 신중하게 연구할 필요가 있다. 하지만 우리가 그것이 복음 혹은 복음의 일부라고 말하기 시작하면 우리는 성경이 말하는 바를 심각하게 왜곡하게 된다.

하나님이 복음인가? 파이퍼는 『하나님이 복음이다』에서 복음을 또 다른 방식으로 오해하는 위험을 무릅쓴다. 그의 오류는 작년에 내가 교신을 주고받은 목사의 오류와 비슷하다. 그는 나에게 "예수가 복음이다"라고 주장했다. 이에 대해 나는 비록 복음이 주로 예수**에 관한** 것이지만, 성경은 결코 예수가 복음**이라고** 말하지 않는다는 것을 상기시키면서 그에게 (겸손하게) 재고해볼 것을 강하게 제안했다. 그는 나의 반박을 받아들였고, 그것이 어떻게 그의 설교와 가르침에서 더 구체적으로 나타나게 되었는지에 대해 감사했다.

파이퍼의 책 제목은 하나님이 복음**이라고** 말함으로써 똑같이 과잉 일반화를 범한다. 우리는 사소한 것을 트집 잡지 않도록 주의해야 한다. 그래도 파이퍼의 책은 성경적 복음을 묘사하는 책 중에서는 더 정확한 편이다. 그는 복음이 우리가 하나님의 영광을 누릴 수 있게 한다는 것을 보여주고 싶어 한다. 그에게는 이것이 가장 궁극적인 복음이다. 설령 성경에서 그것을 **가장** 좋은 소식이라고 부르지 않더라도 말이다. 우리는 파이퍼에게 어느 정도 시적 자유를 허용해야 한다. (그리고 책 제목은 종종 작가보다 출판사가 정한다는 것을 기억하는 것이 좋다.) 그러나 동시에 우리가 정확성을 추구하고

자 한다면 우리는 성경에서 예수나 하나님이 복음**이라고** 말한 적이 결코 없다는 점을 유념해야 한다.

비록 내가 존 파이퍼를 이 논의에서 다루었지만, 이신칭의를 복음의 핵심으로 취급하는 데는 결코 그가 혼자가 아니다. 이러한 오류는 광범위 하게 퍼져 있다. 예를 들어 R. C. 스프로울은 『오직 믿음으로』(Faith Alone)에 서 "이신칭의만이 복음에 필수적이다"라고 주장한다.[6] 마찬가지로 스프로 울은 그의 저서 『복음을 올바르게 이해하기』(Getting the Gospel Right)에서 오 직 믿음과 예수의 의에 대한 신뢰만을 복음의 핵심 메시지로 삼는다.[7] 존 맥아더는 『바울의 복음』(The Gospel according to Paul)에서 "이신칭의 교리는 바 울의 복음에 대한 가르침의 근간"이며, "바울에 의한 복음의 핵심이자 시 금석"이라고 말한다.[8] 다른 많은 사람들도 똑같이 말한다.

달콤한 복음을 조심하라

이신칭의가 복음의 핵심 또는 일부인지가 왜 중요한가? 첫째, 진리는 언제 나 중요하다. 그리고 복음을 다룰 때에는 더더욱 중요하다.

둘째, 믿음이 복음의 일부가 아님에도 우리가 우리의 믿음을 복음의 일부로 삼는다면 우리는 그것을 부적절한 방식으로 복음을 확인하고 평가

....

6   R. C. Sproul, *Faith Alone* (Grand Rapids: Baker, 1995, 『오직 믿음으로』, 생명의말씀사 역간), 19.

7   R. C. Sproul, *Getting the Gospel Right* (Grand Rapids: Baker, 1999), 100-103.

8   John MacArthur, *The Gospel according to Paul* (Nashville: Thomas Nelson, 2017), 55, 60.

하는 대상으로 삼을 위험이 있다. 복음은 달콤함을 선사하므로 개인과 부적절하게 마주한다. 복음은 그리스도의 행위보다는 인격적인 신뢰에 관한 것이 되고 만다. "당신은 그것을 얻을 수 없지만 걱정하지 마라. 왜냐하면 **좋은 소식은 오직 하나님이 원하시는 것은 ~에 대한 당신의 신뢰라는 것**이기 때문이다." 이럴 경우 좋은 소식은 내가 올바른 심리적 자세를 취하고 있느냐에 달려 있다. 좋은 소식의 일부가 오직 신뢰만이 나를 구원할 수 있다는 것이 된다. 하지만 나는 정말로 신뢰하고 있는가? 나는 정말로 믿음이 있는가? 자아를 향한 내적 소용돌이는 자기 회의(self-doubt)와 더불어 계속 일어난다. 이 모든 것은 복음 문화보다는 구원 문화에 기여한다.

오해가 없기를 바란다. 우리는 메시아가 우리 죄를 위해 죽었다는 것을 믿어야 한다. 그러나 비록 우리의 믿음이 복음과 관련되어 있지만, 그것은 사실 복음의 일부가 아니다. 우리의 믿음은 복음 밖에 있는 것이지, 복음 안에 속한 것이 아니다. 이것은 분명히 에큐메니컬적인 함의를 지니고 있다. 왜냐하면 이것은 오늘날 개신교 신자들과 가톨릭 신자들이 공감하듯이 종교개혁 시대의 많은 논쟁이 왜 과녁에서 빗나갔는지를 보여주는 데 도움을 주기 때문이다.

셋째, 우리의 의 또는 칭의가 핵심이 될 때 이와 비슷한 일이 벌어진다. 복음이 예수보다는 우리에 관한 것이 되고 만다. 비록 나는 이 부분을 3장과 6장에서 더 자세히 다루겠지만, 나는 무엇이 중요한지를 명확히 밝히기 위해 여기서 그것을 간략하게 소개하려고 한다.

복음은 십자가 중심적인가?

많은 작가들은 (학자와 목사를 막론하고) 십자가가 복음의 중심이라고 주장한다. 예를 들어 길버트의 『복음이란 무엇인가?』(*What Is the Gospel?*)는 "십자가를 중심에 두기"에 한 장 전체를 할애한다.[9] 마찬가지로 파이퍼는 『칭의의 미래』(*The Future of Justification*)에서 "복음의 중심에는 십자가와 부활의 사건이 있다"고 말한다.[10] 이것이 의도하는 바는 십자가가 예수가 우리의 죄를 위해 죽고 죄와 죽음, 악한 영의 세력들을 물리친 도구라는 것이다. 정말로 십자가가 복음의 중심에 있는가? 그렇다. 대략 어느 정도는.

십자가가 복음의 중심이라고 말하는 것은 옳지만 오해의 소지가 있다. 결국 여기서 "중심"은 무엇을 의미하는가? 십자가가 중심에 있다는 주장은 똑같이 중요한 복음의 다른 요소들을 경시하는가? 나는 여기서 도발적인 주장을 하고자 한다. 나는 당신에게 우리 연구가 진행되는 동안 다음과 같은 나의 주장을 증거에 비추어 테스트할 것을 제안한다. 십자가는 성경에서 복음의 **가장 중요한/유일한**(the) 신학적 중심으로 제시되어 있지 않다.

예수가 우리 죄를 위해 십자가에서 죽은 사건은 복음의 다른 사실들과 더불어 결코 타협할 수 없는 복음의 한 가지 사실이다. 아무튼 십자가는 부활을 대단원으로 하는 복음서 이야기에서 **극적인** 중심을 차지한다. 십자가

....

9   Gilbert, *What Is the Gospel?*, 7장.

10   John Piper, *The Future of Justification* (Wheaton: Crossway, 2007, 『칭의 논쟁』, 부흥과개혁사 역간), 82.

는 복음에 필수적이며 신학적 중심이다. 그러나 복음의 절정, 즉 복음에 대한 성경의 설명에서 가장 강조되는 신학적 요점은 **예수가 왕이신 그리스도**라는 것이다.

복음의 기초

복음의 중추적인 중요성을 고려하면 우리는 성경이 복음에 관해 자주 언급한다고 생각할 수 있다. 이러한 생각은 맞기도 하고 틀리기도 하다. 성경은 "복음"이라는 용어(*euangel* 단어군)를 162번 사용하지만, 이들 중 대다수는 구체적으로 예수를 언급하기보다는 더 폭넓은 의미에서 "좋은 소식"을 가리킨다. 예를 들어 고대 그리스어 성경에서 복음 언어에 대한 첫 번째 언급은 사무엘상에서 등장한다. 전투에서 사울이 자살할 때 그의 원수인 블레셋 사람들은 기뻐한다. 그들은 사울의 목을 베고 갑옷을 벗기고 블레셋 땅 곳곳에 전령을 보내어 "자기들이 섬기는 우상들의 집과 백성에게 승리의 소식을 전하였다[*euangelizontes*]"(삼상 31:9).

설령 그것이 예수에 대한 직접적인 언급은 아닐지라도 이 예는 우리에게 "복음"에 관해 무언가 중요한 것을 가르쳐준다. 즉 복음은 예수를 반드시 언급할 필요는 없고, 고대 세계에서 기쁜 소식의 메시지와 관련하여 사용되었다. 이 경우에 이스라엘 왕의 죽음은 블레셋 사람들에게 "좋은 소식"이었다. "복음"(*euangelion*)은 그 메시지 자체(선포된 내용)였다. "가스펠링"(gospeling) 또는 "복음을 선포하는"(*euangelizō*) 활동은 그 기쁜 소식을 널리 전하는 것이었다. 따라서 성경은 복음과 복음을 전하는 언어를 자주 사용한다.

그러나 그것의 중요성을 고려하면 우리는 복음의 구체적인 **내용**이 예수와 관련하여 오직 성경의 몇몇 구절에만 설명되어 있다는 사실에 놀랄 수 있다. 우리는 이 구절들을 함께 탐구할 것이다. 이 구절들은 마가복음 1:14-15(과 평행 본문), 누가복음 4:18-19, 로마서 1:3-4, 고린도전서 15:3-5, 디모데후서 2:8을 포함한다. 일부 다른 본문들은 이를 보충한다 (롬 1:16-17; 16:25-26; 갈 1:11-12). 하지만 이 본문들은 단지 더 자세한 본문들을 보충할 뿐이다. 다른 본문들—사도행전의 연설, 빌립보서 2:6-11 등—도 이를 근거로 복음 본문으로 확정될 수 있다. 그러나 우리가 정확성을 추구한다면 우리는 복음의 메시지를 명시적으로 전달하는 구절들을 설명하고 종합하는 것이 가장 확실한 출발점이라는 데 동의해야 할 것이다.

복음을 선포한 예수

예수로 시작하는 것은 항상 좋은 생각이다. 우리가 복음을 정의하고자 할 때 예수는 우리에게 방향을 잡을 수 있는 틀을 제공한다. 최초의 복음서인 마가복음에서 예수가 세례와 시험을 받은 후에 가장 먼저 한 일은 바로 복음을 선포하는 것이었다. "요한이 잡힌 후 예수께서 갈릴리에 오셔서 하나님의 복음을 전파하여 이르시되 '때가 찼고 하나님의 나라가 가까이 왔으니 회개하고 복음을 믿으라' 하시더라"(막 1:14-15).

색의 대비와 같이 정확한 표현은 우리가 복음의 경계를 설정하는 데 도움을 준다. 예수는 "복음을 믿으라[*pisteuete*]"고 말한다. 이것은 **복음 자체가 믿는 행위와 다른 것이고 별개의 것**임을 분명히 한다. 왜냐하면 복음은 믿어야 할 것이기 때문이다. (다음 장에서는 "믿는다"는 것이 얼마나 다채로운 의미를 지닌 단어인지를 살펴볼 것이다.) 비록 파이퍼, 스프로울, 맥아더 등 많은 이들이 **믿음**(*pistis*)에 의한 우리의 칭의가 복음의 핵심이라고 제안하지만, 우리는 즉각적으로 예수의 말씀에서 이것이 의심스럽다는 증거를 발견한다. 믿는 행위, 믿음의 활동, 피스티스의 행위는 복음에 대한 필수적인 **반응**으로 이해하는 것이 더 좋다.

비록 복음과 밀접하게 연관되어 있지만, "회개하고 믿으라"는 명령은 엄밀히 말하면 복음의 일부가 아니다. 그 차이는 미묘하지만, 우리의 연구가 진행되는 과정에서 왜 그 차이를 유지하는 것이 중요한지가 점차 더 분명해질 것이다. **회개와 믿음은 구원을 위해 필요하지만, 복음의 범주 밖에 있고, 복음에 속한 것이 아니다.**

예수의 하나님 나라 복음

이제는 내용을 살펴보도록 하겠다. 예수는 "하나님의 복음"을 선포했다고 한다. 다행히 마가는 즉시 이 복음의 메시지의 중심 내용을 명확히 밝힌다. "때가 찼고 하나님의 나라가 가까이 왔으니"(막 1:14-15).

그렇다면 마가복음의 이 첫 장면에서 예수가 말하는 복음은 무엇일까? 그것은 **때의 완성**과 **하나님 나라의 임박한 도래**에 관한 것이다. 그러나 아마도 여기서 우리가 가장 주목해야 할 것은 예수 자신이 (이중적으로) 그의 메시지 중심에 있다는 것이다. 마가복음을 읽으면서 우리는 예수가 정점으로 치닫는 그의 사역을 통해 때를 완성하는 분임을 발견한다. 그는 또한 언젠간 장차 다스릴 기름 부음 받은 왕이기도 하다. 이 두 주제는 마가복음에서 예를 들어 소작농에게 보낸 아들의 비유(12:1-12)와 감람산 강화(13장)에서 함께 등장한다. 다시 말하면 **예수는 복음의 핵심 전령이자 복음의 핵심 주체다.**

　　왕의 메시지. 설령 해석자들에 의해 간과될지라도 예수가 왕이 될 것이라는 사실이 복음서의 핵심 주제다. 예컨대 이것이 우리가 누가복음에서 예수에 관해 제일 먼저 깨닫게 되는 중요한 내용이다. "그가 큰 자가 되고 지극히 높으신 이의 아들이라 일컬어질 것이요, 주 하나님께서 그 조상 다윗의 왕위를 그에게 주시리니 영원히 야곱의 집을 왕으로 다스리실 것이며 그 나라가 무궁하리라"(1:32-33). 누가는 우리에게 예수가 단계적으로 왕위를 얻을 것이라고 말한다. 먼저 그는 큰 자가 될 것이고, 하나님의 아들(예수 시대에는 왕적 의미가 담긴 칭호, 예컨대 시 2편을 보라)이라고 일컬어질 것이며, 그다음에는 왕위를 얻을 것이고, 그다음에는 그의 영원한 통치를 개시할 것이다.

　　왕이 된다는 것은 하나의 과정이다. 예수가 세례 이전이 아닌 세례 이후에 하나님 나라가 가까이 왔다는 복음을 선포하기 시작한다는 대목은 큰 의미가 있다. 비록 하나님이 오래전에 미리 그를 메시아로 선택하셨지만, 엄밀히 말하면 그는 세례 때 성령을 받음으로써 비로소 메시아("기름 부음을 받은 자", "그리스도")가 되었기 때문이다. 그는 이제 기름 부음을 받았기 때문에 담대하게 하나님 나라가 가까이 왔다는 복음을 선포할 수 있었다. 그는 그리스도, 즉 현재에 택함을 받았지만 여전히 장차 왕이 될 분이 되었다. 그가 공식적으로 통치하는 메시아로서 왕위에 오르는 일은 수년이 지난 후에, 즉 그가 부활하여 하나님 우편으로 승천할 때까지 일어나지 않을 것이다.

예수가 지상의 삶을 살 때에는 온전히 왕이 되는 과정에 있었다. 이 상황을 성경에서 "메시아"로 불렸던 또 다른 인물인 다윗과 비교해보자. 다윗은 실제로 통치를 시작하기 수년 전에 사무엘에 의해 왕으로 기름 부음을 받아 그리스도가 되었다. 예수의 경우도 다윗의 자손으로서 그와 비슷하다. 예수가 왕이 되는 과정은 (1) 선택 또는 택함 받음, (2) 기름 부음, (3) 즉위, (4) 주권적 통치 등의 단계를 거쳐 진행되었다. 복음서에서 좋은 소식은 이 과정이 나사렛 예수에게 전개되고 있었고, 그가 하나님을 대신하여 공식적으로 통치를 시작할 때 비로소 그 절정에 이를 것임을 의미한다.

왕의 선언. 예수는 광야에서 시험을 받고 나서 "성령의 능력을 힘입고" 고향 나사렛으로 돌아왔다. 그는 회당에 들어가 이사야서 두루마리를 펼쳐 읽었다. "주의 성령이 내게 임하셨으니 이는 가난한 자에게 복음을 전하게 하시려고 내게 기름을 부으시고 나를 보내사 포로 된 자에게 자유를, 눈먼 자에게 다시 보게 함을 전파하며 눌린 자를 자유롭게 하고 주의 은혜의 해를 전파하게 하려 하심이라"(눅 4:18-19, 사 61:1-2; 58:6 인용). 종종 예수의 나사렛 선언이라고 불리는 이 본문에서 예수는 자신의 공적 사역의 목적뿐만 아니라 자신의 정체성을 개략적으로 설명한다. 왕의 모든 메시지는 본질적으로 정치적이고 사회적이라는 점을 유념하라. 그는 자신이 하나님의 기름 부음 받은 자, 즉 그리스도라고 밝힌다. 그는 이것을 단순히 물 또는 기름 부음으로 보지 않는다. 성령이 그에게 임한다. 우리는 그가 세례를 받는 동안 성령이 임하신 것을 기억한다. 이 기름 부음의 목적은 가난한 자들에게 좋은 소식을 선포하기(*euangelisasthai*) 위함이다. 그리고 이 선포는 또한 포로된 자들, 시각 장애인들, 억압받는 자들에게도 좋은 소식이다. 예수는 주의 은혜의 해를 선포한다.

회복의 날은 바로 지금! 이 주의 은혜의 해는 해방 및 회복과 연결되어 있었다. 그것은 빚 탕감 및 노예 해방과 관련이 있다(레 25장). 그러나 그것은 바벨론 포로생활 이후의 회복의 이미지와 결부되어 있다(사 61:3-4). 11QMelchizedek과 같은 사해 문서를 통해 우리는 예수 당시의 유대인들이 이사야 61:1-2을 신적 회복이 이루어지는 미래의 시대를 알리는 것으로 보았다는 것을 알고 있다. 미래에 있을 해방과 회복에 대해 이야기하려는 예수의 의도는 청중들에게 분명하게 전달되었을 것이다. 그의 선언은 복음의 사회적 혜택의 일부가 즉각적으로 누구에게나—특히 가난하고 억압받는 사람들에게—주어진다는 점을 분명히 한다. 우리가 곧 보게 되겠지만, 다른 혜택들은 예수가 출범시킬 과정에 있는 미래의 궁극적인 구원과 관련이 있다. 이러한 최종적 구원의 혜택은 오직 예수를 주님으로 인정함으로써 복음에 응답하는 사람들만을 위한 것이다.

그러나 우리는 예수가 이 말씀을 그때 자신에게 적용했을 때 회당에 모인 군중들은 놀라 숨이 막혔을 것이라고 상상할 수 있다. 그 글을 읽고 나서 예수는 "이 글이 오늘 너희 귀에 응하였느니라"고 선언했다(눅 4:21). 예수는 자신이 기름 부음을 받은 메시아라고 주장한 것이다. 회복은 바로 그 자리에서 시작되고 있었다. 너무나 놀란 나머지 처음에는 모두가 그에 대해 긍정적으로 말했다. 그리고 그들은 그가 그저 그 지역 출신임을 기억했다. 예수는 점점 더 적대적으로 변해가는 군중들을 향해 이해하기 어려운 진리의 말씀을 전한다.

그러나 군중들은 예수를 죽이지 못하고, 그는 이 복음을 널리 전하기 시작한다. "내가 다른 동네들에서도 하나님의 나라 복음을 전하여야 하리니 나는 이 일을 위해 보내심을 받았노라"(눅 4:43). **예수의 삶의 근본적인 목적은 하나님 나라의 복음—그가 이미 하나님께 왕으로 기름 부음을 받았으므로 그의 공식적인 통치가 반드시 이루어질 것—을 전하는 것이었다.**

왕이 되는 복음. 일단 우리가 복음이 하나님 나라의 선포라는 것을 깨닫게 되면 수문이 열린다. 그가 하나님 나라(또는 마태가 선호하는 것처럼 천국)에 대해 가르치거나 이야기할 때마다 예수는 복음을 널리 전파한다. 사실 나는 예수의 하나님 나라 선포가 어떻게 사실상 그가 지금 왕이 되는 과정에 있었음을 선포한 것이었는지를 탐구하는 데 이 책의 나머지 부분을 전부 할애할 수도 있었다. 다행스럽게도 스캇 맥나이트, N. T. 라이트 등 다른 저자들이 이미 이 주제에 대해 이해하기 쉽게 썼기 때문에 이것은 더 이상

필요하지 않다.[11]

사실 예수의 공식적인 가르침뿐만 아니라 그의 치유와 논쟁도 복음 선
포다. 왜냐하면 이것들은 하나님 나라가 예수 주변에서 그리고 예수를 통
해 폭발하고 있다는 신호였기 때문이다. 누가복음과 마태복음은 예수의
복음 선포를 그의 치유 사역과 의도적으로 연관시킨다(예. 마 11:5; 눅 7:22;
8:1-2; 9:6). 특히 마태복음은 다른 두 본문에서 거의 같은 단어를 반복하여
사용함으로써 이를 강조한다. "예수께서 모든 도시와 마을에 두루 다니사
그들의 회당에서 가르치시며 천국 복음을 전파하시며 모든 병과 모든 약한
것을 고치시니라"(9:35; 참조. 4:23). 복음서에 나오는 예수의 하나님 나라 비
유, 행동 또는 기적 행위 하나하나가 복음을 설명하는 데 도움을 준다는 점
을 고려하면 우리는 모든 관련 본문을 검토할 수 없다.

하지만 우리는 몇 가지를 언급할 수 있다. 이 가운데 두 본문은 복음을
명시적으로 언급하고 포괄적인 그림을 제공하기 때문에 특히 더 적절하다.
예수와 복음을 위해 십자가를 지는 행위는 심판 이후의 생명을 얻는 결과
를 가져다준다(막 8:34-38). 복음을 위하여 재산과 가족을 잃은 자들은 넘치
도록 풍족하게 되돌려받을 것이다(10:29). 제자들은 예수의 복음 선포를 지
원한다(눅 8:1; 9:6). 복음은 모든 민족에게 선포될 것이다(마 24:14; 26:13; 막

....

11   Scot McKnight, *King Jesus Gospel*, 6-7장; N. T. Wright, *How God Became King* (New York:
      HarperOne, 2012, 『하나님은 어떻게 왕이 되셨나』, 에클레시아북스 역간); Matthew W.
      Bates, *Salvation by Allegiance Alone* (Grand Rapids: Baker Academic, 2017, 『오직 충성으로 받
      는 구원』, 새물결플러스 역간), 3장.

13:10; 14:9). 이 본문들은 복음에 대한 우리의 이해를 보충해준다.

　　예수는 어떤 복음을 선포하셨는가? 성경의 사복음서는 실제로 단 하나의 복음—예수가 어떻게 구원을 베푸시는 왕이 되었는지에 대한 좋은 소식—을 설명하는 서로 다른 네 가지 증언이다. 우리는 예수가 자신에 관해 선포한 복음의 메시지를 다음과 같이 요약할 수 있다. 아버지가 보낸 아들, 곧 섬기는 왕으로서 예수는 다른 이들을 위한 대속물이 되기 위해 십자가의 고난을 받음으로써 왕이 될 것이다. 그의 피는 새 언약을 비준할 것이다. 예수는 고난받는 의로운 종, 즉 그의 백성을 대표하는 왕이었기 때문에 하나님은 이 고난 후에 그의 정당성을 인정하고, 죽은 자들 가운데서 그를 일으키고, 자신의 우편에 그를 앉히실 것이다. 이 모든 것은 구약성경을 성취하는 것이다. 영광을 받은 왕으로서 그는 궁극적으로 세상을 심판하실 것이다. 예수에게 복음은 하나님 나라가 가까이 왔다는 것이다. 그는 왕으로 기름 부음을 받았지만, 아직 공식적으로 통치하지는 않는다. 십자가와 부활은 그가 통치하는 왕이 되는 길로 가는 과정에 필요한 단계다.[12]

바울에 따른 복음

예수의 복음 선포에 관해 자세히 살펴보면서 우리는 로마서의 길과 우리의

12　예수가 이것을 자신에 관해 선포했다는 증거는 다음을 보라. Bates, *Salvation by Allegiance Alone*, 3장.

이신칭의가 결국에는 복음이 아니라는 증거를 이미 발견했다. 이것들은 하나님 나라가 가까이 왔다는 것을 강조하지도 않고, 예수의 왕권을 충분히 내세우지도 않는다.

물론 예수로부터 시작하는 것이 현명한 일이겠지만, 우리는 이제 사도 바울로 넘어가고자 한다. 로마서 1:1-4, 1:16-17, 고린도전서 15:3-5, 디모데후서 2:8은 주로 바울의 복음을 전형적으로 표현하는 본문으로 알려져 있는데, 이는 이 본문들이 복음의 내용을 명시적으로 묘사하고 있기 때문이다. 여기서 우리는 로마서 1:1-4과 디모데후서 2:8에 대해 논의하고자 한다. 로마서 1:16-17과 고린도전서 15:1-5은 우리가 다음 장에서 충성으로서의 믿음을 다룬 후에 검토하는 것이 더 유익할 것이다. 당신은 이 본문들에서 무엇이 복음이고 무엇이 복음이 아닌지를 깨닫고 놀라게 될 것이다.

축약된 복음

복음의 내용을 가장 간략하게 표현한 본문은 디모데후서 2:8이다. 디모데에게 그리스도 예수의 좋은 군사로서 용감하게 고난에 동참하라고 권면하면서 바울은 그에게 "내가 전한 복음대로 다윗의 씨로 죽은 자 가운데서 다시 살아나신 예수 그리스도를 기억하라"고 말한다(딤후 2:8). 이 복음은 바울이 쇠사슬에 매이는 결과를 가져왔다. 그러나 이런 상황에도 불구하고 바울은 "하나님의 말씀은 쇠사슬에 매이지 않는다"라고 외치는데(9절), 이는 복음이 능력이 있다는 것을 암시한다(참조. 롬 1:16). 바울은 복음의 내용에 대한 이러한 간략한 묘사에서 무엇을 강조하고 있는가?

존경을 나타내는 칭호. 우리는 칭호를 그저 당연한 것으로 보아넘겨서는 안 된다. 복음의 내용은 예수 **그리스도**에 관한 것이다. 즉 오랫동안 기다려온 유대인(그러나 모든 이에게 의미가 있는) **왕, 메시아** 예수에 관한 것이다.[13] 나는 성경에 나오는 "예수 그리스도"를 단지 이름 또는 지시어로 보지 말 것을 독자들에게 강력히 촉구하고 싶다. 무엇보다도 당신이 "예수 그리스도"라는 표현을 만나면 이름이 예수이고 성씨(姓氏)가 그리스도라고 생각하지 말기를 바란다. "그리스도"라는 칭호는 성경이 예수의 왕권을 복음의 가장 핵심적인 사실로 일관되게 강조하고 있기 때문에 완전하게 이해하는 것이 절대적으로 필요하다. "그리스도"는 성씨도 아니고 단순히 특정인을 지칭하는 방식도 아니다. 그것은 존경을 표현하는 칭호다.[14]

그것은 우리 현대 사회에서 "박사"라는 용어와 같다. 만약 우리가 서로를 소개한다면 당신은 "만나서 반갑습니다, 베이츠 박사님"이라고 말할 것이다. 만약 당신이 나를 베이츠 박사라고 부르기로 했다면 그것은 내가 박사 학위를 받는 명예를 얻었다는 것을 당신이 인정하기 때문일 것이다(비록 나는 그다지 격식을 차리지 않기 때문에 "그저 매트라고 불러주세요"라고 말할 것이지만 말이다). 신약성경에서도 비슷한 존칭을 발견할 수 있다. "나사렛의

---

13 바울에게 있어 메시아의 신학적 의미에 대해서는 다음을 보라. Joshua W. Jipp, *Christ Is King* (Minneapolis: Fortress, 2015, 『예수의 왕권 사상과 바울신학』, 새물결플러스 역간).

14 다음을 보라. Matthew V. Novenson, *Christ among the Messiahs* (Oxford: Oxford University Press, 2012).

예수"라고 말하는 것과 "예수 그리스도"라고 말하는 것은 전혀 다른 의미를 지닌다. "나사렛의"는 우리의 현대 성씨 개념에 더 가깝고, 일반적으로 예수를 메시아로 인정하지 않는 사람에 의해 사용되거나 어느 "예수"를 말하는지 정확히 명시할 필요가 있을 때 사용된다(예. 마 21:11; 26:71; 눅 18:37; 요 1:45; 18:5-7). 그는 초기 기독교 문헌 전반에 걸쳐 "예수 그리스도"로 지칭되는데, 이는 저자들이 그의 왕적 지위를 강조하고 싶기 때문이다.

나는 가르치거나 글을 쓸 때 일반적으로 "예수 그리스도" 또는 "메시아 예수" 또는 "왕이신 예수"라고 말하는데, 그것은 내가 청중들이 이 칭호에 주목하기를 원하기 때문이다. 예수에 관해 다른 사람과 이야기할 때 당신도 이와 똑같이 해보길 바란다. 그것은 작은 변화이지만, 왕의 복음을 강조하는 데 도움을 준다.

죽은 자 가운데서 살아나셨다. 바울의 요약이 부활을 강조한다는 것은 의미가 있다. 왕이신 예수가 "죽은 자 가운데서 살아나셨다"(딤후 2:8)는 것이다. 여기서 "죽은 자"는 그리스어에서 복수형이기 때문에 한 사람 이상을 가리킨다. 바울의 요점은 단순히 예수가 혼자서만 죽은 것이 아니라는 것이다. 그의 요점은 기름 부음 받은 왕이 다른 사람들과 더불어 죽은 상태에 있었다는 것이다. 이것은 하나님의 부활의 능력이 단순히 예수뿐만 아니라 잠재적으로 모든 죽은 자에게도 영향을 미친다는 것을 암시한다. 이것은 바울이 예수의 부활에 대해 다른 본문에서 말한 것과도 일치하는데, 거기서 바울은 예수의 부활을 다른 사람들이 부활할 때 이루어질 온전한 부활을 예고하는 부활의 첫 열매라고 말한다(고전 15:20-23).

뿐만 아니라 예수 그리스도가 "부활하셨다"고 말할 때 바울은 이 행동의 지속적인 의미를 강조하는 동사형을 사용한다. 이 동사(*egēgermenon*)는 완성된 행동과 그 지속적인 효과를 강조한다. 이에 대한 적절한 번역은 다음과 같다. "나의 복음에 따라 다윗의 씨로, **죽은 자 가운데서 살아나셨고 지금도 여전히 살아나시는** 메시아-왕 예수를 기억하라"(딤후 2:8).

왕에 관한 예언. 마지막으로 바울에게 있어 "다윗의 씨의" 또는 "다윗의 씨에 의한"이라는 용어는 세 가지 의미를 갖는다. 첫째, 그것은 구약에 나타난 **예언의 성취**를 암묵적으로 주장한다. 하나님은 다윗에게 약속을 하셨는데, 그것은 특히 영원한 왕위를 계승할 후손에 대한 약속이었다(삼하 7:12-16; 시 89:29). 둘째, 그것은 예수의 **왕의 혈통**을 강조하면서 예수의 왕적 지위를 강화한다. 셋째, 그것은 예수의 참된 **인성**을 강조한다. 바울은 예수를 하나님의 아들로 인정하면서도 예수가 인간의 몸을 입었다고 본다. 이와 밀접하게 연관된 복음 본문인 로마서 1:3-4에서 바울은 이러한 세 가지 주제─예언 성취, 왕의 혈통, 인간의 몸을 입음─를 재차 언급한다.

요약하자면 바울은 디모데후서 2:8의 복음에 관한 짧은 요약에서 왕권과 부활에 초점을 맞춘다. 그럼에도 바울은 여기에 십자가 또는 죄 용서를 포함하지 않는다. 앞으로 우리가 보게 되겠지만, 이것은 복음이 그것들을 포함하지 않는다는 것을 의미하지 않는다. 십자가와 용서는 온전한 복음에 필수적이다. 그러나 바울의 짧은 복음 묘사에서 그것들이 생략된 것은 복음의 무게 중심이 다른 곳에 있을지도 모른다는 점을 우리에게 깨닫게 해준다.

비천한 육신을 입고 능력으로 다스린다

로마서 1:1-4은 성경에서 가장 핵심적인 복음 본문 중 하나이지만, 언제나 제대로 이해되고 있지는 않다. 이 본문이 바울의 가장 유명한 서신에서 가장 두드러지는 도입 부분에 있다는 점을 고려하면 이 본문은 심각하게 간과되고 있음을 알 수 있다. 이 본문은 심지어 매트 챈들러의『완전한 복음』에서나 그렉 길버트의『복음이란 무엇인가』에서도 언급조차 되지 않는다(그들은 딤후 2:8도 언급하지 않는다). 심지어 존 맥아더의『바울 복음』도 결코 이 본문을 다루지 않는다. 바울의 복음이 맥아더의 주제임을 고려하면 이는 매우 이상한 일이다.

다른 이들이 간과할 수 있는 것이 무엇인지를 파악하기 위해 로마서 1:1-4을 주의 깊게 읽어보자. 우리가 복음을 온전히 이해하려면 이 본문은 통합되어야 한다.

예수 메시아의 종 바울은 사도로 부르심을 받아 하나님의 복음을 위하여 따로 구별되었으니 이 복음은 하나님이 예언자들을 통하여 그의 아들에 관하여 성경에 미리 약속하신 것이라. 그는 육신으로는 다윗의 씨를 통해 존재하게 되었고 성결의 영으로는 죽은 자들 가운데서 부활하사 능력의 하나님의 아들로 선포되셨으니 곧 우리 주 예수 그리스도시니라(롬 1:1-4, 저자의 번역).

바울은 예수와 자신의 관계를 명확히 하는 것으로 시작한다. 심지어 이것조차도 복음을 이해하는 데 유용하다. 예수는 메시아, **그리스도**, 보편적인 유대인 스타일의 왕이다. 바울은 **둘로스**, 곧 이 왕의 종-노예다. 그러나 그는 종-노예일 뿐만 아니라 사자, 대리자, 대사이기도 하다. 이것이 바로 사도의 의미다. "사도"는 주로 강력한 지도자가 메시지를 전달하거나 정치적인 문제를 협상하기 위해 파견하는 사람이다.

다시 말해 바울은 복음에 관한 자세한 내용을 설명하기도 전에 이미 예수는 왕이며, 자신은 하나님의 좋은 소식을 전하기 위해 파견된 이 왕의 종-대사임을 밝힌 것이다. 그러므로 그는 이 복음의 메시지가 예수에 관한 **왕의 선포**임을 간접적으로 알린 것이다.

미리 약속하심

바울은 이 좋은 소식에 관한 자세한 내용에 대해 혼란이 생기지 않도록 즉시 해명한다. 이것은 하나님이 "예언자들을 통하여 성경에 미리 약속하신" 복음이다(1:2). 여기서 우리는 하나님의 백성에게는 복음이 인류 역사에서 예기치 않게 일어난 분출(eruption)이 아니라는 것을 알게 된다. 그러나 이것은 단지 예고된 것만도 아니었다. 마치 하나님의 예언자들이 단순히 미래를 내다볼 수 있는 예지자인 것처럼 말이다. 하나님이 직접 관여하셨다.

하나님은 자신의 말씀의 틀에 자신을 가두셨다. 하나님은 절대적 주권자로서 자신이 지은 창조세계를 자신의 본성에 따라 무엇이든 자유롭게 하실 수 있다(예. 시 135:6; 단 4:35; 행 17:24-28). 그러나 그의 주권은 타인에 대한 사랑을 위해 자신의 자유를 제한할 권리를 포함한다. 그는 언약 체결을 통해 자신에게 의무를 부과하셨다. 그리고 그는 나아가 그의 고대 예언자들—이사야와 다른 예언자들—에게 심판과 구원과 같은 미래의 의무에 관한 참된 말씀을 주어 전하게 하심으로써 자신에게 의무를 추가로 부과하셨다.

그는 훼손된 피조물과 창조 질서 전체에 좋은 소식을 가져다주겠다고 약속하셨다. 그리고 히브리서가 우리에게 상기하듯이 "하나님은 거짓말을 하실 수 없는" 분이기 때문에(6:18) 그의 약속은 그를 완전히 구속했다. 게다가 이 약속은 예를 들어 다윗에게 하신 영원한 왕위 약속(예. 삼하 7:12-16)과 이사야를 통해 주신 새 출애굽 구원 약속(예. 사 35; 52)처럼 구체적이었기 때문에 결코 경솔한 약속이 아니었다. 이 약속들은 구약의 특정 기준과 패턴에 부합해야 했다(갈 3:17을 보라). 다시 말하면 절대적으로 자유로우신 하나님이 구체적인 역사적 책임을 짊어지심으로써 "자유롭지 못한" 존재가 되신 것이다. 무엇보다도 바울은 하나님이 이 구약의 예언자들을 통해 **복음**을 구체적으로 약속하셨다고 강조한다. 이 복음은 하나님의 아들에 관한 것이다.

인간의 육신을 입다

로마서 1:2-4은 날것 그대로의 복음이다. 이 본문은 번역하기가 어렵기로 악명이 나 있다. 바울의 언어가 너무 압축되어 있기 때문이다.[15] 그러나 복

---

15 자세한 학문적 논의는 다음을 보라. Matthew W. Bates, "A Christology of Incarnation and Enthronement," *Catholic Biblical Quarterly* 77 (2015): 107-27. 또한 다음을 보라. Joshua W. Jipp, "Ancient, Modern, and Future Interpretations of Romans 1:3-4," *Journal of Theological*

음의 진리는 세부사항에서 가장 밝게 빛나기 때문에 나는 영어권 독자들이 로마서 1:2-4이 그리스어 원문에서 어떻게 구성되어 있는지를 볼 수 있도록 적절한 서식과 간결한 번역을 제시했다.

복음…그의 아들에 관하여

euangelion ... peri tou huiou autou

존재하게 되어

tou genomenou

(a) 다윗의 씨를 통해

ek spermatos Dauid

(b) 육신과 관련해서는

kata sarka

능력의 하나님의 아들로 임명되어

tou horisthentos huiou Theou en dynamei

(b) 성결의 영과 관련해서는

kata pneuma hagiōsynēs

(a) 죽은 자들 가운데서 부활함을 통해

ex anastaseōs nekrōn

예수 그리스도 우리 주…

....

Interpretation (2009): 241-59.

Iēsou Christou tou kyriou hēmōn

가장 주목해야 할 것은 바울이 여기서 복음을 명시적으로 묘사하고 있다는 점이다(설령 이 본문이 복음에 관한 대중서에서 이상하게 배제되어 있다 하더라도 말이다). 둘째, 우리는 바울이 1:2에서 예수가 하나님의 아들이라고 주장했다는 사실을 간과해서는 안 된다. 왜냐하면 바울에게 있어서는 이것이 복음의 사실적 기반이기 때문이다.

두 부분으로 구성된 복음. 이어서 1:3-4의 구조에 주목하라. 이 구절은 두 부분으로 나뉜다. 우리는 이 두 가지 활동이 복음에서 가장 중요한 사실임을 알고 있다. 왜냐하면 나머지 정보는 이 두 활동을 설명하도록 구성되어 있기 때문이다. 이 두 활동은 (1) 존재하게 된 것, (2) 능력의 하나님의 아들로 임명된 것이다.

다른 구조적 세부사항은 우리에게 어떤 도움을 주는가? 이 두 활동은 각각 비슷한 방식으로 수식되어 균형 잡힌 짝을 이룬다는 점에 주목하라. 각 활동의 **범위**는 그것이 무엇과 "관련된"(그리스어. *kata*) 것인지를 묘사함으로써 구체화된다. 그리고 각 활동의 **수단**도 명시되어 있다(그리스어. *ek/ex*). 이것은 추가적 설명이 필요하다.

육신을 입고 존재하게 되다

바울은 그 아들이 "다윗의 씨를 통해 존재하게 되었다"고 말한다. 이것은 "다윗의 자손이 되셨다"(ESV) 혹은 "다윗의 자손으로서 태어나셨다"(NASB)라고 번역해서는 안 된다. 둘 다 정확한 번역이 아니다. 바울이 인간의 정상적인 생식에 대해 말할 때는 *gennaō*를 선호하는데, 이는 이 단어가 일반적인 단어이기 때문이다(롬 9:11; 갈 4:23, 24, 29). 그러나 하나님의 아들이 선재하신 존재에서 인간의 존재로 바뀔 때는 *ginomai*를 사용한다. 그가 로마서 1:3에서 그랬던 것처럼 말이다. 예를 들어 바울은 예수가 "여자를 통해 **존재하게 되었다**"(갈 4:4, 저자의 번역)라고 말할 때는 *ginomai*를 사용한다. 또한 그는 예수가 하나님과 동등하지만 "사람의 모양으로 **존재하게 되었다**"라고 확언할 때 이 단어를 사용한다(빌 2:7, 저자의 번역). 따라서 로마서 1:3의 아들에 대한 언급은 "자손이 되셨다" 혹은 "태어나셨다"가 아닌 "존재하게 되었다"로 번역하는 것이 가장 좋다.

오직 육신과 관련해서. 그러나 로마서 1:3에서 이 "존재하게 되었다"는 이것이 오직 "육신과 관련해서"라는 것을 명시하기 위해 수식된다. 이 수식은 매우 중요하다. 왜냐하면 이 수식 없이는 예수가 아버지와 아들로서 나란히 선재하지 않고, 오직 후대에 그가 창조되었을 때 비로소 존재하기 시작했다는 것을 의미하기 때문이다. 이것은 나중에 아리우스주의(그리고 특히 오늘날 여호와의 증인과 관련된)로 불리게 된 이단이다. 바울의 묘사는 아들이 그가 태어났을 때 비로소 존재하게 된 것이 **아님**을 나타낸다. 오히려 선재하신 하나님의 아들은 태어날 때 인간의 육신을 입었다(또한 롬 8:3을 보라).

다윗의 씨로서 마리아. 이 일이 일어난 방법을 설명할 때 바울은 예수가 신적으로 선재하셨고, 이제 인간의 모습으로 존재하게 되셨다는 두 가지 사실을 명확히 밝힌다. 그는 "**다윗의 씨를 통해** 존재하게 되셨다"라고 진술한다. 바울 서신의 다른 곳에서도 비슷한 언어가 등장하는데, 이것은 **마리아를 통한** 예수의 출생을 의미할 가능성이 높다. 예를 들어 바울은 예수를 "**여자를 통해** 존재하게 되셨다"라고 말한다(갈 4:4). 마리아는 매우 이른 시기의 다른 기독교 문헌(예. 이그나티오스, *To the Ephesians* 18.2; 이레나이우스, *Demonstration of the Apostolic Preaching* 36)에서 구체적으로 "다윗의 씨"로 불린다.[16] 이것은 또한 로마서 1:3-4에 대한 우리의 가장 초기의 명시적 해석자인 이레나이우스가 이해한 방식이라는 점에서 의미가 있다. 이레나이우스는 "다윗의 씨를 통해"가 동정녀 탄생을 의미한다고 단언한다(*Against Heresies* 3.16.3).

성육신. 예수는 인간의 육신을 입기 전에 이미 신적 아들이었다. 하지만 그가 육신을 입었을 때 그는 비로소 또한 완전한 인간이 되었다. 요한이 묘사하듯이 "말씀은 육신이 되었고 그의 천막을 우리 가운데 쳤다"(1:14, 저자의 번역). 다시 말하면 바울은 요한과 같은 대상―후대의 신학자들이 성육신이라고 부르는 것―을 다른 언어로 묘사하는 것으로 보인다.

하늘의 왕으로 임명되다

바울이 강조하는 두 번째 주요 복음 활동은 예수가 새 직분에 임명된 것이

---

16 요셉이 다윗의 후손이라는 것은 잘 알려졌지만(예. 마 1:20), 마리아가 그렇다는 것도 전해져 내려왔다(눅 3:23은 아마도 요셉보다는 마리아를 의도한 것 같다); Ignatius, *To the Trallians* 9.1; Justin Martyr, *Dialogue with Trypho* 100.3.

다. 아들은 능력의 하나님의 아들로 임명된다. 첫 번째 활동과 마찬가지로 바울은 두 번째 활동의 범위도 수식한다.

오직 성결의 영과 관련해서. 바울은 능력의 하나님의 아들로 임명된 것이 "성결의 영과 관련이 있다"고 말한다. 대다수 학자들은 구약성경과 사해 문서에 기초하여 "성결의 영"이 성령을 지칭하는 히브리어 방식이었다는 데 동의한다.[17] 이것은 아마도 성령의 임재와 사역의 영역 또는 범위를 의미하며, 그 요점은 예수의 현재 통치가 성령의 내주하시는 임재와 공존하는 것을 의미하는 것으로 보인다.

통치하는 왕으로서 새로운 천상의 직무. 예수는 지상에 사는 동안 하나님의 아들이었고 기름 부음 받은 메시아였다. 그러나 그는 아직 적극적으로 통치하지 않았다. 부활 이후 그가 능력의 하나님의 아들로 임명됨으로써 이 모든 것이 바뀌었다. 주권적 권력을 지닌 이 새로운 직분은 예수가 하나님의 우편에 앉으셨을 때 맡게 되었다.

우리는 바울이 빌립보서 2: 6-11에서 예수의 활동을 이와 비슷하게 묘사하기 때문에 이러한 결론에 안전하게 도달할 수 있다. 이 본문에서 예수는 처음에 "하나님의 형상으로 존재하고""하나님과 동등하다"(6절)고 묘사된다. 그러나 예수가 죽음에 이르기까지 자신을 낮추자 하나님은 그를 가장 높은 통치권을 지닌 위치로 높이신다. 그리스어 원문은 예수

....
17   시 51:11; 사 63:10-11의 *ruach qodesh*("성결의 영")를 보라. 사해 문헌에서 *ruach qodesh*는 흔히 나타난다(내가 바이블웍스로 검색한 결과로는 54번 나타난다). 예. 1QS 8.16; 9.3.

가 높임을 받았다고 말하지 않고 그가 극도로 또는 지극히 높임을 받았다(hyperupsōsen)고 말함으로써 그가 이전보다 심지어 **더 높은** 위치에 계신다는 것을 분명히 한다(9절). 성육신 이전에 그는 비-육신적(nonfleshly) 하나님의 아들로서 영광 가운데 하나님과 함께 계셨다. 이제 그는 지극히 높임을 받으신 하나님의 아들, 인간의 모습을 한 절대적 주권자 하나님이시다. 여기서는 아들에서 왕위에 오른 아들로 이동한다.

우리는 로마서 1:3-4과 동일한 기본적 개념을 빌립보서 2:6-11에서도 발견한다. 여기서 선재하신 아들은 인간의 형태를 취하지만, 자신을 낮춘 후에는 결국 지극히 높임을 받으신다. 따라서 그는 더 이상 그저 아들에 불과한 존재가 아니다. 그는 **적극적으로 통치하는** 하나님의 아들, 절대적인 주, 능력의 하나님의 아들이시다. 그는 모든 사람이 무릎을 꿇고 충성을 고백해야 마땅한 존재다.

성육신과 즉위. 요컨대 바울이 로마서 1:3-4에서 복음의 내용을 상세히 설명할 때 그는 두 가지 활동—아들이 선재하신 신적 존재에서 신적-인간적 존재로 오신 것과 그가 하나님 우편에 계신 통치자로 임명된 것—을 염두에 두고 있다. 복음을 지지하는 다른 사실도 언급되는데, 이는 다윗 왕족의 혈통, 죽은 자들 가운데서 부활, 예수의 통치와 성령의 임재의 상관관계 등을 포함한다. 여기서 복음은 무엇보다도 아들의 **성육신과 즉위**에서 성취되는 하나님의 오래된 약속에 관한 것이다.

로마서 1:1-4에서 복음의 가장 중요한 사실은 예수가 절대 주권을 지닌 우주의 왕이 되었다는 것이다. 바울은 이것을 다음 네 가지 방식으로 강조한다. (1) 왕의 종-노예이자 사도로서 자신과 왕의 관계, (2) "그리스도"라는 칭호 사용, (3) 예수가 능력의 하나님의 아들로 임명됨을 강조, (4) 이 아들이 "우리 주 예수 그리스도"라는 그의 선언. 즉 복음은 왕의 선포다.

정화된 복음 제시하기

우리는 본 장에서 심지어 우리 시대의 일부 최고 학자-목사들도 성경의 복음을 희석하고 왜곡시킨다는 사실에 비추어 순전한 복음에 대한 탐구를 시작했다. 우리의 목표는 더 참되고 더 나은 복음의 선포다. 우리의 과제는 부분적으로 완성되었다.

복음은 모호한 기독교 활동이나 로마서의 길 또는 이신칭의가 아니다. 십자가는 신학적으로 복음의 핵심이지만, 그것은 복음의 절대적인 신학적 핵심으로 묘사되어서는 안 된다. 예수가 선포한 복음은 하나님 나라의 도래였다. 즉 예수의 복음은 근본적으로 그가 하나님 아버지 우편에서 보편적 통치권을 얻는 것에 관한 것이었다.

바울이 복음을 가장 명확하게 설명하는 세 본문 중 두 본문인 디모데후서 2:8과 로마서 1:3-4는 이러한 주장을 강화한다. 복음은 예수가 그리스도임을 선언한다. 하지만 이 두 본문은 또한 그의 통치권, 그의 다윗 혈통 출생, 그의 죽은 자들 가운데서의 부활에 대해서도 언급한다.

그러나 이 두 본문에서 **언급하지 않은 것**에도 주목할 필요가 있다. 그것은 인간의 죄, 하나님의 의로운 기준, 십자가, 죄를 위한 죽음, 예수의 재림 등이다. 천국에 관한 언급도 전혀 없다. 또한 복음은 사람이 천국에 가도록 돕는 것을 목적으로 한다고 말하지도 않는다. 사실 우리의 구원에 대한 언급이 전혀 없다. 신뢰, 회개 또는 이와 유사한 것이 복음의 일부라는 언급이 전혀 없다. 이신칭의가 복음의 일부라는 암시도 없다.

다음 장에서 우리는 십자가와 우리 죄를 위한 예수의 죽음이 복음의 전 과정에 어떻게 부합하는지 볼 것이다. 우리는 복음이 왜 구원을 위한 하나님의 능력인지도 밝혀낼 것이다. 이를 위한 가장 좋은 방법은 복음의 포괄적인 메시지―예수가 왕이 되셨다!―가 어떻게 우리로 하여금 믿음의 의미를 재고하도록 만드는지 다시 생각해보는 것이다.

———

본 장은 난처했던 저녁 식사가 어떻게 인생을 바꾸는 마오와의 대화로 이어지게 되었는지에 관한 이야기로 시작했다. 나는 복음을 올바로 이해하는 것이 중요하다는 점에 대해 당신이 이미 동의한다고 믿는다. 하지만 우리가 이웃, 친구, 직장 동료, 낯선 사람들, 그리고 누구든지 귀를 기울이는 자들에게 복음을 공유하지 않으면 우리는 더 처참하게 실패하고 말 것이다.

우리는 다른 사람들이 복음의 능력을 경험하도록 어떻게 도울 수 있을까? 우선 우리는 그들에게 "오직 믿기만 하라"고 말하면 안 된다(물론 그들이 믿어야 하지만 말이다). 우리는 그들에게 예수가 왕이라는 것을 말하고 복음의 나머지 부분을 공유해야 한다. 우리가 이것을 실천할 때 들을 귀가 있는 자들은 듣기 시작할 수 있을 것이다.

만약 당신이 교회, 단체, 친구 또는 이웃을 위해 이 일을 어떻게 시작할지 잘 모르겠다면 이 책은 당신이 복음이 말하는 충성을 삶으로 구현하고 선포하도록 돕기 위해 쓰였다는 것을 깨닫기 바란다. 부록 2의 추가 대화를 위한 가이드에는 소그룹 또는 개인 묵상을 위한 질문과 활동이 포함되어 있다. 말씀을 깊이 탐구하고 전파하며 복음에 관한 대화에 다른 이들을 초대하기 바란다.

2장

믿음이 아니라 충성

남북전쟁에서 국기를 들고 전투에 나서는 것은 매우 위험한 일이었다. 대포가 포효하고 총알이 공기를 가르며 날아다닐 때 깃발을 든 기수(旗手)는 무방비 상태로 싸움터로 걸어 들어갔다. 그리고 그 후 일반 병사들이 깃발을 따라 전투에 임했다. 기수들이 종종 암울한 죽음을 만난 것은 놀라운 일이 아니다.

게티즈버그 전투에서 북군(the Union) 기수들은 빠른 속도로 연이어 사망했다. 그들의 죽음에 대한 기사를 읽을 때 첫 번째 기수의 빠른 죽음이 우리의 관심을 끄는 것이 아니다. 사상자의 숫자도 아니다. 비록 깃발 하나만 들고 가는 중에도 여덟 명이 잇따라 사망하는데도 말이다. 정말로 관심을 끄는 것은 죽음이 거의 확실히 기다리고 있다는 것을 잘 알고 있으면서도 국기를 높이 들기 위해 열렬히 **자원하는** 각 사람의 용기와 불굴의 정신이다.[1]

무엇이 그토록 무모하고 대담한 행동을 하도록 동기를 부여했을까? 북군(the Union)과 남군(the Confederacy)을 대표하는 깃발은 단지 헝겊 조각이 아니었다. 그것은 남과 북이 결연한 마음으로 헌신하는 위대하고 중대

1   "Civil War Battle Flags," American Civil War Story, 2019년 1월 19일 접속, http://www.americancivilwarstory.com/civil-war-battle-flags.html.

한 대의—국가 통합 유
지, 정치적 자결권, 지
역적 자긍심, 노예제도
에 대한 입장 등—의 상
징이었다. 깃발을 들 정
도로 용감한 군인이라
면 누구나 지도자, 동
지, 국가에 대한 충성의
의미를 잘 알고 있었을
것이다.

　나는 오늘날 교회
가 깃발을 중심으로 결
집하거나 민족주의적

토머스 나스트의 "용감한 기수". 이 그림은 미국 남북전쟁에서
부상을 당한 병사를 묘사한 것이다. 이 병사는 피를 뿜어내면서
도 깃발을 포기하기 않고 계속 전진하려고 한다.

열정을 되살려야 한다고 말하려는 것이 아니다. 그러나 이 남북전쟁 일화
에서 충성심은 구원, 믿음, 행위, 복음 등 기독교 전통의 핵심을 재고하는
데 도움이 될 수 있다. 우리는 이제 **복음이 말하는 충성**을 실천할 필요가 있
다.

　기독교가 계속 건강을 유지하려면 순수한 복음은 생명력을 유지해
야 한다. 이전 장에서 우리는 복음에 대한 혼란스러운 모습을 발견했다. 우
리가 가르치고 설교하는 복음은 바뀌어야 한다. 그래서 우리는 진정한 복
음을 찾는 작업에 돌입했다. 우리는 복음(*euangelion*)의 내용을 명시적으

로 묘사하거나 복음의 메시지가 투명하게 전달되도록 복음을 선포하는 (*euangelizō*) 핵심 본문들을 살펴보았다. 그러나 복음에 관한 몇몇 핵심 본문은 아직 논의하지 않았다. 나는 의도적으로 이전 장에서 이 본문들을 다루지 않았다. 왜냐하면 이 본문들은 믿음을 충성으로 이해하는 관점에서 논의하는 것이 더 적절하기 때문이다.

나는 이 장에서 복음에 대한 올바른 반응에 관해 이야기할 때 사용하기 가장 적절한 용어는 "충성"이라고 제안한다. 이것은 믿음이 단순히 충성이라는 것을 의미하지는 않는다. 그러나 복음이 "예수가 이제 용서의 왕으로 통치하신다"라는 말로 가장 잘 요약될 수 있다면 하나님이 우리에게 요구하는 올바른 반응은 분명해진다. 왕이신 예수는 궁극적으로 그의 신하들에게 오직 한 가지만을 요구하는데, 그것이 바로 충성이다. 복음에 대한 반응으로서 우리는 오직 충성으로 구원을 받는다.

믿음의 문제들

존 위클리프 성경(1382-1395년)과 킹 제임스 버전(1611년)부터 영어 성경 번역은 언제나 "믿음"(faith)과 "믿다"(believe)를 선호했다. 영어권 독자들은 이 단어에 강한 정서적 애착을 가지고 있다. 심지어 이 단어가 부적절하다는 생각이 들 때도 우리는 "믿음"과 "믿다"라는 단어가 절대 부족함이 없다고 느낄 수 있다. 마치 이것이 예수와 사도들이 직접 우리에게 구원을 얻기 위해서는 무엇이 필요한지를 설명하기 위해 사용한 단어인 양 말이다. 많은 이들은 "오직 믿음"의 필요성을 강조한다. 아마도 당신은 **솔라 피데**(*sola fide*, "오직 믿음으로")라는 라틴어를 들어본 적이 있을 것이다.

하지만 우리는 "믿음"이라는 단어가 성령의 영감으로 된 단어가 아니라는 것을 기억해야 한다. 이 단어는 심지어 예수 시대에는 아예 존재하지도 않았다. 라틴어 **피데스**(*fides*)는 당시에 사용되었지만, 신약성경은 라틴어가 아닌 그리스어로 기록되었다. 그리스어 단어는 **피스티스**(*pistis*)다. 예수 시대에는 아무도 예수를 "믿는다"거나 영생을 위한 복음에 관해 이야기하지 않았다. 그들은 명사 **피스티스**와 관련된 **피스튜오**(*pisteuō*) 동사를 사용했다. 이 그리스어 단어는 우리가 사용하는 현대의 "믿음", "믿다"와 부정확하게 연관되어 있다. 고대의 단어들은 중세, 종교개혁 시대 또는 현대의 단어나 정의에 완벽하게 부합하지 않는, 고유한 의미를 갖고 있다.

한편 "믿음"이라는 단어 자체는 지난 500년 동안 영어 용법에 따라 계속 변했다. 이것이 바로 우리가 **피스티스**(*pistis*)의 의미를 더 잘 전달할 수 있는 새로운 단어—"충성"과 같이—를 고려해야 하는 이유 중 하나다. 믿음에 관한 오늘날의 개념과는 달리 성경에서 말하는 믿음(*pistis*)은 맹목적인 믿음이 아니다. 그것은 단순히 미래에 대한 낙관주의나 긍정적인 사고방식을 견지하는 것이 아니다. **피스티스**는 구체적이며 외부지향적이다. 이것은 본서의 두 번째 부분에서 우리가 더 논의할 주제들이다.

나아가 현대 회의론과 자연주의적 세계관의 출현은 현대 담론에서 "믿음"에 반증거주의적(anti-evidentialist) 함의를 부여했다. 예를 들어 무신론자인 리처드 도킨스는 다음과 같이 말한 것으로 유명하다. "믿음은 생각하고 증거를 평가할 필요성을 회피할 수 있는 훌륭한 구실이자 위대한 변명이다. 믿음은 증거의 부재에도 불구하고 믿는 것이며, 어쩌면 심지어 증거가 없기 때문에 믿는 것이다."[2] 오늘날 도킨스와 같이 수많은 이들에게 있어 믿음은 증거의 정반대다.

오늘날 사람들은 이처럼 믿음은 증거의 정반대라는 개념을 성경에서 발견하기도 한다. 아무튼 성경은 "믿음은 바라는 것들의 실상이요 보이지 않는 것들의 증거"라고 말한다(히 11:1).[3] 믿음에 대한 반증거주의적 정서에 영향을 받은 이들은 이 구절에서 "보이지 않는 것들의 증거"를 가지고 성경은 증거 없이 믿는 것이 믿음이라는 생각을 지지한다고 생각한다. 이것은 사람들로 하여금 기독교 신앙이 비이성적이고 자의적이라는 잘못된 생각을 갖게 만든다.

그러나 히브리서에서 말하는 "믿음"(*pistis*)을 증거의 정반대 개념으로 받아들이는 것은 요점에 반하는 것이다. 실제 요점은 우리가 겉으로 보는 것이 하나님의 말씀 및 약속과 관련된 눈에 보이지 않는 확실성을 가리킨다는 것이다. 예를 들어 우리는 창조된 우주를 보기 위해 바깥을 바라보는

....

2   이것은 Richard Dawkins가 1992년 4월 15일 에든버러 국제 과학 페스티벌에서 연설한 것으로, 인디펜던트지(런던) 1992년 4월 20일 자 사설에 실렸다. "A Scientist's Case against God", 17. 또한 다음을 보라. https://en.wikiquote.org/wi ki/Richard_Dawkins. 나는 이 자료를 개인적으로 확인하지 못했다.
3   나는 더 정확하게 다음과 같이 번역한다. "이제 믿음[*pistis*]은 소망이 지향하는 근본 실체[*hypostasis*]이며 보이지 않는 것들에 대한 확신이다"(히 11:1, 저자의 번역). 히브리서 저자는 히 11장의 예를 통해 피스티스에 대한 정의를 명확히 하고 있다. 믿음(*pistis*)은 하나님의 계시된 말씀의 현현을 통해 보이지 않지만 보이는 하나님의 보다 확실한 근본 실체(*hypostasis*)에 근거하여 기꺼이 행동하는 것이다.

데, 이것이 하나님의 말씀의 창조적 능력을 보여주는 증거다(11:3). 우리가 그것을 볼 때 하나님의 말씀에 대한 우리의 믿음이 확증된다. 물리적 증거를 보면 하나님의 창조적 말씀이 실로 강력하다는 판단이 생긴다. 믿음을 증거의 정반대로 생각하는 문화적 내러티브에도 불구하고 히브리서에서 말하는 믿음은 실제로 하나님의 강력한 말씀을 확인하기 위해 증거를 추적하는 것을 포함한다. 성경적 믿음은 반증거주의적이지 않다.

요약하자면 "믿음"과 "믿다"는 영감을 받은 단어가 아니다. 오늘날 이 단어에 부여된 의미는 흔히 성경에서 말하는 **피스티스**(*pistis*)와 **피스튜오** (*pisteuō*)의 실제 의미와는 거리가 멀다. 따라서 우리는 다른 단어들을 고려해야 한다.

충성으로서 믿음

믿음에 대한 오해가 어떻게 구원에 관한 성경의 가르침을 모호하게 만들었는지에 대해서는 더 할 말이 있다. 하지만 논의를 계속 진행하기 전에 우리는 **피스티스**(전통적으로는 "믿음")에 대한 더 확고한 이해가 필요하다. 여기서 나는 다음 세 가지 요점을 말하고 싶다. (1) 피스티스는 충성을 의미할 수 있지만, (2) 피스티스는 일반적으로 충성을 의미하지 않으며, (3) 단어가 의미를 어떻게 나타내는지는 우리의 논의에서 매우 중요하다. 앞으로 우리는 복음에 대한 올바른 반응에 대해 이야기할 때 믿음(피스티스)을 묘사하는 데 있어 왜 "충성"이 우리가 사용할 수 있는 가장 적절하고 포괄적인 용어인지를 살펴볼 것이다.

피스티스는 충성을 의미할 수 있다

신약 시대를 다룬 가장 권위 있는 사전에서 **피스티스**라는 단어를 찾아보면 우리는 다소 흥미로운 점을 발견한다. 첫 번째 정의에 대한 용어 해설은 무언가에 대한 믿음을 전혀 언급하지 않는다. 오히려 그것은 다른 사람에 대한 믿음이나 신뢰를 불러일으키는 어떤 사람의 자질, 즉 **신실함**(faithfulness), **신뢰성**(reliability), **충성/신실함**(fidelity), **헌신**(commitment)을 나타낸다.[4]

번역가들과 학자들은 오래전부터 피스티스를 신실함으로 인식하고 있었지만, 피스티스가 구원에도 적합한 용어인지에 대해서는 충분히 이해하지 못했다. 예를 들어 바울은 노예들은 도둑질을 해서는 안 되며, 주인에게 "모든 참된 **피스티스**를 보여주어야 한다"고 말한다(딛 2:10, 저자의 번역). 바울은 노예들이 주인을 전적으로 신뢰해야 한다고 말하는 것이 아니라 그들에게 온전한 신실함 또는 충성심을 보여주어야 한다고 말한다. 마태복음에서 예수는 십일조에 관해 언급하면서 율법의 더 중요한 문제들, 즉 "정의와 긍휼과 **피스티스**"를 경시하는 바리새인들을 책망한다(23:23, 저자의 번역). 예수는 그들에게 하나님에 대한 믿음이 부족하다고 말하는 것이 아니

---

4   Frederick W. Danker, ed., *A Greek-English Lexicon of the New Testament and Other Early Christian Literature*, 3rd ed. (Chicago: University of Chicago Press, 2000), 818-20.

라 그들의 행동에서 하나님과 그의 율법에 대한 신실함 또는 충실함이 없다는 것을 보여준다고 말한다.

다른 예들은 복음이 말하는 충성과 훨씬 더 밀접하게 연관되어 있다. 바울이 데살로니가 교인들에게 "우리는 너희가 견디고 있는 모든 박해와 환난 중에서 너희의 인내와 **피스티스**를 자랑한다"고 쓴 것을 고려해보라(살후 1:4, 저자의 번역). 전후 문맥은 피스티스와 인내를 연결하고 있으며, 피스티스가 환난을 인내하고 견디는 것과 관련이 있음을 보여준다. 이는 여기서 피스티스의 정확한 번역이 "믿음"(faith)이 아니라 "신실함"(faithfulness) 또는 "충성"(allegiance)임을 시사한다. 따라서 바울은 "우리는 너희의 인내와 **충성**을 자랑한다"고 말하고 있는 것이다.

이것은 피스티스와 복음의 관계에 대한 우리의 이해에 도움을 준다. 이러한 환난 가운데 충성(*pistis*)의 존재 여부는 이러한 어려움이 계속될 때 사람이 주 예수의 판단에 의해 도움을 받든지 해를 입게 되든지를 결정하는 구체적인 기준이 된다(7절). 주 예수는 하늘로부터 나타나셔서 "하나님을 모르는 자들과 우리 주 예수의 복음에 복종하지 않는 자들에게 형벌을 내리실 것이다"(8절). 문맥을 살펴보면 어려움을 겪을 때 **주 예수에 대한 충성**(*pistis*)은 **복음에 대한 순종**과 동일시된다.

다시 말해 데살로니가후서 1:4-8에서 시련을 견디면서 **피스티스**를 유지하는 것은 복음에 대한 올바른 순종과 같다. 문맥을 보면 이 피스티스는 복음과 관련하여 단순히 예수를 구세주로서 신뢰하는 것이 아니라 천상의 주님이신 예수께 대한 순종적 충성을 다하는 것이다. 왕의 복음은 그 반응으로 충성을 요구한다. 데살로니가후서 1:4에서 피스티스는 얼마든지 "충성"으로 번역될 수 있으며, 복음에 대한 올바른 응답이다.

피스티스는 다른 본문에서도 구원에 이르는 충성과 관련이 있다. 예를 들어 바울은 골로새 교인들에게 다음과 같이 말한다. 나는 "너희의 질서정연함과 메시아에 대한 너희의 **피스티스**의 확고함을 기쁘게 생각한다"(2:5, 저자의 번역). "너희의 질서정연함"과 "너희의 **피스티스**의 확고함"을 서로 연관시킨 것은 여기서 피스티스가 신실함(faithfulness)과 같은 인격적 자질임을 시사한다. 그러나 이 문맥에서 이러한 신실함은 메시아(왕)에 대한 것이므로 "충직함"(loyalty) 또는 "충성"(allegiance)이 더 나은 단어 선택이다. 따라서 이는 "메시아에 대한 너희의 **충성**"을 의미한다.

이것은 바울이 자신의 주장을 계속 전개해나가면서 확증된다. "그러므로 너희가 메시아, 곧 주 예수를 받았으니 계속 그 안에서 행하고 그 안에 뿌리를 박으며 세움을 받아 너희가 교훈을 받은 대로 **피스티스**를 굳게 하여 감사함을 넘치게 하라"(골 2:6-7, 저자의 번역). 바울은 예수를 메시아와 주님으로 부름으로써 예수의 주권을 이중적으로 강조한다. 게다가 바울은 피스티스를 언급할 때 골로새 교인들이 이 왕에 대해 어떻게 행동해야 할지에 대해 말하고 있는 것이지, 그들이 어떻게 그를 구원자로 신뢰해야 할지에 대해 말하고 있는 것이 아니다. 문맥상 이 구절은 "너희가 교훈을 받은 대로 **충성심**을 굳게 하여"로 번역되어야 한다(7절).

성경 전체를 살펴보면 **피스티스**가 충성을 의미하는 예가 수없이 많다. 바울이 빌립보 감옥의 간수에게 "주 예수를 **피스튜오** 하라(*Pisteuson*). 그리

2장 믿음이 아니라 충성

하면 너와 네 집이 구원을 받으리라"(행 16:31, 저자의 번역)고 말할 때 문맥은 이제 더 이상 황제의 행정관들이 아니라 최고의 주권자인 예수에 대한 간수의 충성심의 구체적인 전환을 요구한다. 간수는 이제 황제의 대사인 행정관들을 섬기는 것을 멈추고 예수의 대사인 바울과 바나바를 섬기기 시작한다.

피스티스는 다른 자료에서도 충성을 의미한다. 예를 들어 바울과 동시대를 살았던 유대인 역사가 요세푸스는 종종 피스티스를 충성이라고 말한다.[5] 요세푸스는 안티오코스 왕이 유대인들의 충성심에 감동한 나머지 그의 총독에게 편지를 쓸 때 특별히 이것을 언급했다고 자랑한다. 요세푸스는 "왕이 프리기아와 리디아에서 반란이 일어난 것을 알았을 때…그는 우리의 경건함과 충성심[피스티스]에 대해서도 서면으로 증언했다"고 진술한다(『유대 고대사』 12.147). 이 문맥은 반란 때 왕에 대한 충성심을 말하고 있으므로 여기서 피스티스는 충성을 의미한다.

마카베오1서(가톨릭 성경에는 포함되어 있지만 개신교 성경에는 없는)에서 데메트리오스 왕은 유대인들이 자신의 경쟁자가 아닌 자신의 편을 들도록 설득하고자 유대인들에게 편지를 쓴다. "당신들이 우리와 맺은 언약과 우리의 우정을 지켰으며 원수들의 편을 들지 않았다는 소식을 듣고 우리는 기뻐했다. 이제는 우리와 **피스티스**를 계속 유지하라. 그러면 우리는 당신들

---

5   다음을 보라. Dennis R. Lindsay, *Josephus and Faith: Pistis and Pisteuein as Faith Terminology in the Writings of Flavius Josephus and in the New Testament* (Leiden: Brill, 1993), 특히 78-80.

이 우리에게 한 일에 대해 당신들에게 좋은 것으로 보답할 것이다"(10:26-27, 저자의 번역). 왕이 백성들에게 자신의 적이 아닌 자기편이 되어줄 것을 설득하고 있다는 점을 고려하면 여기서 피스티스가 충성을 의미한다는 것은 자명하다. 마찬가지로 이 왕은 나중에 "유대인들 중 일부를 **피스티스가** 필요한 자리에 배치하라"고 선포한다(37절, 저자의 번역).

요한계시록에서 "지상의 왕들의 지배자"(1:5)이신 예수는 안디바라는 그리스도인이 순교했을 때에도 충성을 다한 버가모 교회를 칭찬한다. "너희는 나에 대한 너희의 **피스티스를** 저버리지 않았다"(2:13, 저자의 번역). 그후 짐승을 숭배하는 자들에 의해 극심한 고통을 받고 있을 때 이 교회는 이마나 손에 표를 받지 말라는 지시를 받는다. 심판이 임박했다. 저자는 "하나님의 계명과 예수에 대한 **피스티스를** 지키는 성도들에게는 인내가 필요하다"고 말한다(14:12, 저자의 번역).[6] 성도들이 인내하는 자들로 묘사되고 있으므로 그들이 계명을 지키고 예수에 대한 **피스티스를** 보여주는 자들로 묘사된다는 것은 **피스티스가** 인내 및 계명 준수와 유사하다는 것을 시사한다. 따라서 그것은 왕이신 예수에 대한 신실함 또는 충성으로 이해하는 것이 가장 적절하다.

충성을 의미하는 **피스티스의** 다른 예는 구원에 관한 핵심 본문에서도 찾아볼 수 있다. 이 책의 다음 장들에서는 더 많은 내용이 논의될 것이고,

---

6 그리스어를 구사하는 사람을 위해 이 어구는 *tēn pistin Iēsou*("예수의 충성")다. 대다수 주석가들은 *Iēsou*를 목적격 소유격으로 올바르게 간주한다. 따라서 "예수에 대한 충성."

이에 대한 예는 더 많이 늘어날 것이다.[7] 그러나 이것은 피스티스가 항상 혹은 일반적으로 "충성"으로 번역되어야 한다는 것을 의미하는 것은 아니다.

피스티스는 일반적으로 충성을 의미하지 않는다

나는 믿음이 단순히 오직 충성만을 의미한다고 주장하는 것이 아니다. 또한 나는 피스티스가 주로 "믿음/신실함" 혹은 "신뢰/신뢰성"을 의미한다는 것을 부인하는 것도 아니다. 내가 말하려는 핵심은 그리스어 피스티스가 문맥에 따라 다양한 의미를 지닐 수 있다는 것이다. 그러한 의미 중 하나가 바로 충성이다. 사실 오랜 동안 환난을 견뎌내며 한 지도자에게 신뢰 또는 신실함을 보여주는 것은 아마도 "충성"이라고 부르는 것이 가장 좋을 것이다. 그러나 이것은 **피스티스** 또는 관련 동사 **피스튜오**(*pisteuō*)가 일관되게 충성을 의미한다는 것은 아니다. 그렇지 않다.

나는 세 가지 예를 들어 피스티스와 피스튜오가 왜 항상 충성을 의미하지 않는지를 설명하고자 한다. 첫째, 예수의 치유 능력이나 그가 행한 다른 기적을 믿는다고 말할 때 예수와 다른 이들은 **피스티스**라는 단어를 사용하지만, 이 단어는 "충성"으로 번역되어서는 안 된다. 예를 들어 예수가 가나안 여인에게 "여자여, 네 **피스티스**가 크도다"라고 말할 때 우리는 그

....

7   추가적인 예는 다음을 보라. Matthew W. Bates, *Salvation by Allegiance Alone* (Grand Rapids: Baker Academic, 2017), 78-89.

녀의 딸이 즉시 나았다는 것을 안다(마 15:28, 저자의 번역). 여기서 강조점은 예수의 능력에 대한 그녀의 믿음이지, 통치자로서 예수에 대한 충성이 아니다.

그러나 딸이 치유되기 전에 이 여인은 "다윗의 자손이신 주님, 나를 불쌍히 여기소서"(22절, 저자의 번역)라고 부르짖으며 도움을 요청했는데, 이는 그녀가 그의 왕권을 인정했음을 나타낸다. 우리는 이러한 에피소드에서 종종 충성의 뉘앙스를 지닌 의미가 믿음 및 신뢰와 나란히 담겨 있기 때문에 신중할 필요가 있다. 그러나 문맥에 비추어볼 때 여기서 "네 **피스티스**가 크도다"는 "네 **믿음**이 크도다" 혹은 "네 **신뢰심**이 크도다"로 번역되어야 한다. 이 본문과 유사한 다른 본문에서 피스티스 및 이와 관련된 단어들은 "충성"이 아닌 "믿음"으로 번역하는 것이 가장 좋다(예. 8:10; 9:2, 22, 29; 14:31; 16:8). **피스티스**는 어떤 것이나 누군가에 대한 충성보다는 외적인 것이나 누군가에 대한 신뢰를 의미할 수 있다(물론 이것들은 서로 연관되어 있지만 말이다). 따라서 예수가 "너희에게 겨자씨 한 알 만한 **피스티스**만 있으면"이라고 말할 때(마 17:20) "충성"은 적절한 번역이 아니다. 여기서는 "믿음"이 적절한 번역이다.

둘째, 피스티스는 때때로 충성심과 간접적으로만 관련된 사물이나 추상적 개념을 가리킨다. 예를 들어 그것은 증거 또는 확신을 의미할 수 있다. "이는 [하나님께서] 정하신 사람으로 하여금 천하를 공의로 심판할 날을 작정하시고 이에 그를 죽은 자 가운데서 다시 살리신 것으로 모든 사람에게 믿을 만한 증거를 주셨음이니라"(행 17:31). 그것은 또한 맹세 또는 서약을 의미할 수도 있다. 바울은 젊은 과부들은 재혼해야 한다고 말하는데, 이는 그들이 메시아 안에서 과부로 남겠다고 서약하지만, 그 후 정욕을 이기지 못하여 그들이 "이전의 **피스티스**를 저버렸다는 비난을 받을 것"이기 때문이다(딤전 5:12). 즉 이것은 그들의 맹세 또는 서약을 의미한다.

셋째, 동사 피스튜오(*pisteuō*)는 때때로 충성이 아니라 믿거나 확인해야 할 것을 가리킨다. 예수가 시각 장애인들에게 말씀하실 때에 그는 "내가 능히 이 일을 할 줄을 믿느냐?"라고 말씀하셨다. 예수는 그들이 어떤 상황에 대한 구체적인 진술, 즉 "내가 이것을 할 수 있다"라는 것을 믿는지를 묻고 있다. 그는 절대로 "내가 능히 이 일을 할 수 있다고 충성을 다하는가?"를 의미하지 **않는다**. 이것은 전혀 말이 되지 않는다. 피스튜오("믿다") 다음에 호티(*hoti*, "that")로 이어지는 용법은 매우 일반적이며, 충성을 다하는 것을 가리키지 않고 진술의 신뢰성이나 정확성을 확증하는 것을 의미한다.

요약하자면 비록 "믿음"과 "믿다"(*pistis* 또는 *pisteuō*)로 번역되는 단어들이 충성을 의미할 수 있지만, 그것은 근원적인 의미가 아니다. 그렇다면 우리는 왜 복음과 구원을 말할 때 충성이 특히 중요하다고 생각해야 할까? 답은 단어가 의미를 나타내는 방식과 관련이 있다.

단어는 어떻게 의미를 나타내는가

우리는 사전의 영향을 받는다. 따라서 우리는 사전이 단어의 의미를 담고 있는 검증된 보고(寶庫)라고 생각하는 경향이 있다. 그러나 과학적 연구는 사전적 접근법이 우리가 의미를 창조하거나 이해하는 방식이 아니라는 것을 강력하게 시사한다.[8] 여기서 중요한 점은 바로 대다수의 단어들은 **단 하나의** 통상적인 의미를 가지고 있다는 것인데, 이는 그 단어가 특정한 원형적 대상, 대상의 유형 또는 머리에 떠오르는 도식적 표현을 가리키기 때문이다. 이것은 심지어 그 단어가 사전에서 다양한 정의를 가지고 있을 때에도 마찬가지다. 비록 일부 단어들이 서로 다른 몇 가지 통상적인 의미를 지니는 것이 사실이지만, 우리의 뇌는 우리로 하여금 하나의 핵심적 의미만을 선택도록 강요한다.

우리는 이것을 알고 있는데, 이는 특정 단어의 표현과 관련하여 특정 신경 세포들(뉴런 그룹들)이 뇌에서 자극을 가하고, 그러한 자극은 관련 개념 범주로 확대되기 때문이다. 거의 모든 이미지와 단어는 처음부터 다수의 뉴런 그룹을 자극하지 않는데, 이는 우리가 단 하나의 원형적 의미에 대해 편견을 갖는 경향이 있기 때문이다. 두 가지 또는 그 이상의 매우 강력하고 독특한 원형적 의미를 지닌 일부 단어(금융 기관과 강기슭을 모두 의미할 수 있는 "bank"와 같은 단어)는 처음에 다수의 자극을 야기한다. 하지만 "염소", "팽창하다", "재채기하다" 같은 대다수 단어들은 그렇지 않다.[9] 설령 사전

---

8   다음을 보라. Vyvyan Evans, *How Words Mean* (Oxford: Oxford University Press, 2009). 이 단락의 제목은 이 책에서 가져왔다.

9   Matthew J. Traxler, *Introduction to Psycholinguistics*, 3rd ed. (West Sussex: Wiley-Blackwell, 2012), 79-128, 특히 82, 119-28. 비록 뇌 이미지 스캔은 단어가 표준임을 보여주지만, Traxler는 다의어가 우리가 생각하는 것보다 더 널리 퍼져 있다고 지적한다(아마도 단어의 40% 정도까지, 116쪽 참조). 다의어의 신경학적 차이에 대해서는 또한 다음을 보라. Stanislas Dehaene, *Consciousness and the Brain* (New York: Viking, 2014), 66. 나는 성서학에서 단일 의미의 편향성의 적실성에 대해 알려준 David J. Downs, *Alms* (Waco: Baylor University Press, 2016), 37-38과 Benjamin Lappenga, *Paul's Language of Ζῆλος* (Leiden: Brill, 2015)에게 감

이 다양한 의미를 나열한다 하더라도 단어는 초기의 뇌 화학 반응 수준에서 하나의 원형적 의미를 가지고 있다. 단어의 원형적 의미가 사회적·문화적 지식의 방대한 저장고에 접근하도록 유도하기 때문에 우리는 다양한 문맥에서 그 하나의 정신적 표상을 부호화하고 해독하는 데 익숙하다. 이것은 우리가 의미 형성 과정에 참여할 때 정확한 **사회적 틀**을 선택하고 적용할 수 있게 한다.

예를 들어 우리가 "양"(sheep)이라는 단어를 듣거나 볼 때 초기의 뇌 화학 반응 수준에서 우리가 생각하는 원형은 (특이점에 대한 우리의 편견 때문에) **양털을 가진 동물**(사전 정의 #1)이다. 우리는 **쉽게 말을 듣는 나약하고 무력한 사람**을 생각하지 않는다(사전적 정의 #2). 비록 "양"이라는 단어는 다른 모든 단어와 마찬가지로 관련 단어를 떠올리게 하지만(예. "양"은 동물, 농장, 염소, 유순한 사람 등을 떠올릴 수 있다), 초기 뇌 활동 관점에서는 하나의 통상적인 의미를 가지고 있다. 우리는 최고의 사회적 틀을 파악함으로써 하나의 의미를 다른 많은 상황에 적용하기 위해 우리의 사회적·문화적 지식을 사용한다. 그러나 우리가 사전을 사용하게 되면 우리는 "양"의 정의 #2가 단어의 의미를 생성하고 해독하는 방법을 분류하는 데 있어 #1의 정의와 동등하게 유효하다고 생각할 수 있다. 하지만 그렇지 않다. 이것이 왜 우리의 믿음, 충성, 피스티스에 관한 논의에서 중요할까?

단 하나의 의미를 선호하는 우리의 편견 때문에 신약 시대의 바울과

....
사한다.

예수와 다른 이들은 **피스티스** 단어족(word family)과 관련하여 오직 하나의 기본적인 이미지-개념만을 염두에 두었을 가능성이 높다. 그것은 충성이 아니었다. 그렇다면 무엇이었을까? 그것은 신뢰할 만함(신실함) 또는 신뢰(믿음)였다. 거듭된 연구 결과는 그러한 개념이 피스티스 단어족의 잠재된 핵심 의미라는 것을 확인했다. 이것은 최근 테레사 모건의 놀랍고도 포괄적인 논문인『로마 신앙과 기독교 신앙』(*Roman Faith and Christian Faith*)에 의해서도 다시 한번 확인되었다.[10]

이러한 연구 결과는 이 단일 개념이 신약 시대에 광범위하고 다양한 방식으로 인식될 수 있었기 때문에(즉 다양한 사회적 틀 안에서 적용될 수 있었기 때문에) **피스티스**가 신실함이나 믿음만을 의미하는 것을 암시하지 않는다. 우리는 **피스티스**가 장군과 군인, 왕과 신하, 후견인과 피후견인, 주인과 노예, 친구, 가족 구성원, 연인, 심지어 자신과의 관계를 묘사하는 데 사용된다는 것을 발견한다. 그것의 범위는 정치, 경제, 법, 철학, 논리, 전통, 일상생활을 포함한다. 그것은 또한 신과 인간의 관계를 묘사한다. 이 폭넓은 단어는 개인적·사회적·제도적 삶의 거의 모든 영역에서 적용된 의미를 부여받았다.

그러나 메시아에게 또는 왕에 관한 좋은 소식에 어떻게 반응할지에 대해 이야기할 때는 **왕이란 개념의 틀**이 존재하므로 **피스티스**를 "충성"으로

---

10 "신뢰/신뢰성"이 피스티스 단어군의 의미론적 핵심임을 긍정하는 연구사는 다음을 보라. Teresa Morgan, *Roman Faith and Christian Faith* (Oxford: Oxford University Press, 2015), 5-15.

이해하는 것은 너무나 당연하다. 우리는 피스티스가 왕과 제국의 맥락에서 충성을 의미한다는 확실한 증거가 있다. 물론 폭정에 대한 로마의 편집증 때문에 우리가 기대하는 것보다 충성의 의미가 덜 보편적으로 사용되었겠지만 말이다.[11]

사실 모건은 군대 사령관과 왕/황제에 대한 충성으로서 **피스티스**(그리고 **피데스**, 이것에 대략 상응하는 라틴어)가 너무 흔했기 때문에 다른 어떤 범주보다 더 광범위한 자료에서 등장한다고 지적한다. 이러한 충성심은 군대의 충성 맹세에 의해 강화되었다. 이 **피스티스**는 일회성 결단을 묘사하지 않고, 오히려 그것의 지속성을 일관성 있게 강조한다. 즉 진정한 충성은 전쟁 기간 전체 또는 군인 경력 내내 유지되었다.[12]

단어들이 어떻게 의미를 나타내는지는 중요하다. 복음은 근본적으로 **왕적** 선포다. 이를 입증하는 증거 자료는 1장에서 이미 제시했으며, 이 결론은 본 연구가 계속 전개되는 과정에서 더욱 강화될 것이다. **피스티스**의 잠재된 핵심 의미는 신실함 또는 믿음이지만, 왕이라는 사회적 틀 안에서는 이 잠재된 의미가 충성으로 나타날 수 있다. 다시 말해 우리가 그리스도, 복음 또는 왕이 베푸는 구원의 혜택에 관하여 이야기할 때는 충성이 **피스티스** 혹은 **피스튜오**(*pisteuō*)의 가장 좋은 의미가 된다는 것을 알아야 한다. 그리고 우리는 앞에서 이미 이것이 사실임을 확인했다. **피스티스**는 복음에

....

11 Morgan, *Roman Faith and Christian Faith*, 86-95.
12 Morgan, *Roman Faith and Christian Faith*, 77-85.

대한 올바른 응답으로서 충성을 의미할 수 있다. 그러나 복음의 **목적**과 관련된 본문들을 검토할 때 우리는 복음과 충성 간의 훨씬 더 긴밀한 연관성을 발견한다.

복음의 목적

복음의 목적 또는 목표는 무엇인가? 이것은 구원 문화 안에서 자명한 것으로 느껴지기 때문에 복음의 목적은 입증되기보다는 너무 쉽게 가정되는 경우가 많다. 일반화하자면 구원 문화 안에서 복음의 목적은 우리가 용서받고 천국에 갈 수 있도록 우리의 행위를 신뢰하기보다는 예수의 속죄 및 제사장 사역을 신뢰하도록 하는 것이다. 그러나 이것은 복음의 목적에 관한 성경의 가르침이 아니다. 심지어 그 목적에 가깝지도 않다.

복음의 목적을 노골적으로 이야기하는 성경 본문들이 있지만, 이 본문들은 이상하게도 구원 문화를 옹호하는 이들에게 무시당한다. 예를 들어 복음에 대한 분석에서 R. C. 스프로울(『복음을 올바르게 이해하기』)이나 존 파이퍼(『하나님이 복음이다』)는 성경에서 복음의 목적을 가장 명확하게 제시한 세 구절 중 그 어느 것도 논의하거나 언급하지 않는다. 복음에 대한 대표적인 저서들은 성경이 복음의 목적에 대해 가장 명시적으로 언급하는 본문을 포함하지 않는다! 우리는 이 세 구절을 바로 아래에서 살펴볼 것이다.

이러한 구원 문화를 교정하는 차원에서 집필된 J. D. 그리어(Greear)의 저서는 복음의 목적에 더 가깝다. 왜냐하면 그는 복음이 예수에 관한 다양한 사실과 관련이 있다는 것을 인식하기 때문이다. 그러나 그는 더 넓게 바라본다. "복음의 목표는 하나님에 대한 열정과 다른 사람에 대한 사랑으로 가득한 부류의 사람을 배출하는 것이다."[13] 비록 그리어는 예수에 관한 사실들이 오늘날의 삶에 어떤 영향을 미치는지를 유용하게 강조하지만, 성경이 복음에 관해 말하고 있는 것보다는 가장 큰 계명들에 관한 예수의 말씀(마 22:37-40)에 지나치게 의존한다.

복음의 목적에 관한 이러한 광범위한 일반화에는 어느 정도의 진실이 담겨 있지만, 성경의 주제를 그저 느슨하게 종합하는 수준에서만 그러하다. 만약 우리가 이 넓은 들판에만 머물다 보면 우리는 하나님이 우리를 위해 의도하신 아름다운 복음의 봉우리, 풀잎, 잎사귀 하나하나를 놓칠 수 있다. 이러한 일반화는 성경이 말하는 복음의 목적에 그 뿌리를 두고 있지 않다.

모든 민족에 나타나는 충성을 위하여

복음의 목적에 대한 성경의 가장 명시적인 진술은 로마서 끝부분의 송영에 제시되어 있다. 바울은 하나님을 찬양하고 있다. 하나님은 로마 교인을 강하게 하실 수 있는 분이시므로 홀로 지혜로우신 하나님으로서 모든 영광을 받으시기에 합당하다. 비록 바울은 복음에 관해 몇 가지 흥미로운 진술을 제시하지만, 그가 묘사하는 가장 중요한 부분은 바로 복음의 목적이다. 나

---

13   J. D. Greear, *Gospel* (Nashville: B&H, 2011), 10.

는 영어권 독자들이 그리스어로 된 이 구조를 제대로 이해할 수 있도록 핵심 부분을 번역하고 재배치했다.

나의 복음과 메시아 예수를 전파함은

　영세 전부터 감추어졌다가

　이제는 나타내신 바 되었으며

　　영원하신 하나님의 명을 따라

　선지자들의 글로 말미암아

모든 민족이 믿어 순종하게 하시려고 알게 하신 바

　그 신비의 계시를 따라 된 것이다(롬 16:25-26, 저자의 번역)

이 구조는 우리가 간과할 수 있는 것을 볼 수 있게 도와준다. 바울은 복음을 직접 묘사하고 있다.

복음을 메시아 예수를 선포하는 활동과 나란히 배치함으로써 이것이 복음의 주요 내용임을 나타낸다(참조. 행 5:42). 다른 본문에서처럼 여기서도 복음은 근본적으로 왕이신 예수, 즉 그의 이야기에 관한 것이다. 로마서 1:2에서 바울은 복음이 "사전에 약속하신"(저자의 번역) 것이라고 말했다. 여기서 바울은 복음이 지금까지 줄곧 하나님의 계획이었음을 재확인한다. 비록 지금 그는 한때 감추어져 있었지만 이제는 드러난 복음의 특성을 강조하고 있지만 말이다. 우리는 여기서 무언가 놀랍고 중요한 것을 깨닫는다. **복음의 목적은 모든 민족 가운데 나타날 "믿음(피스티스)의 순종"이다.**

이것은 무엇을 의미하는가?

전통적으로 "믿음의 순종"으로 번역되는 이 문구는 그리스어로 **휘파코엔 피스테오스**(*hypakoēn pisteōs*)다. 우리는 순종이 무엇을 수반하는지 알고 있다. 권위 있는 인물이 지시 혹은 명령을 내릴 때 순종은 그 명령을 따르는 것을 의미한다(예. 롬 6:16). "믿음"(*pistis*)은 우리의 현대 문화에서 아주 많은 의미를 지니고 있기 때문에 더 어려운 단어다.

복음이 예수의 왕권에 중심을 두고 있고 **피스티스**가 충성을 의미할 수 있다는 증거에 비추어 나는 로마서 16:26에서 "피스티스의 순종"의 기본적인 의미는 "**피스티스**로 특징지어지는 순종" 혹은 "신실한 순종", 혹 더 나은 표현으로는 "충성된 순종"일 개연성이 높다고 주장한다. 몇 가지 세부사항은 이 주장을 더 잘 평가하는 데 도움을 줄 수 있다.

이것이 복음을 올바르게 이해하는 데 매우 중요하므로 우리는 잠시 전문적인 지식에 의존할 필요가 있다. 그리스어로 **휘파코엔 피스테오스** (*hypakoēn pisteōs*), 즉 전통적으로 "믿음의 순종"이라는 문구는 주 명사 뒤에 소유격 명사가 온다. 소유격의 기본 의미는 강조를 위한 형용사로서 질적인 의미를 갖고 있다.[14] 예를 들어 내가 "그 기사(knight)는 은의 갑옷을 입

....

14 그리스어를 읽을 줄 아는 독자를 위해: 이 주장의 기본 가정은 설령 더 정확한 소유격의 관계를 고려한다 하더라도 구체적으로 분류하는 것은 사변적이라는 것이다. 가장 기본적인 수준에서 소유격은 **질적** 또는 **서술적**이기 때문에 **질적** 또는 서술적 소유격("피스티스로 특징지어지는 순종")이 주석적으로 가장 책임 있는 선택지다. 다음을 보라. Daniel B. Wallace, *Greek Grammar beyond the Basics* (Grand Rapids: Zondervan, 1996), 76-79. 나는 특히 "피스티스의 순종"을 산물의 소유격("피스티스에 의해 생성된 순종")으로 분류하는 것에 대해 조심스럽다. 왜냐하면 이것은 보기 드문 범주이기 때문이다. 믿음은 단순히 순종에 선행하고 순종

었다"고 말한다면 이것은 "그 기사는 은으로 된 갑옷을 입었다"를 다르게 표현한 것이다. 은의 갑옷에서 "은의"는 갑옷이 은으로 묘사되거나, 은의 품질을 가지고 있거나, 은의 특성이 있거나 은으로 만들어졌다는 것을 의미한다. "은의"는 갑옷을 설명하는 형용사의 역할을 한다.

마찬가지로 바울이 복음의 목적을 유대 왕에 대한 "모든 민족 가운데 나타날 피스티스의 순종"이라고 묘사할 때 그는 아마도 "피스티스로 특징지어지는 순종"― 즉 "충성된 순종" 또는 "충성을 다하는 순종"을 의미했을 것이다. 영어에서 **순종**은 왕에 대한 진정한 충성을 전제하므로 충성된 순종은 영어에서 충성이라는 단 한 단어로 요약될 수 있다. 그렇다면 성경은 복음의 주요 목적을 무엇이라고 말할까? 그것은 왕이신 예수에 대한 모든 민족의 충성이다.

다시 한번, 충성을 위하여

이제 두 번째 본문을 다룰 차례다. 설령 복음이 다른 부차적인 목적들을 가지고 있다 하더라도 우리는 복음의 주된 목적이 왕이신 예수께 대한 충성이라고 확신할 수 있다. 로마서 16:26에서 복음의 목적에 대한 바울의 진술은 로마서 1장에서 거의 동일하게 표현되는데, 그는 복음의 내용(1:2-4)을 설명하고 나서 바로 아들의 정체성에 대해 다음과 같이 말한다. "우

....

의 원인이 되어야 한다는 신학적 전제에 확신을 가진 이들이 이 용어를 사용한다. 그러나 그러한 독법은 문맥의 지지를 받지 못하며 신학적으로 편향된 경향이 있다.

리 주 예수 그리스도로 말미암아 우리는 그의 이름을 위하여 **모든 민족에 [나타날] 피스티스의 순종을 위해** 은혜와 사도의 직분을 받았다." 그는 예수를 "능력의 하나님의 아들"(4절)이라고 부를 뿐만 아니라 "그리스도"와 "주"라고 부른다. 예수의 주권이 모든 면에서 강조된다. 이어서 바울은 자신이 이 강력한 왕을 선포하기 위해 복음의 대사로서 받은 사도의 직분에 관해 이야기한다. 이 복음의 메시지를 전하는 일은 메시아-왕이신 예수의 이름을 "위하여" 행해지는 것이다.

사도들이 은혜를 받고 복음의 사자로서 파송을 받은 이유는 "모든 민족에 [나타날] 믿음의 순종[*hypakoēn pisteōs*]을 위해서"다. 바울은 16:26에서 사용한 것과 같은 표현을 로마서 1:5에서 사용한다. 문맥의 모든 암시를 고려한다면 우리는 "**피스티스의 순종**"이 의미하는 바를 왕이라는 사회적 틀 안에서 찾아야 한다. 또다시 복음의 목적은 명시적이다. 그것은 모든 민족 안에서 왕이신 예수께 대한 충성된 순종 또는 충성을 이루어내는 것이다.

충성스러운 순종을 위하여

"**피스티스의 순종**"은 바울이나 다른 신약성경 저자들이 다른 곳에서 사용하지 않는 문구다. 그러나 세 번째 본문은 복음의 목적을 직접 밝힌다. 로마서 15:15-16에서 바울은 자신이 왜 로마에 있는 교회들에 편지를 썼는지를 말해준다. 비록 그는 실제로 제사장은 아니었지만(그는 레위 지파가 아닌 베냐민 지파임), 제사의 비유를 사용하여 자신의 사역이 제사장의 사역임을 암시한다. "제사장"으로서 그의 목표는 이방인들이 성령으로 성결함을 받은 합당한 제물임을 보여주는 것이었다. 그의 사역은 "이방인들이 순종에 이르게 하는 것"(18절)이며 그렇게 함으로써 그는 "그리스도의 복음의 사역을 완수했다"(19절). 비록 여기서 바울은 믿음에 대해 아무 말도 하지 않았지만, 다시 한번 바울의 복음 선포의 목적이 충성이라는 것이 분명해졌다. 복음의 목적은 왕이신 예수께 대한 민족들의 충성스러운 순종이다.

다른 목적 본문들

다른 본문들은 비록 복음의 목적을 명시적으로 밝히진 않았지만 메시아께 충성을 다하는 순종이 복음의 목적임을 암시하며 복음에 관해 이야기한다. 바울은 다음과 같이 말한다. "바로 이러한 이유로 메시아께서 죽었다가 다시 살아나셨으며, 이는 죽은 자와 산 자의 **주**가 되려 하심이라"(롬 14:9, 저자의 번역). 바울은 앞서 로마서에서 "그들 모두가 다 복음에 순종한 것은 아니었다"고 탄식했는데(10:16), 이는 모든 사람이 예수를 왕이신 주로 고백한 것이 아님을 의미한다. 바울은 주 예수가 하나님을 알지 못하거나 "우리 주 예수의 복음에 순종하지 않는 자들"에게 보복을 가할 것이라고 말한다(살후 1:8). 베드로는 이를 반향하면서 심판이 하나님의 집 안에서 시작하여 "하나님의 복음에 순종하지 않는 자들"이 맞이할 결과가 헤아릴 수 없을 만큼 더 심각해질 것임을 암시한다(벧전 4:17). 만약 복음이 무엇보다도 예수가 왕들 가운데 왕이 되셨다는 것을 의미한다면 복음에 순종하지 않는다는 것은 주권자이신 예수께 충성을 다하지 않는 것을 의미할 개연성이 높다.

한편 복음은 또한 구원을 목적으로 삼는다. 에베소서에서 진리의 말씀은 "너희 구원의 복음"(1:13)이라고 묘사된다. 복음에 대한 인내는 영광을 낳는다(살후 2:14). 예수는 "사망을 폐하시고 복음으로써 생명과 썩지 아니할 것을 드러내신" 구주이시다(딤후 1:10). 따라서 우리는 왕이신 예수께 충성을 다하는 것이 구원을 결정한다고 추론할 수 있다. 바울은 이 책의 중심주제들이 집중되어 있는 핵심 본문—롬 1:16-17—에서 복음을 구원을 위한 하나님의 능력이라고 말한다.

복음은 하나님의 구원의 능력이다

로마서 1:1-5에서 복음은 성육신과 즉위에 관한 것이다. 그것은 왕이신 예수께 대한 민족들의 충성을 목적으로 한다. 바울이 로마서 1:16-17에서 복음에 관해 다시 언급할 때 우리는 그가 1:1-5의 복음의 내용을 염두에 두고 있다고 믿을 만한 충분한 이유가 있다. 하지만 우리는 무언가 새로운 것, 즉 복음 자체가 하나님의 구원의 능력이며 또 그 이상이라는 것을 발견한다.

나는 복음을 부끄러워하지 아니한다. 이 복음은 **피스티스**를 바치는 모든 자, 곧 먼저는 유대인에게 그리고 또 헬라인에게 구원을 주시는 하나님의 능력이 된다. 이는 복음에는 하나님의 의가 나타나서 **피스티스**로 **피스티스**에 이르게 하기 때문이다. 기록된 대로 "오직 의인은 믿음으로 말미암아 살리라" 함과 같다(롬 1:16-17, 저자의 번역, 합 2:4 인용).

이 중요한 본문에는 다섯 가지 퍼즐이 있다. (1) 복음이 어떻게 하나님의 구원의 능력인가? (2) "하나님의 의"는 무엇을 의미하는가? (3) 바울은 하박국 인용문이 어떤 증거를 제시한다고 생각했는가? (4) 바울은 왜 **피스티스로 피스티스에 이르게 한다**(by *pistis*, for *pistis*)라는 거추장스러운 표현을 사용했는가? (5) "의인"은 누구를 의미하는가? 이 퍼즐을 자세히 검토한다는 것은 가치 있는 일이다. 왜냐하면 비록 그것이 도전적이긴 하지만, 복음, 믿음, 구원의 관계의 내막에 대해 매우 필요한 통찰력을 제공하기 때문이다.

1. 복음이 어떻게 구원을 주시는 하나님의 능력인가?

N. T. 라이트는 구원을 주시는 하나님의 능력인 복음을 언급하면서 그것을 다음과 같이 적절하게 표현한다. 복음은 "단순히 하나님의 능력을 '소유'하거나 하나님의 능력에 '수반'되는 것이 아니며 바로 하나님의 능력**이다."** 만약 복음이 구원 체계 그 자체가 아니라 예수가 어떻게 왕이 되었는지에 관한 이야기라면 어떻게 이렇게 말할 수 있는가? 라이트는 계속해서 다음과 같이 말한다. "바울은 각 도시에서 복음을 선포하는 것—십자가에 달려 죽으시고 부활하신 예수를 통해 이 세상이 이제 자신의 것이라고 주장하시는 한 분 하나님이 계신다는—은 그 자체로 능력이며, 그 능력은 모

두 하나님의 능력이라는 것을 실제로 발견했다."[15] 복음은 예수의 왕권에 관한 것이지만, 그것은 우리가 충성을 통해 그와 연합할 때 우리에게 **혜택**과 더불어 베푸시는 구원의 행적에 관한 것이다.

우리가 이러한 구원의 혜택을 받는 것은 주로 성령의 사역이다. 우리는 이미 바울이 로마서 1:4에서 복음을 설명할 때 능력의 하나님의 아들이라는 예수의 지위가 성령의 사역과 공존한다는 것을 발견했다. 비록 복음이 예수의 구원의 행적에 관한 것이지만, 그가 하나님의 우편에 앉아서 주권적 통치를 하시는 것은 성령께서 그 통치를 가능케 하시는 것과 기능적으로 일치한다. 예수가 왕으로서 통치하는 것에 대한 책임이 성령께 있다는 것도 복음의 일부다.

이것은 다른 복음 본문에서도 확인된다. 예를 들어 바울은 로마서 15장에서 복음의 목적과 성령의 능력을 연결한다. 그는 이방인들이 메시아 안에서 "성령의 능력으로" 순종하게 되었고, 그 결과 "그리스도의 복음의 사역"을 성취하게 되었다고 말한다"(19절). 따라서 만약 복음이 어떻게 "구원을 주시는 하나님의 능력"인지 궁금하다면(1:16) 우리는 바울이 주로 염두에 두고 있는 것이 성령의 사역임을 알 수 있다(참조. 15:13).

예수의 복음은 로마 제국의 맥락 안에서 반향을 일으키면서도 그 맥락을 전복시킨다. 로마 제국 시민들은 하늘의 왕 예수에 대한 바울의 메시

---

15   N. T. Wright, "Romans," in *New Interpreter's Bible*, vol. 10, ed. Leander E. Keck (Nashville: Abingdon, 2002), 423.

지를 듣고 죄로 가득한 과거의 삶의 방식을 회개하고, 성령이 충만한 공동체에 동참하며, 왕이신 예수의 통치하에 있는 시민으로서 새로운 삶을 전개함으로써 그들의 충성의 대상을 바꾼다. 그들은 성령의 도우심으로 더이상 죄의 종이 아니라 새로운 주인의 기치 아래에 있음을 알게 되었다(롬 8:1-17). 복음은 구원을 주시는 하나님의 능력인데, 이는 성령이 그의 백성 가운데 거하도록 보냄을 받음으로써 하나님 우편에서 예수의 통치가 시작되었음을 선포하기 때문이다.

2. "하나님의 의"는 무엇을 의미하는가?

복음은 성령을 통한 하나님의 구원의 능력일 수 있다. 하지만 바울은 거기서 멈추지 않는다. 그는 왜 자신이 구원을 주시는 하나님의 능력인 복음을 부끄러워하지 않는지를 더 자세히 설명한다. "그러므로 그[복음] 안에서 하나님의 의가 나타나서"(롬 1:17). 하나님의 의는 복음 안에서 드러난 혜택 중 하나다.

성경의 영역본들은 하나님의 의의 의미를 밝히는 중요한 단서를 자주 놓친다. 영역본의 소제목과 번역은 18절의 "그러므로"라는 단어를 생략하면서 로마서 1:17과 1:18을 분리하는 경향이 있다. 하지만 이 절들은 서로 분리되어서는 안 된다. 그리스어 본문에서 17절은 18절로 설명된다.

그러므로 나는 복음을 부끄러워하지 아니한다. 이 복음은 모든 충성을 바치는 자, 곧 먼저는 유대인에게 그리고 또 헬라인에게 구원을 주시는 하나님의 능력이 된다. 이는 복음에는 하나님의 의가 나타나서 충성으로 충성에 이르게 하기 때문이다. 기록된 대로 "오직 의인은 믿음으로 말미암아 살리라" 함과 같다. **그러므로** 하나님의 진노가 불의로 진리를 막는 사람들의 모든 경건하지 않음과 불의에 대하여 하늘로부터 나타난다(롬 1:16-18, 저자의 번역).

이 본문에서 "그러므로"(*gar*)는 매번 왜 앞의 내용이 타당한지를 설명한다. 따라서 바울이 1:18에서 인간의 불의에 대항하여 하늘로부터 하나님의 진노가 나타난 것에 관해 이야기할 때 우리는 바울이 어떻게든 1:17에서 언급한 **하나님의 의의 계시**를 설명하기 시작했다는 것을 인식해야 한다.

　우리는 하나님의 의가 나타난 것과 불의한 인간에 대한 하나님의 진노가 나타난 것이 서로 결부되어 있음을 깨닫게 된다(롬 1:32, 2:5, 특히 참조. 3:5). 즉 만약 우리가 하나님의 의가 **정죄하는** 기능과 전적으로 무관하게 전적으로 구원을 가져다주는 좋은 기능―우리가 얻는 "칭의"나 "무죄"의 신분과 같이―만을 가진 것으로 본다면 우리는 그것을 지나치게 단순화하는 오류를 범하게 된다. 동시에 만약 우리가 누릴 수 있는 지위의 긍정적인 측면을 보지 못한다면(롬 3:21-22; 고후 5:21; 참조. 빌 3:9), 이것 역시 잘못된 것이다. 하나님의 의는 심판하는 진노와 연관이 있지만, 복음이 주는 혜택이기도 하다. 우리는 나머지 퍼즐을 맞추어나가면서 하나님의 의에 대한 정보를 추가로 얻게 될 것이다.

3. 하박국은 어떤 증거를 제시하는가?

우리는 로마서 1:17에서 하나님의 의의 의미에 대한 추가적인 힌트를 얻는다. 바울은 복음에는 하나님의 의가 나타나서 "피스티스로 피스티스"에 이르게 한다고 말한 후, 하박국 2:4을 인용하며 그 의미를 밝힌다. "기록된 바 '그러나 의로운 자는 **피스티스**로 말미암아 살리라'함과 같으니라." 따라서 바울이 "**피스티스**로 말미암아"로 무엇을 의미했는지를 발견하고 하나님의 의에 대해 더 알 수 있는 가장 좋은 길은 하박국 2:4를 자세히 검토하는 것이다.

예언자 하박국에게는 질문이 있었다. 그는 오랫동안 하나님께 도움을 요청하며 부르짖었다. 그의 동료 유대인들은 하나님의 율법에 불순종하고 있었고, 정의는 찾아볼 수 없었으며, 의인들보다 악인들이 훨씬 더 넘쳐났다. 하나님은 "보라! 내가 [그를 대신하여 유다를 심판하기 위해] 갈대아인들을 일으킬 것"이라고 대답하신다(1:6). 하박국은 이 소식을 듣고 조금도 위안을 얻지 못했다. 그것은 그로 하여금 새로운 질문만을 던지게 만들었다. 어떻게 심지어 유다보다 더 불의한 바빌로니아를 사용하여 불의한 유다를 심판하는 것이 공평할 수 있는가?(13절) 그는 하나님의 대답을 기다린다.

이에 대한 응답으로 하나님은 교만한 바빌로니아 사람들을 심판하시겠다고 약속하지만, 이 심판 속에서 "그러나 의로운 사람은 **그의 신실함** [*ĕmûnâ*]으로 말미암아 살리라"(합 2:4, 저자의 번역)라고 단언한다. 구약성경에서 히브리어 낱말 *ĕmûnâ*는 어떤 것에 대한 "믿음" 또는 "신념"이 아니라 "확고함", "신뢰할 만함", "신실함" 또는 "정직함"으로 가장 잘 번역된 다.[16] 따라서 하박국은 의로운 사람은 그의 충실함으로 말미암아 살 것이라고 단언한다. 즉 바빌로니아에 대한 하나님의 심판의 위기 동안에 하나님과 언약에 충성함으로써 말이다.

바울이 하박국 2:4을 사용한 것을 보면 우리는 바울이 히브리어 또는 그리스어 구약 본문을 정확히 따르지 않는다는 것을 발견한다. 바울은 "그의" 피스티스(하나님에 대한 의인의 충성) 혹은 "나의" 피스티스(하나님 자신의 충성)라고 말하지 않는다. 대신 그는 대명사를 생략하고 단지 피스티스만 사용한다. "그러나 의인은 피스티스로 말미암아 살리라." 바울은 피스티스가 의인의 것인지 아니면 하나님 자신의 것인지, 자신이 말하는 피스티스가 누구의 피스티스인지를 불분명하게 남겨둔다. 아마도 그가 이것을 빠뜨린 것은 인간과 하나님의 피스티스를 모두 의도한다는 점에서 의도적일 것이다(우리가 앞으로 보게 될 것이다).

아무튼 가장 가능성이 높은 것은 바울에게 있어 피스티스는 여기서 "신뢰하는 것"이 아니라 충성 또는 충실(忠實)을 의미한다는 것이다. 이는 하박국 2:4에서 피스티스 혹은 'ĕmûnâ가 주로 어떤 사람 혹은 어떤 것을 신뢰하는 것을 의미하지 않기 때문이다. 오히려 그것은 어떤 사람 혹은 어떤 것에 대한 충실 또는 충성을 의미한다. 따라서 히브리어 성경과 그리스

....
16   이러한 용어 및 어휘적 데이터에 대해서는 다음을 보라. Ludwig Koehler and Walter Baumgartner, *The Hebrew and Aramaic Lexicon of the Old Testament*, trans. M. E. J. Richardson, 2 vols. (Leiden: Brill, 2001), 1:62.

어 역본의 전승에 근거하여 바울이 사용한 **피스티스**는 충실함이나 충성심을 의미할 개연성이 매우 높다고 보아야 한다. 바울은 하박국 2:4을 "의인은 충성으로 말미암아 살 것이다" 또는 이것과 매우 가까운 의미로 이해하고 있다. 또한 바울이 하박국 2:4에서 의를 가져다주는 충성으로 이해한 명사 **피스티스**("의인은 피스티스로 살 것이다")는 주요 구원 본문(예. 롬 3:22; 갈 2:16; 3:22)에서 동사형으로 바뀐다. 이것은 바울에게 동사 **피스튜오**(*pisteuō*)가 충성의 의미도 함축할 수 있음을 보여준다.

하박국의 의인은 충성심으로 심판의 위기를 헤쳐나갈 수 있는 사람이다. 우리는 로마서 1:17에서 하나님의 의가 유사한 의미를 가질 수 있다고 추론할 수 있는데, 이 구절에서 "하나님의 의"는 하나님의 심판을 받을 때 충성심을 통해 결백을 입증 받을 때 결과적으로 얻게 되는 지위를 말하는 것으로 보인다(참조. 롬 3:21-26). 그것은 진노와 부정적으로 연결되지만, 구원과는 긍정적으로 연결된다. 왜냐하면 예수는 진노를 짊어지고 부활한 대속 제물이기 때문이다.[17] 우리를 위해 저주가 되신 그는 십자가에 못 박혀 몸소 고통을 당하며 그 저주를 짊어지셨지만, 다시 사심으로써 의롭다 함을 받거나 정당성을 입증 받았다(갈 3:10-13, 바울은 여기서 합 2:4을 인용함. 참조. 골 2:14).

....

17   롬 5:8; 8:3, 32; 고후 5:21; 엡 5:2; 딛 2:14; 히 9:28; 벧전 3:18; 요일 3:16.

4. "피스티스로 피스티스에"는 무슨 의미인가?

바울은 하나님의 의가 나타난 것을 묘사하기 위해 이상한 문구를 사용한다. 그는 "그[복음] 안에는 하나님의 의가 나타나서 **피스티스**로 **피스티스**에 이르게 하나니"라고 말한다(롬 1:17). 사실 일부 역본이 우리가 하나님과 올바른 관계를 맺는 것을 "처음부터 마지막까지"(NIV) 또는 "시작부터 끝까지"(NLT) 모두 믿음에 관한 것이라고 말하면서 그 문구를 단순히 수사학적 미사여구로 만들어버리는 것은 너무 이상하다. 이것은 정확한 번역이 아니다. 바울의 언어는 복잡하다. 왜냐하면 그것이 그의 로마서 논지 진술의 일부이며, 지나치게 압축되어 있기 때문이다. 더 나은 번역은 "그 안에는 하나님의 의가 나타나서 충실로 충실에 이르게 하나니"다. 또는 왕과 관련이 있으므로 "**충성**으로 **충성**에 이르게 하나니"가 더 나은 번역이다.

하박국은 이 문구의 첫 부분―"**피스티스**로"(by *pistis*)―을 "시험을 받는 기간 동안 충성스럽게 행동함으로써"와 비슷한 의미로 이해함으로써 이 문구의 첫 부분의 의미를 밝히는 데 도움을 준다. 그러나 두 번째 부분―"**피스티스**에"(for *pistis*)―은 여전히 설명을 필요로 한다. 로마서 1:5로 다시 돌아가 보자. 여기서 바울은 "예수의 이름을 위하여 모든 민족에 [나타날] **피스티스**의 순종을 위해"(저자의 번역)라고 복음의 목적을 말한다. 두 구절(5절과 17절) 모두 주제가 복음이기 때문에 1:17의 "**피스티스**에"의 가장 유력한 의미는 "모든 민족에 [나타날] 메시아이신 예수에 대한 충성에"다.

두 부분을 합치면 로마서 1:17에서 "**피스티스**로 **피스티스**에"는 "그리스도의 충성된 행동으로 모든 민족 안에 그리스도께 대한 충성심을 함양하기 위한 목적에"를 의미한다. 이 의미는 나중에 바울이 이 서신에서 "그리스도 예수 그리스도의 **피스티스**를 **통해** 피스티스를 바치는 모든 사람들을 **위하여**" 하나님의 의가 나타나게 되었다고 말하는 부분에서 확인된다 (3:22, 저자의 번역). 그러므로 로마서 1:17과 3:21-22에서 모두 하나님의 의는 메시아의 충성된 행동으로(또는 행동을 통해) 나타나고, 그것은 충성된 행동을 하는 모든 사람을 위한 것이다. 바울이 로마서 1:17에서 하나님의 의가 나타나서 **"피스티스로 피스티스에 이르게 하나니"**라고 말할 때 그는 "왕이신 예수의 하나님께 대한 **충성으로** 이 세상의 모든 민족 안에 왕이신 예수께 대한 **충성심**을 함양하기 위한 목적에 **이르게 하나니**"를 의미한 것이다.

5. "의인"은 누구인가?

마지막 미스터리가 남아 있다. 바울은 "기록된 바 '그러나 의인은 **피스티스**로 살 것이다'"(롬 1:17, 저자의 번역, 합 2:4 인용)라고 말한다. 그렇다면 의인 또는 의로운 자는 누구인가? 나의 결론을 미리 밝히자면 그것은 먼저 십자가의 길을 가는 데 있어 자신의 **피스티스**(충성) 때문에 사는 왕이신 예수이고, 이차적으로는 누구든지 그에게 **피스티스**(충성)를 다하는 사람이다.

그리스도가 의인이다. 히브리어 하박국 본문과 그리스어 로마서 본문에서 의로운 자는 남성 단수형으로서 한 사람을 가리킨다. 비록 이것이 때로는 일반화하여 모든 의로운 자를 지칭할 수도 있지만, "의인"(*ho dikaios*)이라는 어구는 암시하는 바가 크다. 왜냐하면 신약성경과 초기 기독교 문헌에서는 이 칭호를 빈번하게 예수 그리스도에게 부여했기 때문이다.[18] 예를 들어 사도행전에서 베드로는 솔로몬 행각에서 복음을 선포하면서 "너희가 거룩하고 의로운 이를 거부하고 도리어 살인한 사람을 놓아 주기를 구하였다"며 탄식한다(3:14). 베드로는 예수를 "의로운 이"라고 부른다.

바울은 사도행전 22:14에서 예수를 "의인"이라고 불렀고 다른 곳에서는 예수를 유일하게 의로운 자라고 분명하게 밝힌다. 사실 바울은 아담의 행위와 예수의 행위를 대조하는 데 초점을 맞춘 본문에서 의와 순종과 생명을 서로 연관시킨다.

> 한 사람의 범죄로 말미암아 사망이 그 한 사람을 통하여 왕 노릇 하였은즉 더욱 은혜와 **의**의 선물을 넘치게 받는 자들은 **한 사람** 예수 그리스도를 통하여 **생명** 안에서 왕 노릇 하리로다. 그런즉 한 범죄로 많은 사람이 정죄에 이른 것 같이 **한 의로운 행위로 말미암아 많은 사람이 의롭다 하심을 받아 생명에 이르렀느니라.** 한 사람이 순종하지 아니함으로 많은 사람이 죄인 된 것 같이 **한 사람이 순종하심으로 많은 사람이 의인이 되리라**(롬 5:17-19).

복음의 목적이 **"피스티스의 순종"** 또는 충성임을 우리가 기억한다면 로마서 1:17이 로마서 5:17-19와 얼마나 유사한지를 알 수 있다. 각각의 본문

....
18   예컨대 다음을 보라. 행 7:52; 22:14; 벧전 3:18; 요일 2:1; 클레멘스1서 16.12; 바나바서 6.7; Diognetus 9.2, 9.5 (참조. 에녹1서 38:2).

에서 의인은 **피스티스** 혹은 순종을 반영하는 방식으로 사는데, 이는 다른 이들이 그와 연합할 때 생명을 얻는 결과를 가져다준다. 로마서 5장에서 메시아는 바로 이 의로운 자임이 분명하며, 이는 로마서 1장에서도 마찬가지임을 암시한다. 또한 5:20-21의 문맥상 바울은 그리스도의 부활 **생명**—1:17에서 의인이 **사는** 것과 마찬가지로 그가 다른 이들과 공유할 수 있는 생명—을 염두에 두고 있음이 분명하다.

이 모든 것을 종합하면 바울이 하박국 본문—"**의인**은 **충성**으로 **살** 것이다"(롬 1:17, 저자의 번역)—을 해석할 때 그는 하박국이 십자가의 죽음으로 절정에 달한 그리스도의 순종의 삶에서 나타난 아버지 하나님께 대한 그의 **충성**을 예고했다고 말하고 있는 것이다. 바울은 이 의로운 행위가 매우 효과적이라고 말한다. 그 결과 하나님은 재판관으로서 예수가 (예전에도 이미 그랬듯이) **의인**임을 선언하셨다. 다시 말하면 예수는 의롭다고 인정받았다. 하나님은 예수를 죽은 자들 가운데서 살리심으로써 이것을 입증하셨고, 그 결과 예수는 지금 **살아 계신다.** 그리고 그는 죽음을 이기시고 이제는 그리스도로서 하나님의 우편으로 즉위하셔서 영원히 살아 계신다.

충성하는 사람이 의인이다. 예수 외에 이차적으로 의인의 무리가 있다. 로마서 1:17에서 바울은 이 의인이신 예수가 충성**으로**(by) 살았으며 또한 충성을 **위해**(for) 살았다고 말한다. 이 왕의 충성스러운 행동은 왕이신 그에 대한 우리의 충성을 유발하기 위한 것이며, 그 결과 우리는 성령을 통해 그와 연합하여 의인이 되고 의인으로 살게 된다. 그러므로 바울이 "기록된 바, '그러나 **의인**은 **충성**으로 말미암아 **살리라**'"고 말할 때 그는 **충성**으로 사는 **의인**인 예수를 염두에 두고 있다. 하지만 그는 또한 우리를 염두에 두고 있다. 왜냐하면 이 모든 것이 우리의 충성을 위한 것이며, 이로써 우리도 **충성**으로 의인이 될 수 있고, 또 살 수 있기 때문이다.

요약하자면 다음의 내용은 로마서 1:16-17의 의미를 가장 잘 표현해 준다. 이것은 정확한 번역을 하려는 것이 아니라 바울의 의도를 충분히 드러내기 위한 긴 의역이다.

> 왜냐하면 나는 복음을 부끄러워하지 않는다. 이는 이 복음이 **메시아이신 예수께 충성을 다하는 모든 자**, 즉 먼저는 유대인에게 또 헬라인에게 구원을 주시는 하나님의 능력이기 때문이다. 왜냐하면 복음 안에서 십자가의 길을 가신 예수의 **충성**을 통해 심판의 다른 면에서 그가 하나님으로부터 의롭다는 판결을 받았다는 것이 드러났기 때문이다. 이 의롭다는 판결은 메시아-왕인 예수께 대한 **충성**을 통해 우리의 것이 된다. 왜냐하면 이제 예수와 우리에게는 이 모든 것이 "의롭다는 판결을 받은 자는 **충성**으로 살 것이다"라는 예언의 말씀과 부합하기 때문이다(롬 1:16-17).

우리는 예수가 하신 것과 정확히 똑같은 방식으로—오직 충성으로—인정받은 의와 부활-생명의 정당성을 함께 공유하게 된다. 그러나 중요한 차이가 있다. 예수의 충성은 유일하게 효과적이었다. 그의 의로운 행위, 즉 십자가 사건에서 절정에 달한 그의 죄 없는 삶은 완벽하게 정당성을 인정받는 결과—죽은 자들 가운데서 부활하는—를 낳았다. 우리의 충성은 불완전하지만, 예수는 용서의 왕이시며 그의 충성은 **우리를 위한** 것이었으므로 우리의 불완전한 충성은 죽기까지 충성하시고 부활을 통해 정당성을 인정받으신 그리스도와의 연합을 이루어내기에 충분하다.

　복음은 구원을 베푸시는 왕 예수에 관한 좋은 소식이다. 우리는 오직 충성으로 구원을 받는다. 예수의 절대적으로 효과적인 충성이 가장 우선이다. 우리의 불완전한 충성은 그의 충성을 뒤따르며 그의 충성에 의존한다. 그 결과는 구원을 가져다주는 정당성, 즉 새 생명으로의 부활이다.

믿음에서 충성으로 전환하기

이 책은 성경적이고 신학적이며 실천적이기를 추구한다. 나는 이것이 서로 상충적인 목표가 아니라고 확신한다. 성경과 그 신학에 대한 주의 깊은 관심은 자연히 신선한 적용으로 이어진다. 나는 이 장이 실제적인 측면에서 교회에 유용한 책이 되길 바란다. 내가 받는 공통된 질문은 "어떻게 하면 우리 교회가 더 충성스러운 교회가 되도록 도울 수 있을까?"라는 것이다.

　충성 문화는 그리스도인들이 복음, 믿음, 구원에 관해 설교하고 가르치고 대화하는 방식에 변화를 주는 것으로 시작한다. 우리는 그것을 어떻게 할 수 있을까? 이 장과 이전 장은 우리가 이것을 수행할 수 있는 한 가지 방법을 보여주기 위해 집필되었다. 성경의 분명한 복음 본문들을 검토하는 과정에서 나는 특정한 순서, 즉 마가복음, 디모데후서, 로마서 1장의 두 본문 순으로 다루기로 했다. 내가 왜 이 순서를 채택했을까? 또한 당신은 내가 성경에서 가장 명백한 복음 본문인 고린도전서 15:3-5을 아직 다루지 않았다는 사실을 눈치챘을 것이다. 이 본문은 순수한 복음이며, 복음을 온전히 이해하기 위해서는 절대적으로 필요한 본문이다. 당신은 왜 내가 이 본문에 대한 논의를 미루었다고 생각하는가? 토론 질문과 실천적인 내용은 부록 2의 추가 대화를 위한 가이드를 참조하기 바란다.

다른 순서가 더 좋지 않을까? 그럴지도 모른다. 하지만 내가 경험한 바로는 교회나 주변 사람이 구원 문화에서 복음-충성 문화로 이동하는 것을 보고 싶다면 성경의 명시적인 복음 본문을 접하는 특정한 순서가 다른 순서에 비해 더 낫다고 생각한다.

우리는 앞으로 충성을 함양하기 위한 다른 방법들을 살펴볼 것이다. 그러나 복음과 믿음에 관해 어떻게 설교하고 가르치고 이야기하느냐가 기본적인 출발점이라는 데는 우리가 모두 동의할 수 있다고 생각한다. 그 목적을 향해 나가는 과정에서 다음 장은 우리가 등반하고 있는 산의 정상에 해당한다. 다음 장에서는 가능한 한 복음-충성 모델을 담대하게 제시하고 왕의 복음에 대한 존 파이퍼의 주요 반대 주장에 답하고자 한다.

3장

왕의 온전한 복음

당신은 복음을 어떻게 한 구절 또는 몇 문장으로 정의할 것인가? 당신은 당신이 내린 정의에서 어떤 단어를 사용하거나 회피하기를 원하는가? 당신이 염두에 두고 있는 성경의 특정 본문이 있는가? 답을 써 내려가는 것을 고려해보라.

2003년 7월, 어느 유명한 목사-학자가 "우리의 대속자 예수"라는 제목으로 설교를 했는데, 이 설교는 큰 인기를 끌어서 나중에 책으로도 출판되었다. 이 설교에서 그는 간략하게 복음을 정의하려 했다. "여기 이 한 구절 안에 복음이 들어 있습니다. 그리스도께서 우리를 위해 돌아가셨기 때문에 그를 믿는 자는 자신의 죄가 완전히 용서받았다는 것을 알 수 있습니다. 하나님의 심판대 앞에서 우리는 무슨 말을 해야 할까요? 딱 한 가지입니다. 그리스도는 나를 대신하여 죽었습니다. 그것이 복음입니다."[1] 본서의 현 단계에서 나는 당신이 한 구절로 묘사하는 복음이 이것보다 더 정확하기를 바란다. 비록 "그리스도는 나를 대신하여 죽었습니다"라는 진술이 왜

....

[1]   Alistair Begg, "An Innocent Man Crushed by God," in Nancy Guthrie, *Jesus Keep Me Near the Cross: Experiencing the Passion and Power of Easter* (Wheaton: Crossway, 2009), 21-25, 여기서는 Alistair Begg의 허락을 받아 Guthrie가 인용하였다: "Jesus Our Substitute" (sermon, Parkside Church, Chagrin Falls, Ohio, July 13, 2003). Greg Gilbert, *What Is the Gospel?*, 9Marks Series (Wheaton: Crossway, 2010), 18은 나에게 처음으로 이 인용문을 알려주었다. 그는 이것을 승인 또는 반대 표시 없이 인용한다.

대속이 복음에 필수적인지를 표현하지만, 이 문장은 좁은 시야와 흐릿한 초점을 가지고 있다. 완전한 복음 대신 이것이 선포된다면 개인과 교회와 세상에 미치는 영향은 어떤 것일까?

복음보다 더 중요한 것은 없다. 우리가 복음이 우리—우리 자신과 세상—를 지배하도록 허용함으로써 복음을 완전히 숙달하는 것은 절대적으로 필수적이다. 우리는 지금까지 여러 장에 걸쳐 복음이 말하는 충성이라는 제안의 심장을 향해 속력을 내고 있다. 이제 그것을 종합할 시간이다. 구원의 왕이신 예수의 복음은 특정 핵심 사건들로 구성되어 있다. 우리는 먼저 이에 대해 살펴본 후 왕의 복음에 대한 대표적인 반대 의견의 타당성을 검토하고 교회의 연합에 미치는 영향을 고찰하고자 한다. 참된 복음은 목적, 반응, 유익 등 복음과 자주 혼동되는 밀접한 관련 주제와 구별되어야 한다.

복음 그 자체

진정한 복음은 하나일 수밖에 없다. 간단한 문장으로 표현하자면 예수는 구원을 베푸시는 왕이다. 더 포괄적인 요약은 삼위일체적 구조를 드러낸다. 복음은 성부 하나님이 성자 예수를 보내셔서 구원의 왕이 되게 하시고 성령을 보내심으로써 그의 우편에서 영원히 다스리시고 성경 말씀에 기록된 하나님의 약속을 성취하신 것에 관한 참된 이야기다.

복음에 대한 성경의 명시적 설명은 그것이 10가지 사건으로 구성되어 있음을 보여준다. 이 사건들이 모여 핵심 복음을 구성한다.[2] 복음에 대한 가장 정확한 정의는 이 10가지 사건을 왕적 틀 안에 배치한다.

복음은 왕이신 예수가

1. 성자 하나님으로서 선재하셨고

2. 성부에 의해 보내심을 받았으며

3. 다윗에게 하신 하나님의 약속을 성취하기 위해 인간의 육신을 입으셨다,

4. 성경 말씀에 따라 우리의 죄를 위해 죽었고

5. 장사되셨으며

6. 성경 말씀에 따라 사흘째 되는 날에 다시 살아나셨다,

7. 많은 목격자들에게 나타나셨으며

8. **통치하는 그리스도로서 하나님의 우편에 즉위하셨고**

9. 그의 통치를 실행하기 위해 그의 백성에게 성령을 보내셨으며

10. 이 세상을 다스리기 위해 최후의 심판자로 다시 오실 것이다.

이 목록에서 즉위에 관한 내용은 강조를 위해 볼드체로 표시되어 있다. 그

---

2   이 10가지 목록은 다음 책의 여덟 가지 목록을 수정한다. Matthew W. Bates, *Salvation by Allegiance Alone* (Grand Rapids: Baker Academic, 2017), 52. 이것은 이전 목록에서 암묵적이었던 두 가지 사건을 명시적으로 드러낸다. 가장 큰 차이점은 아들을 보냄과 성령을 보냄을 각각 별개의 복음 사건으로 분리한다는 점이다.

이유는 우리가 앞으로 살펴보겠지만 예수의 즉위가 성경에서 복음의 절정으로 반복적으로 제시되어 있기 때문이다. 그러나 대중서에서 복음의 요약을 읽거나 복음에 관한 설교를 들을 때 그 내용은 모두 우리의 죄를 위해 십자가에서 돌아가신 예수의 죽음이 전부다. 부활은 때때로 그저 덧붙여진 사건이다. 그리고 예수의 즉위도 거의 언급되지 않는다. 우리가 복음을 올바르게 이해하려면 이것이 먼저 바뀌어야 한다.

복음의 내용 확대하기

복음은 메시아-왕이신 예수의 구원 행적이다. 그것은 열 단계 또는 열 가지 사건으로 가장 잘 표현된다. 나는 이를 증명하기 위해 명시적인 "복음" 언어를 사용하는 구절이나 복음의 본질을 논쟁의 여지없이 선포하는 성경 본문에서 각각 이 열 가지 사건이 반복적으로 예시된다는 점을 보여줄 것이다. 여기에는 우리가 이미 1장과 2장에서 검토한 사도행전 2:14-36, 3:11-26, 5:27-32, 10:34-43, 13:16-47, 17:22-31이 포함되며, 비록 그 중 단 두 본문만(10:36과 13:32) 그리스어로 "복음"이라는 용어를 사용하지만, 이 말씀이 복음을 선포하고 있음을 의심하는 사람은 아무도 없다. 단 하나의 복음 선포에 열 가지 사건 또는 열 단계가 모두 포함되는 것은 아니지만, 전체적으로 고려하면 열 가지 사건이 모두 자주 등장한다.

이러한 상세한 논의의 목적은 이 열 가지 사건을 더 깊이 살펴봄으로써 오늘날 우리가 복음을 더 잘 선포할 수 있도록 하려는 것이다. 우리는 이 사건들을 암기하여 성경에 근거하여 설명할 수 있어야 한다. 열 가지 사건을 모두 포괄하는 틀은 (당신도 기억하듯이) **예수가 구원을 베푸시는 왕**이라는 것이다.

1. 왕은 성자 하나님으로서 선재하셨다

우리가 메시아의 선재성을 언급할 때 우리는 그가 인간의 육신을 입기 전에 영광 가운데 하나님과 인격적으로 함께 계셨다는 것을 의미한다. 이것이 좋은 소식의 출발점이다.

솔로몬 행각에서 복음을 전할 때 베드로는 역설적으로 "[너희가] 생명의 주를 죽였도다"라고 말한다(행 3:15). 그렇게 함으로써 베드로는 창조주 하나님으로서 예수의 선재성을 확언한다. 아들이 아버지 하나님과 나란히 선재하셨다는 개념은 로마서 1:3에 기록된 바울의 복음 묘사에서도 암시된다. "육신과 관련해서는…존재하게 되셨고"(저자의 번역).

예수의 탄생보다 훨씬 오래전에 기록된 특정 시편의 궁극적인 화자나 대화 상대자가 메시아였다는 점도 예수의 선재성을 증명한다. 예를 들어 사도행전 2:25-28과 2:34-35에 등장하는 베드로의 오순절 설교에서 메시아는 자신의 썩지 않을 몸과 미래에 하나님 우편으로 승천할 것에 관한 구약의 말씀의 진정한 화자로 밝혀진다(다윗이 단지 예언자로서 말하고 있다는 것에 대한 설명은 2:30-31을 참조하라. 이는 이 말씀의 궁극적인 화자가 선재하신 그리스도일 수밖에 없다는 것을 의미한다). 이것이 함의하는 바는 메시아가 인간 예수로서 육신을 입기 훨씬 이전에 인격적으로 선재하셨다는 것이다. 사도행전 13:33-37에 기록된 바울의 복음 선포는 또한 선재하신 그리스도가 이미 오래전에 기록된 구약성경 본문의 진정한 화자임을 가정한다.[3]

2. 왕은 성부에 의해 보내심을 받았다

복음에 관해 말할 때 예수는 자신이 보내심을 받았다고 강조한다. "내가 다른 동네들에서도 하나님 나라의 좋은 소식[복음]을 전하여야 하리니 나는 이 일을 위해 보내심을 받았노라"(눅 4:43). 그의 전반적인 복음 사명에서 "보내심을 받았다"는 부분은 하나님 나라에 관한 예수의 비유에서도 강조된다(예. 마 21:31). 소작농들의 비유에서 땅 주인이신 하나님은 많은 종들을 보내시는데, 그들은 모두 죽임을 당한다. 그 후 "마침내 그는 자기 아들을 그들에게 보냈다"(37절). 물론 사악한 소작농들은 아들 예수의 십자가 처형을 예고하며 그 아들마저도 죽인다.

요한복음에서 예수는 구원과 관련하여 여러 가지 말씀을 하면서 자신이 보내심을 받았음을 단언한다.[4] 한 가지 예를 생각해보자. 요한복음 5:24에서 예수는 "내가 진실로 진실로 너희에게 이르노니 내 말을 듣고 또 나 **보내신** 이를 믿는[pisteuōn] 자는 영생을 얻었고 심판에 이르지 아니하나니 사망에서 생명으로 옮겼느니라"고 말한다. 예수는 보내심을 받았고, 믿

---

3   구약 본문의 화자로서 선재하신 메시아에 대해서는 다음을 보라. A. T. Hanson, *Jesus Christ in the Old Testament* (London: SPCK, 1965); Matthew W. Bates, *The Birth of the Trinity* (Oxford: Oxford University Press, 2015).

4   특히 요 4:34; 5:23-24; 6:29, 38-39, 44, 57; 11:42; 12:44-45; 13:20; 14:24; 17:3, 8을 보라.

는 행위는 영생을 가져온다. 그러나 이러한 진술을 평가할 때 우리는 요한복음에서 **피스티스** 행동이 단순히 믿는 것 그 이상을 의미한다는 것을 명심해야 한다(예. 2:23-24). 그것은 순종과 분리될 수 없다. "아들을 **믿는** [*pisteuōn*] 자에게는 영생이 있고 아들에게 **순종하지 아니하는** 자는 영생을 보지 못하고 도리어 하나님의 진노가 그 위에 머물러 있느니라"(3:36). 우리의 구원을 위해 이 예수가 아버지 하나님으로부터 보내심을 받았다는 사실은 복음서가 전하는 바와 같이 예수 자신의 증언에 의해서도 입증된다.

한편 사복음서 외에 다른 신약 본문들도 아들이 보내심을 받았다는 것을 말한다. 사도행전의 복음 선포에서 예수를 보내신 주체가 하나님이시라는 점이 베드로에 의해 확인된다(행 3:26). 그리고 이 언어에 약간의 변화를 주어 바울은 하나님이 "이스라엘을 위하여 구주를 세우셨다"고 단언한다(행 13:23). "복음"을 명시적으로 언급하지 않는 (그러나 복음의 주제로 가득한) 몇몇 본문은 예수가 선재하셨고 보내심을 받았음을 나타낸다.

율법이 육신으로 말미암아 연약하여 할 수 없는 그것을 하나님은 하시나니 곧 죄로 말미암아 자기 아들을 죄 있는 육신의 모양으로 **보내어** 육신에 죄를 정하사(롬 8:3).

그러나 때가 도래했을 때 하나님은 그의 아들을 **보내사** 여자를 통해 존재하게 하시고 율법 아래에 계신 것은 율법 아래에 있는 자들을 속량하시고 우리로 아들의 명분을 얻게 하려 하심이라(갈 4:4-5, 저자의 번역).

하나님의 사랑이 우리에게 이렇게 나타난 바 되었으니 하나님이 자기의 독생
자를 세상에 **보내심**은 그로 말미암아 우리를 살리려 하심이라. 사랑은 여기 있
으니 우리가 하나님을 사랑한 것이 아니요 하나님이 우리를 사랑하사 우리 죄
를 속하기 위하여 화목제물로 그 아들을 **보내셨음이라**(요일 4:9-10).

아버지께서 인류를 위한 좋은 소식의 출발점으로서 선재하신 아들을 보내
신 것은 복음의 확실한 사실이다. 이러한 보내심은 구약성경의 약속과 연
결된다.

3. 왕은 다윗에게 하신 하나님의 약속을 성취하기 위해 인간의 육신을 입으셨다

메시아의 선재성은 그의 성육신을 위한 전제조건이므로 첫 번째 항목에서
언급된 본문들은 여기서도 관련이 있다. 우리는 이미 로마서 1:3-4과 디모
데후서 2:8에 나오는 복음의 메시지의 요점 가운데 하나가 다윗의 약속에
기초한 성육신이라는 것을 발견했다.

예언자 나단을 통해 하나님은 다윗의 자손을 통해 영원히 왕국을 이어
가실 것을 확고히 약속하셨다. "네 수한이 차서 네 조상들과 함께 누울 때
에 내가 네 몸에서 날 네 씨를 네 뒤에 세울 것이다.…나는 그의 나라 왕위
를 영원히 견고하게 하리라. 나는 그에게 아버지가 되고 그는 내게 아들이
되리니…네 집과 네 나라가 내 앞에서 영원히 보전되고 네 왕위가 영원히
견고하리라"(삼하 7:12-14, 16).

영원한 왕국과 관련된 다윗과의 약속을 기념하는 글이 시편 전반에 걸

쳐 나타나 있다(예. 시 2; 18:50; 89; 132:10-12). 이 시편들은 후대의 예언서에서 미래의 민족 부흥에 대한 희망의 원천이 되었다. "그날에 이새의 뿌리에서 한 싹이 나서 만민의 기치로 설 것이요 열방이 그에게로 돌아오리니… 여호와께서 땅 사방에서 유다의 흩어진 자들을 모으시리니"(사 11:10, 12). 이사야와 다윗과 다른 이들은 이스라엘을 회복시키고 열방에서 신실한 자들을 모으며 악인들을 심판할 미래의 왕이 다윗의 혈통에서 나오기를 기대했다.

예를 들어 베드로는 다윗이 "하나님이 이미 맹세하사 그 자손 중에서 한 사람을 그 위에 앉게 하리라 하심을" 알고 있었다고 말한다(행 2:30). 다윗의 혈통을 통해 왕적 구세주를 보내시겠다는 약속은 사도행전 13:22-24에서도 두드러지게 나타난다. 복음서는 아들이 왕으로서 성육신할 것이라는 다윗의 약속이 성육신을 통해 성취되었음을 강조한다.

성육신은 신학적으로 복음에 있어 필수적이다. 예수는 모든 면에서 (죄를 제외하고) 우리의 인성을 공유하고 우리의 속죄제물이 되며 우리의 위대한 대제사장으로 섬기도록 보내심을 받았다(히 2:14-17; 4:15; 9:24-26). 하지만 이것이 전부가 아니다. 우리가 왕과 함께 다스리기 위해서는 우리도 그와 같이 되어야 한다. 하나님은 인간을 자신의 형상으로 창조하시고 창조세계를 다스리게 하려고 인간을 창조세계 한가운데에 두셨다(창 1:26-28). 그러나 우리의 하나님 형상과 영광은 우상숭배로 인해 훼손되었다(왕하 17:15; 시 115:5-8; 롬 1:22-23; 3:23).

예수 그리스도는 완전한 형상으로 보내심을 받았고(고후 4:4; 골 1:15),

이로써 우리는 구원에 필요한 과정의 일환으로 그리스도의 형상을 바라봄으로써 그 형상을 회복할 수 있다(고전 13:12; 고후 3:18; 골 3:10; 요일 3:2; 참조. 계 22:4). 동방 정교회의 그리스도인들은 구원의 이러한 측면을 테오시스(*theosis*, 신화)라고 부르며 강조한다. 우리의 하나님 형상-회복(그리고 그 영광)은 구원의 필수적인 과정이다. 왜냐하면 하나님의 궁극적인 구원 계획은 우리가 왕이신 예수와 함께 새 창조세계를 다스리는 것이기 때문이다(롬 8:17-21; 참조. 마 19:28; 골 3:4; 딤후 2:12; 계 20:6; 22:5). 성육신은 구원을 베푸시는 좋은 소식의 필수 요소다.

4. 왕은 성경 말씀대로 우리의 죄를 위해 죽었다

예수가 왕으로서 죽은 사건은 논쟁의 여지없이 복음에 있어 필수적이다. 이것은 성경에서 가장 유명한 복음 본문인 고린도전서 15:1-5에 분명히 나타난다. 바울은 고린도 교인들이 어떻게 복음을 처음 받아들였는지에 대해 광범위하게 이야기하는 것으로 시작한다.

> 이제 형제들아, 나는 내가 너희에게 전한[*euēngelisamēn*] 복음[*euangelion*]을 너희에게 알게 하는데, 이는 너희가 받은 것이고 또 그 가운데 선 것이며 너희가 그것을 통해 구원받고 있는 것이다. 즉 너희가 만일 내가 전한 그 말을 굳게 지키고 **피스티스**를 헛되이 여기지 않으면 말이다(고전 15:1-2, 저자의 번역).

복음은 사람이 어떻게 구원을 받는지에 대한 강령적인 지침은 아니지만,

그럼에도 참으로 하나님의 구원의 메시지다.

구원은 과정이다. 여기서 바울은 구원이 단 한 번의 믿음의 결정이 아니라 하나의 과정("구원을 받고 있다")임을 강조한다. 이것은 바울이 사용한 특정 그리스어에 의해 분명히 드러난다. 그는 우리가 "구원을 받고 있다"고 말하는데, 사실 그것은 우리가 선포된 복음을 굳게 붙잡을 경우에만 그렇다. 바울이 지적한 바와 같이 굳게 붙잡지 못하면 처음의 **피스티스**는 아무 소용이 없다(*eikē*). 즉 무의미하고 헛된 것이다. 이는 거의 모든 그리스도인들이 동의하듯이 최종 구원을 위해서는 "믿음"으로 끝까지 인내하는 것이 필요하다는 것을 보여준다. 이 복음의 선포, 즉 우리가 계속해서 구원을 받으려면 끈덕지게 달라붙어 있어야 한다는 사실은 바울 서신에서 더 자세히 설명된다.

> 나도 전해 받은 이 중요한 문제를 너희에게 전한다. 이것은 성경대로 그리스도께서 우리의 죄를 위하여 **죽으셨고, 장사되셨으며**, 성경대로 사흘 만에 **다시 살아나셨고**, 게바[베드로]에게 **나타나셨으며**, 그 후에 열두 제자에게와⋯맨 나중에 마치 유산된 태아 같은 나에게도 나타나셨다는 것이다.⋯그러므로 나든 그들이든 우리가 이같이 전파하므로 너희도 이같이 믿은 것이다(고전 15:3-5, 8, 11, 저자의 번역)

바울은 사람에게서가 아니라 주 예수로부터 직접 복음의 특정 핵심 요소를 받았다(갈 1:11-12). 그러나 바울이 받은 복음은 바울 당대에 이미 전승으로

받은 것이다.[5] 이는 바울의 복음이 특이한 것이 아니라 사도 교회의 공동

재산이었음을 보여준다.

개인주의적 대속이 아닌 왕적 대속. 고린도전서 15:3-5에서 바울은

네 가지 개별 사건을 강조한다. (1) 그리스도가 **죽으셨고**, (2) **장사되셨으**

며, (2) **다시 살아나셨고**, (4) **나타나셨다.** 그의 죽음과 부활은 성경과 일치

한다고 한다. 우리는 열 가지 핵심적인 복음 사건의 개요를 계속 설명하면

서 이들 각각에 대해 자세히 설명하고자 한다.

복음은 왕권에 관한 것이다. 비록 덜 분명하긴 하지만 로마서 1:1-5처

럼 고린도전서 15:1-5에도 왕적 구조가 존재한다는 것을 주목하라. 바울

은 "예수가 나의 죄 때문에 죽으셨다"고 말하지 않는다. 비록 개인주의적

구원 문화는 이것을 복음 전체로 만드는 경향이 있지만 말이다! 예수의 이

름도 심지어 언급되지 않고, 초점도 개인주의적이지 않다. 오히려 고린도

전서 15:3은 "그리스도께서 우리 죄를 위하여 죽으셨다"고 말한다. 왜 바

울은 여기서 죄를 위한 죽음을 논할 때 예수의 개인 이름이 아닌 왕적 칭호

인 "그리스도"를 강조하는가? 그것은 아마도 복음의 왕적 구조가 그 본질

에 있어 가장 중요했기 때문일 것이다. 강조점은 집단적 대표성에 있다. 왕

은 대속물로서 모든 인류가 마땅히 받아야 할 형벌을 받는다. 기독교 전통

에서 이것은 일반적으로 대속(substitutionary atonement)이라고 불려왔다.

....

5   바울은 복음의 기초가 되는 예수의 부활과 즉위 사건은 예수로부터 직접 받고(행 9:3-8;
     22:6-10; 26:12-18; 갈 1:11-12; 고전 9:1) 나머지는 다른 사도들을 통해 받았을 가능성이
     높다(참조. 갈 1:18).

우리의 죄를 위한 메시아의 죽음은 구체적으로 성경과 일치한다고 한다. 이는 그것이 구약성경의 예언과 패턴을 성취했음을 의미한다. 이것은 고통당하는 의인에 대한 불의한 처벌이 내려지고 다른 이들의 유익을 위해 하나님이 그들을 구출하시는 내용을 담고 있는 본문들에서 찾아볼 수 있다.[6] 우리는 이러한 본문이 신약성경에서 잘 알려진 복음 주제와 관련되어 있거나 사도행전에서 복음 선포의 일부로 암시되거나 인용되기 때문에 이에 대해 잘 알고 있다. 우리는 복음이 **우리를 위한** 것임을 결코 잊어서는 안 된다. 이것은 좋은 소식이다. 왜냐하면 이것은 가능하거나 실제적인 **유익**을 가져다주기 때문이다. **우리의 죄를 위한** 메시아의 죽음은 바로 그런 유익 중 하나다.

십자가 중심적? 고린도전서 15:3에 언급된 우리의 죄를 위한 메시아의 죽음은 십자가가 의심할 여지 없이 복음에 필수적임을 일깨워준다. 십자가의 중심성은 사도행전 2:23, 3:15, 5:30-31, 10:39, 13:28-29 등 다른 많은 복음 본문에서 언급되거나 강하게 암시되어 있기 때문에 더욱 강조된다(참조. 롬 8:3; 엡 2:16; 빌 2:8; 골 1:20; 2:14). 다른 본문들은 메시아의 십자가의 죽음이 특별히 우리의 죄를 용서하기 위한 것임을 나타낸다(예. 마 26:28; 롬 3:25; 6:6; 갈 3:13; 히 2:17; 벧전 2:24; 요일 1:7; 2:2; 4:10). 따라서 십자가는 메시아가 우리의 죄를 위해 죽고 죽음과 악한 영적 세력을 이긴 장소로서 분명히 복음에서 없어서는 안 될 만큼 매우 중요하다.

---

6   예. 시 16-18; 22; 69; 116; 사 42:1-7; 49:1-12; 50:5-10; 52:13-53:12.

십자가의 중심성은 다른 방식으로도 나타난다. 몇몇 본문에서 십자가의 메시지는 복음 선포에서 **가장 중요한 걸림돌**이며, 이는 무엇이 적절한지에 대한 우리의 감성에 가장 심각한 충격과 반발을 초래한다.

그리스도께서 나를 보내심은 세례를 베풀게 하려 하심이 아니요 오직 복음을 전하게 하려 하심이로되 말의 지혜로 하지 아니함은 그리스도의 십자가가 헛되지 않게 하려 함이라. 십자가의 도가 멸망하는 자들에게는 미련한 것이요 구원을 받는 우리에게는 하나님의 능력이라(고전 1:17-18).

형제들아, 내가 지금까지 할례를 전한다면 어찌하여 지금까지 박해를 받으리요? 그리하였으면 십자가의 걸림돌이 제거되었으리니(갈 5:11).

십자가는 정말로 복음에서 가장 중요한 걸림돌이다.

하지만 십자가가 복음의 중심일까? 1장에서 우리는 십자가가 복음의 중심(필수적)이며, 복음의 극적인 중심이지만, 성경에서 일관되게 신학적 중심으로 제시되지는 않는다는 것을 살펴보았다. 이 장의 결론은 예수의 왕권이 복음의 요약적인 기본 메시지이자 복음 전체의 절정임을 보여준다. 따라서 예수의 왕위 획득과 통치는 필수적인 구성 요소 이상의 핵심적 역할을 한다.

결론: 십자가는 신학적으로 복음의 중심이지만, 그 초점은 개인주의적인 용서에 있지 않다. 그것과는 거리가 멀다. "예수가 나의/너의 개인적인

죄를 위해 죽었다"고 선포하는 것은 구원을 받은 사실에 대한 개인적 믿음에 초점을 맞춘 구원 문화를 낳는다. 이러한 문화 속에서 교회 공동체를 세우고 제자도를 함양하는 것이 어렵다면 그것은 전혀 놀라운 일이 아니다. 우리는 더 온전한 진리를 선포해야 한다. "왕은 우리의 집단적 죄를 위해 죽으셨고, 그래서 우리는 그에게 충성을 다할 수 있다." 우리가 충성을 다할 때 우리는 충성된 제자 공동체가 세워지는 것을 보게 될 것이다.

5. 왕은 장사되셨다

그리스어에서 "그는 장사되셨다"는 **에타페**(*etaphē*)라는 한 단어다. 이 한 단어는 바울이 고린도전서 15:4에서 고린도 교인들에게 복음을 상기시키면서 한 말이다. 바울은 예수의 죽음이 거짓이 아니고 사실임을 강조한다. 사도행전에서 바울의 강조점도 거의 동일하다. "성경에 그를 가리켜 기록한 말씀을 다 응하게 한 것이라. 후에 나무에서 내려다가 **무덤에 두었으나**"(행 13:29). 매장에 대한 언급은 예수의 죽음이 사실이었음을 확인하는 역할을 한다.

베드로의 오순절 설교는 무덤 모티프를 광범위하게 사용한다. 다윗은 그의 몸이 무덤 속에서 썩지 않고 오히려 하나님 앞에서 생명을 얻을 것이라고 말했다. 베드로는 다윗의 시체가 무덤에서 썩었기 때문에 다윗이 **자신**에 대해 이런 식으로 말하는 것은 말이 안 된다고 지적한다. 그러므로 다윗은 다른 누군가―선재하신 메시아(행 2:25-31; 시 16:8-11 인용)―의 입장에서 예언자로서 말하고 있었던 것이 틀림없다.

6. 왕은 성경대로 사흘째 되는 날에 다시 살아나셨다

복음의 한 요소는 메시아 예수가 실제로 죽임을 당했고 실제로 **같은 몸**으로 다시 살아나셨다는 것이다. 비록 그 몸이 변형되고 영광스러운 모습으로 새로워졌지만 말이다. 심지어 그리스도인이라고 고백하는 이들 사이에서도 이것은 소생(거의 죽었지만 완전히 죽은 것이 아닌!)이나 치유, 회복, 환생 또는 그의 영혼의 승천과 혼동을 일으킬 수 있기 때문에 이러한 묘사는 적절하지 않다는 점을 밝힐 필요가 있다. 특히 예수가 도마에게 자신의 상처를 만져보라고 할 때(요 20:27), 그가 그들과 생선을 함께 먹을 때(눅 24:42; 요 21:13) 등 여러 기록에서 부활한 육체의 물리적 실체가 강조된다.

대중 설교에서 복음을 일종의 십자가상에서의 거래("예수가 나를 위해 죽으셨다")로 축소하는 경향이 있으므로 명시적인 복음 본문에서 **우리 죄를 위한 메시아의 죽음보다 부활이 훨씬 더 자주 강조된다**는 사실은 많은 사람에게 놀라움을 준다(예. 딤후 2:8; 롬 1:3-4). 예수의 십자가의 죽음은 사도행전의 연설에서 자주 언급되지만, 용서가 복음의 **전체** 메시지(단지 십자가에서의 용서 거래뿐만 아니라 주로 예수의 현재 즉위 선포와 함께 절정에 이르는 메시지)에 적절하게 반응하는 것과 관련된다. 이것은 용서가 특별히 왕으로서 예수에 대한 충성을 고백하는 것과 관련이 있음을 암시한다. 심지어 네 복음서에서도 예수가 하나님 나라의 도래를 선포한 것이 궁극적으로 **죄를 위한** 그의 죽음을 선포한 것을 포함한다는 주장은 자명하지 않고 논증을 필

요로 한다. 물론 나는 그것이 이 선포를 포함한다고 확신하지만 말이다.[7]

　나의 요점은 십자가가 중요하지만, 부활과 왕적 통치는 성경의 명백한 복음 본문에서 훨씬 더 두드러지게 나타난다는 것이다. 우리는 **부활하여 지금도 살아계신** 왕 예수의 온전한 복음에 응답해야 한다. 우리의 설교와 가르침에서 복음이 십자가로 축소되어서는 안 된다. 좋은 소식은 부활하신 예수가 지금 왕으로서 하나님 앞에서 살아계신다는 것이다. 우리가 충성을 다하면 그의 부활의 능력이 우리 삶에서 역사하기 시작한다. **그가 살아계시므로 우리가 산다.**

7. 왕은 많은 증인들에게 나타나셨다

부활하신 예수의 모습은 명백한 복음 본문에 잘 나타나 있다. 고린도전서 15:3-11에 나오는 바울의 복음 서술에는 메시아 예수가 죽은 자들 가운데서 살아나신 후에 그를 본 일련의 증인들, 즉 베드로, 열두 제자, 오백 명이 넘는 신자들이 동시에 본 것, 야고보, 다른 사도들, 마지막으로 바울 자신 등이 열거되어 있다. 메시아의 부활에 대한 목격자 증언이라는 주제는 베드로의 오순절 설교(행 2:32), 솔로몬 행각에서 행한 그의 설교(3:15), 사도들의 활동 요약(4:33), 공회 앞에서 행한 사도들의 연설(5:32), 고넬료의 집에서 행한 베드로의 설교(10:40-41), 바울의 비시디아 안디옥 전도 활동

....

7　복음서에서 죄를 위한 죽음을 선포하는 예수의 말씀과 행동에 대해서는 다음을 보라. 마 8:17; 20:28; 26:28; 막 10:45; 14:24; 눅 22:20, 37; 24:47; 요 20:23.

(13:31)에서도 두드러지게 나타난다. 그가 많은 증인들에게 나타난 사실이 복음에 필수적이라는 점은 분명하다. 그것은 예수의 육체가 실제 역사 속에서 죽은 자들 가운데서 참으로 부활하셨음을 확인해준다.

8. 왕은 통치하는 그리스도로서 하나님의 우편에 앉아 계신다

나는 복음의 이 단계에 특별히 강조점을 둔다. 왜냐하면 우리는 성경을 통해 이것이 복음의 절정이자 가장 좋은 요약임을 증명할 수 있기 때문이다. 우리는 명시적인 복음 본문을 이해하기 위해 예수의 자주 등장하는 칭호—"그리스도"—의 중요성에 대해 논의했다. 고넬료의 방문객들을 향한 베드로의 복음 전도 메시지는 예수가 "만유의 주"라고 주장하면서도 그를 "그리스도"라고 부르며 시작한다(행 10:36). 한편 복음 전도 활동은 "예수가 메시아"라는 사실을 증명하거나 선포하는 것으로 요약된다(행 5:42; 8:5; 9:22; 17:3). 일단 우리가 본문을 새로운 시각으로 보기 시작하면 복음의 왕적 틀은 모든 곳에서 명백하게 나타난다.

예수의 즉위가 복음의 절정이다. 예수가 능력의 하나님의 아들로 임명된 것은 로마서 1:3-4에 기록된 복음에 대한 묘사의 절정이다. 또한 이것은 그의 권위 있는 칭호와 로마서 1:5에 기록된 복음의 충성 목적과 연결된다. 우리는 빌립보서에서 예수께서 지극히 높임을 받으시고 "모든 이름 위에 뛰어난 이름을" 얻게 되셨음을 확인할 수 있다(2:9). 모든 사람이 무릎을 꿇고 입으로 "예수가 내 죄를 위해 죽으셨다"가 아니라 "메시아 예수가 주님이시다"라고 고백할 것이다(2:11, 저자의 번역).

이러한 왕적 절정은 사도행전에서 반복적으로 발견된다. 베드로의 오순절 설교는 시편 110:1의 성취로서 예수가 "하나님 우편으로 높임"을 받았다는 선언과 함께 대단원의 막을 향해 나아간다(행 2:23). 하지만 그것은 마지막 문장과 함께 정점에 달한다. "이스라엘 온 집안은 확실히 알지어다. 너희가 십자가에 못 박은 이 예수를 하나님이 **주와 그리스도**가 되게 하셨다"(36절, 저자의 번역). 복음의 진정한 절정에 대해 우리가 조금도 의심하지 않게 하기 위해 베드로는 하나님 우편에 계신 예수의 새로운 지위를 묘사하는 주권적 칭호—**주와 그리스도**—를 이중적으로 강조하며 끝맺는다.

한편 베드로가 솔로몬의 행각에서 선포한 내용은 아브라함의 하나님이 "그의 종 예수를 영화롭게 하셨다"는 주장으로 시작한다(행 3:13). 설교가 끝나갈 무렵 베드로는 예수를 "너희를 위하여 예정하신 그리스도"(20절)라고 부르며 그의 천상의 현 위치를 강조한다(21절). 따라서 설교 전체가 왕이신 예수를 강조하는 내용으로 둘러싸여 있으며, 이 설교는 청중들이 왕의 미래의 방문을 고려하여 적절하게 반응할 필요성을 제기하며 절정에 이른다(22-23절). 마찬가지로 베드로와 사도들은 산헤드린 앞에서 행한 연설에서 "하나님은 이스라엘에 회개함과 죄 사함을 주시려고 그를 우편으로 높이사 임금[archēgos]과 구주로 삼으셨느니라"라고 말한다(5:31). 우편에 대한 언급은 예수의 천상의 새로운 권세가 핵심임을 보여준다(7:56의 스데반의 연설도 보라). 마찬가지로 사도행전 17:22-31에서도 바울의 설교는 하나님이 정하신 사람이 세상을 공의로 심판하실 날을 정해 놓으셨음을 확언하는 것으로 마친다. 이 사람은 죽은 자 가운데서 살아나셨고(정당성을 입증 받으셨고) 지금 살아계시며 장차 하나님의 공의로운 심판을 집행하실 것이기 때문에 의인일 수밖에 없다(롬 1:17도 보라).

성경은 복음을 제시할 때 일관되게 복음을 포괄적인 왕적 틀 안에 배치하는데, 이는 종종 예수가 하나님 우편에 계신 천상의 왕으로 임명되면서 절정에 이른다. 복음의 첫 일곱 단계는 구원의 지속적인 의미를 지닌 **과거의** 사건들을 가리킨다. 여덟 번째 단계인 예수의 왕적 통치에서 우리는 교회 시대의 **현실**에 도달한다. 바로 이 점이 왜 이 항목이 복음의 가장 좋은 요약인지를 말해주는 또 다른 이유다.

오늘날 기독교의 가장 큰 문제. 이런 점에 비추어볼 때 오늘날 기독교 내의 가장 큰 문제는 복음에서 예수의 왕권이 제외된 것이라고 해도 과언이 아니다. **복음으로서** 예수의 즉위가 간과되는 사례가 얼마나 광범위하게 나타나는지를 보여주기 위해 나는 복음연합(Gospel Coalition)의 기초문서에 나타나 있는 "복음"의 정의를 살펴보고자 한다. 복음을 제대로 제시하는 곳이 있다면 그것은 분명 복음연합일 것이다.

우리는 복음은 예수 그리스도의 좋은 소식—하나님의 지혜—이라고 믿는다. 비록 구원을 받는 자들에게는 하나님의 능력이지만, 세상에서는 완전히 어리석은 말인 이 좋은 소식은 기독론적이며 십자가와 부활을 중심에 두고 있다. 그리스도가 선포되지 않으면 복음은 선포되지 않으며, 그리스도의 죽음과 부활이 중심이 아니면 진정한 그리스도는 결코 선포되지 않은 것이다(메시지의

핵심은 "그리스도가 우리 죄를 위해 죽으시고…다시 살아나셨다"는 것이다).[8]

이 진술은 놀랍지 않으며 여러 면에서 유용하다. 하지만 이 진술에는 심각한 한계가 있다. 여기서 그리스도는 왕의 칭호보다는 한 개인의 이름으로 취급된다. 죽음과 부활은 당연히 복음의 중심으로 제시되지만, 이것은 지나치게 협소하다. 그렇다면 아들을 보내신 것과 다윗의 혈통으로 성육신하신 것은 왜 중심이 아닌가? 성령을 보내신 것은 또 어떤가? 더 심각하게는 **예수의 왕권은 왜 중심이 아닌가?** 아무튼 "그리스도의 구속"이라는 제목이 달린 이 기초 진술의 다음 단락에서 예수의 성육신과 왕권이 강조된다. 하지만 이 두 항목은 마치 복음의 일부처럼 다루어지지 않을 것이다. 심지어 복음연합의 공식적인 정의에서도 성경적 복음의 많은 부분을 간과하는 상황에서 우리는 복음의 부정확성이 우주적 교회에서 유행병처럼 만연하게 되었다는 것을 잘 알고 있다.

이것을 복음연합에 대한 신랄한 공격으로 읽지 않기를 바란다. 복음연합과 관련된 사람들은 가치 있는 사역을 하고 있다. 나는 내가 말하는 진짜 요점이 명확하게 드러나기를 바란다. 오늘날 그리스도인들은 예수가 주 또는 왕이라는 것을 쉽게 인정하겠지만, 복음연합의 진술처럼 예수의 즉위는 복음의 **일부**로 취급되기보다는 복음 밖에 있는 **외적 요소**로 취급된다. 예

<hr />

8   "Foundation Documents," The Gospel Coalition, accessed January 19, 2019, https://www. thegospelcoalition.org/about/foundation-documents/#con fessional-statement.

수의 왕권이 복음 밖에 있는 것으로 여겨지면 그의 왕권에 충성으로 응답하는 것이 구원과 무관하다고 생각하기 쉽다. 사실 성경은 그 정반대를 말한다. 성경에서는 **예수의 왕권이 복음의 핵심인 나머지 그것이 복음을 요약하는 내용이자 복음의 절정이다.** 복음연합의 공식적인 정의는 성경이 복음에 관해 가장 많이 강조하는 것, 즉 예수의 왕권을 간과한다. 복음연합의 복음이 이토록 시급하게 개선되어야 한다면 다른 교회 단체들은 얼마나 더 많은 개선이 필요할까?

9. 왕은 자신의 통치를 실행하기 위해 백성에게 성령을 보내셨다

예수는 성령의 능력 부여로 이어질 충성 선언에 대해 언급함으로써 오순절을 예고했다. 예수는 자신이 인자로서(즉 하나님 우편에 있는 통치자로서; 단 7:13-14을 보라) 그의 나라에 들어갈 때 자신도 다른 사람들 앞에서 자신을 "공개적으로 인정하는" 자를 천사들 앞에서 인정할 것이라고 말한다(눅 12:8-9). 이 "공개적으로 인정하다"(*homologēsē*)는 구두로 하는 고백을 말하며, 왕 중의 왕이신 예수께 충성을 맹세하는 것을 묘사하기에 적합한 표현이다(바울이 롬 10:9에서 "예수를 **주로**" 믿고 **고백하는** 사람은 누구나 구원받을 것이라고 말할 때 사용한 단어와 동일한 표현이다). 예수는 이 고백을 하는 자들이 예수의 왕권을 증언할 때 무엇을 말해야 할지 성령의 가르침을 받게 될 것이라고 말한다(눅 12:11-12).

하나님 나라는 예수의 사역과 함께 도래했다. 왜냐하면 그는 왕이 되는 과정에 있었기 때문이다. 그는 새로운 시대, 하나님 나라의 시대가 자신과 함께 도래했음을 보여주기 위해 표적과 치유와 귀신을 내쫓는 일을 행하셨다. "그러나 내가 하나님의 성령을 힘입어 귀신을 쫓아내는 것이면 하나님의 나라가 이미 너희에게 임하였느니라"(마 12:28). 그는 기름 부음 받은 왕이다. 그가 세례를 받을 때 성령이 그에게 임했다. 이것이 바로 하나님 나라가 사람들에게 임한 이유다. 그는 이미 왕으로 임명되었고 차례를 기다리는 왕자로서 이미 왕과 관련된 일을 할 수 있다. 그는 곧 왕위에 오를 것이다. 그리고 그는 자신이 왕위에 오를 때 성령의 선물이 곧 추종자들에게 주어질 것이라고 말한다(행 1:5; 참조. 11:15-16).

승귀는 성령 강림으로 이어진다. 따라서 사도행전에서 예수가 하나님 우편으로 승천하신 지 얼마 지나지 않아 충성스러운 공동체에 성령이 부어지는 오순절이 뒤를 이은 것은 우연이 아니다. 우리가 미처 깨닫지 못할 것을 대비하여 베드로는 우리를 위해 이 둘을 서로 연결한다. "예수를 하나님 우편으로 높이시매 그가 약속하신 성령을 아버지께 받아서 너희가 보고 듣는 이것을 부어 주셨느니라"(행 2:33). 예수의 즉위는 성령 강림으로 이어진다. 예수를 즉위하신 왕으로 인정하는 자들은 몸으로 충성을 다하며(처음에는 세례를 통해) 성령을 받는데, 이것이 바로 사도들이 하나님이 "자기에게 **순종하는** 사람들에게" 성령을 주셨다고 말할 수 있는 이유다(5:32).

오순절에 처음으로 성령 충만을 받은 후, 사도행전에서는 주로 충성 고백이 먼저 나오고 성령을 받는 것이 그 뒤를 잇는다(예. 행 2:38; 8:12-17; 19:4-6). 그러나 항상 그런 것은 아니다. 이방인들에게 행한 설교(10:34-43)에서 베드로는 성령으로 기름 부음 받은 왕이신 예수에 관해, 그리고 십자가, 부활, 미래의 심판, 용서에 관해 설교한다. 그러나 그는 이방인들에게 회개할 것을 촉구하거나 순종하는 자에게 성령을 주신다고 말하지 않는다. 그러나 그 설교를 듣는 모든 사람에게 성령이 갑자기 임한다(44절. 참조. 11:15-16). 우리는 그들의 회개, 그들의 믿음 또는 왕이신 예수에 대한 충성 고백에 대해 아무것도 듣지 못한다. 그럼에도 그들은 성령을 받는데, 이는 심지어 그들이 공개적으로 충성을 고백하거나 세례를 받기도 전에 그들의 충성이 하나님의 인증을 받았음을 보여준다(참조. 15:8). 따라서 나중에 메시아 예수의 이름으로 세례를 베푸는 것을 막을 수 없게 된다(10:44-48). 충성 고백 이후에 성령을 받는 이러한 일반적인 패턴은 이방인들이 처음 교회에 들어올 때 그 순서가 뒤바뀌는데, 이는 그들도 교회에 포함되는 것이 하나님의 뜻임을 보여준다(11:17; 15:7-9).

우리가 사도행전에서 발견하는 승귀-성령 강림의 순서는 요한복음에서 더욱 강화되는데, 거기서는 성령이 주어지는 시점이 다르다. 사도행전에서 성령은 예수의 승천 **이후에** 주어진다. 요한복음에서는 그 **이전에** 주어진다. 비록 요한은 예수께서 영광을 받은 후에 **피스티스**를 다하는 자들에게 성령이 주어진다고 단언하지만 말이다!(7:38-39) 왜 그럴까? 요한복음에서는 예수가 십자가에 "들려 올라가는"(3:14-15) 것이 의도적으로 하늘의 영광 속으로 "들려 올라가는"(8:28; 12:34) 것과 결부되어 있다. 십자가 처형은 역설적으로 예수가 아버지 우편으로 승귀하신 것이며, 그곳에서 예수는 모든 민족을 그의 깃발 아래에 모을 것이다. "내가 땅에서 들리면 모든 사람을 내게로 이끌겠노라"(12:32). 바로 이것이 요한이 부활하신 예수가 자신의 실제 즉위에 앞서 제자들에게 "성령을 받으라"(20:22)고 숨을 내쉬었다고 보고하는 이유다. 비록 순서는 다르지만 요한복음에는 사도행전에서처럼 예수의 승귀와 성령 파송 사이에 확고한 연관성이 존재한다.

성령이 다스린다. 바울은 로마서 1:4에서 복음을 설명할 때 이제 아들이 능력의 하나님의 아들로 임명되었다고 말하면서도 예수의 통치의 본질을 "성결의 영에 따라"로 수식한다. 다시 말해 예수의 통치는 그의 백성 가운데 거하시며 능력을 부여하는 성령의 현존과 공존한다. 이것은 또한 바울이 왜 성경이 아브라함에게 미리 복음을 전했다고 말할 수 있었는지를 설명해준다(갈 3:8, 14; 이에 관한 논의는 아래 5장을 보라). 마찬가지로 바울은 다음과 같이 말할 수 있다. "이는 우리 복음이 너희에게 말로만 이른 것이 아니라 또한 능력과 성령과 큰 확신으로 된 것임이라. 우리가 너희 가운데서 너희를 위하여 어떤 사람이 된 것은 너희가 아는 바와 같으니라"(살전 1:5; 참조. 엡 1:13). 성령 파송은 진정으로 복음의 일부다.

복음 사건으로서 성령을 받았다는 것은 하나님 나라가 각 사람의 마음속에 이루어지는 예수의 통치라고 말하는 것과 같지 않다. 이것은 오역으로 인해 흔히 발생하는 예수의 가르침에 대한 오해다. 바리새인들이 예수에게 하나님의 나라가 언제 임하느냐고 묻자 예수는 다음과 같이 대답한다. "하나님의 나라는 볼 수 있는 표적과 함께 임하지도 않고, 사람들이 '보라, 여기 있다' 또는 '저기 있다'라고 말하지도 않을 것이다. 보라! 하나님 나라는 엔토스 휘몬 에스틴"(*entos hymōn estin*, 눅 17:21, 저자의 번역). KJV와 NIV(1984) 같은 오래된 역본들은 마지막 절을 "하나님의 나라는 **너희 안**

에 있다"라고 번역한다. 하지만 이것은 오역이다. 그리스어에서 "너희"는 복수형, 즉 한 사람 이상을 말한다. 따라서 여기서 의도된 의미는 하나님의 나라가 "여기 있는 너희 가운데에 있다"는 것이다. 더 최근 버전에서는 이 문제를 수정했다. NRSV는 "among you", ESV는 "in the midst of you", 현재의 NIV는 "in your midst"로 번역했다. 하나님 나라는 성령의 집단적 통치와 공존한다.

10. 왕은 통치하기 위해 최후의 심판자로서 다시 오실 것이다

예수는 왕으로서 그의 백성에게 다시 찾아오셔서 심판을 행하실 것이다. 요한계시록에서 예수는 "만왕의 왕이요 만주의 주"로 장엄하게 묘사되는데, 이는 그가 나라들을 심판하고 다스리기 위해 오셨기 때문이다(19:15-16). 예수는 복음서에서 자신의 왕권에 대해 자주 언급한다. 사실 예수가 자신에게 가장 자주 사용한 칭호—인자—는 왕과 심판자로서 그가 행하실 미래의 통치를 예고한다. 그것은 주로 다니엘의 환상에서 유래한다.

> 내가 또 밤 환상 중에 보니
>> **인자 같은 이**가 하늘 구름을 타고 **와서**
>> 옛적부터 항상 계신 이에게 나아가 그 앞으로 인도되매
>> 그에게 권세와 영광과 **나라**를 주고
>> **모든 백성과 나라들과 다른 언어를 말하는 모든 자들이**
>> **그를 섬기게 하였으니**

그의 권세는 소멸되지 아니하는 영원한 권세요

그의 나라는 멸망하지 아니할 것이니라(단 7:13-14).

인자로서 예수는 영원한 나라를 다스리는 영원한 왕이다. 그는 또한 왕으로서 민족들을 다스리는 왕적 재판관으로 임명되셨다. 예수는 자신을 인자라고 부르며, 미래에 있을 왕의 심판을 다음과 같이 묘사한다. "인자가 자기 영광으로 모든 천사와 함께 올 때에 자기 영광의 보좌에 앉으리니 모든 민족을 그 앞에 모으고 각각 구분하기를 목자가 양과 염소를 구분하는 것 같이 하여"(마 25:31-32).[9] 예수는 왕으로서 다니엘의 환상에서처럼 종말의 심판자 역할을 할 뿐만 아니라 그의 백성들도 그와 함께 왕의 심판에 참여할 것이다. 예수는 "내가 진실로 너희에게 이르노니 세상이 새롭게 되어 인자가 자기 영광의 보좌에 앉을 때에 나를 따르는 너희도 열두 보좌에 앉아 이스라엘 열두 지파를 심판하리라"라고 말씀하신다(마 19:28; 참조. 눅 22:30). 따라서 우리는 예수가 다른 이들을 초대하여 (그와 나란히 앉아) 심판을 돕게 하신다는 사실에 놀랄 필요가 없다(예. 계 20:4). 우리는 또한 바울이 "성도가 세상을 판단할 것을 너희가 알지 못하느냐?"(고전 6:2)라고 말한 것에도 놀랄 필요가 없다.

예수가 왕적 재판관으로 다시 오실 것이라는 점을 복음의 일부로 받아들이기를 꺼리는 상황에서(다음 장에서 파이퍼의 반론을 보라) 우리는 이것이

....

9   참조. 마 10:23; 24:27; 막 8:38; 눅 9:26; 18:8.

성경의 복음 선포에 명시되어 있다는 점을 재확인할 필요가 있다. 바울은 로마서 2:16에서 "내가 전하는 복음대로 하나님이 메시아 예수를 통해 인간들의 비밀을 심판하시는 그날"(저자의 번역)을 언급할 때 의인과 악인 모두에 대한 예수의 최후 심판을 복음 안에 포함한다. 복음은 또한 데살로니가후서 1:8-10에서 우리 주 예수의 심판을 포함하며, 아마도 요한계시록 14:6-7에서도 그의 심판이 의도된 것으로 보인다.

한편 사도행전의 복음 선포에는 주로 장차 임할 예수의 심판이 좋은 소식의 일부로 포함된다. 베드로는 솔로몬의 행각에서 회개를 촉구하며 "편히 쉴 때가 올 것"이며 "그는 너희를 위하여 임명되신 메시아를 보내실 것이다. 이 예수는 만물을 회복할 때까지 하늘이 예수를 받아야 한다"고 말한다(행 3:20-21, 저자의 번역). 고넬료의 집에서 베드로는 "[그가] 우리에게 명하사 백성에게 전도하되 하나님이 살아 있는 자와 죽은 자의 재판장으로 정하신 자가 곧 이 사람인 것을 증언하게 하셨다"(10:42)라고 선언한다. 바울은 아덴 사람들에게 연설하면서 "[하나님은 그가] 정하신 사람으로 하여금 천하를 공의로 심판할 날을 작정하셨다"(17:31)라고 말한다.

복음은 구원을 얻는 방법을 일러주는 지침이 아닌 왕적 선포임을 우리가 깨닫게 된다면 우리는 예수의 심판자 역할이 복음 안에 포함된다는 사실에 놀랄 필요가 없다. 고대 세계에서 왕은 법을 집행할 책임이 있었다. 왕은 판결을 내리고 그 형이 집행되는 것을 확인했다. 하지만 모든 사람이 이러한 생각에 공감하는 것은 아니다. 왕의 복음에 대한 결론을 제시하기 이전에 세 가지 가능한 반론을 살펴보자.

왕의 복음에 대한 반론

반론 1: 왕의 심판은 좋은 소식이 아니다

존 파이퍼는 왕의 복음에 대해 구체적인 우려를 표명했다. 파이퍼와 다른 이들은 왕이신 예수는 복음의 중심이 될 수 없고, 오히려 이신칭의가 복음의 중심이라고 주장한다(1장을 보라). 파이퍼에 따르면 이신칭의를 통해 받은 무죄 선고를 제외하면 예수의 왕권은 좋은 소식이 아니다. 사실 그것은 심판이 도래하고 있다는 신호이므로 끔찍한 소식이다. 파이퍼는 "예수가 메시아, 즉 우주의 제왕적 주라는 선언은 좋은 소식이 아니라 평생을 주 예수 그리스도의 하나님과 아버지를 무시하거나 모독하며 살아왔기 때문에 반역죄로 처형당할 수 밖에 없는 죄인에게는 절대적으로 무서운 메시지"라고 말한다.[10]

파이퍼의 분석에는 두 가지 문제점이 있다. 첫째, 우리가 1장에서 본 바와 같이 성경은 절대로 **우리의** 이신칭의가 복음의 일부라고 노골적으로 말하지 않는다. 오히려 복음 자체는 **예수의** 의로움(부활과 즉위를 통한 정당성을 인정받음)에 관한 것이고, **피스티스**는 복음에 대한 우리의 반응이다.

둘째, 위의 인용문과 관련하여 왕의 복음에 대항하여 이신칭의를 변호하려는 파이퍼는 "내가 사면(amnesty)이라는 말을 듣기 전에는 좋은 소식은 없다"고 주장한다. 그러나 그는 그렇게 함으로써 개인주의적 구원 신

---

10   John Piper, *The Future of Justification* (Wheaton: Crossway, 2007), 86.

학의 체계화가 1세기 단어의 의미보다 우선하도록 허용했다.[11] **유앙겔리온**
(*euangelion*, 복음)이라는 단어는 신약 시대에 황제가 통치를 잘 할지 말지에
대한 실제적인 관심 없이 제국의 통치와 관련된 기쁜 소식을 알리는 데 사
용되었다. 예를 들어 바울의 동시대 사람인 요세푸스는 베스파시아누스 황
제의 즉위 소식을 언급하는 데 "복음"이라는 단어를 사용한다.

> 그가 동방의 황제라는 명성[베스파시아누스에 관한 소식]은 생각했던 것보다
> 갑자기 해외로 퍼져나갔고, 그는 동쪽을 다스리는 황제였으며, 모든 도시에서
> 는 축제를 열고 그런 **좋은 소식**[*euangelia*]을 축하하기 위해 제사와 헌물을 드
> 렸다(『유대 전쟁사』 4.618).

> 이제 베스파시아누스가 알렉산드리아에 왔을 때 로마에서 이 **좋은 소식**
> [*euangelia*]이 전해졌고, 동시에 거주할 수 있는 그의 모든 땅에서 그의 진급을
> 축하하기 위해 사절단이 왔다(『유대 전쟁사』 4.656).[12]

요세푸스에게 "좋은 소식"은 베스파시아누스가 로마의 새로운 황제가 되
었다는 것이다. 그것은 그가 적들에게 관용을 베풀었든 미래에 현명하게

11　Piper, *Future of Justification*, 88.
12　나는 이 섹션의 텍스트와 번역을 다음에서 가져왔다. Glen Davis, "PreChristian Uses of
　　'Gospel,'" February 25, 2010, http://glenandpaula.com/word press/archives/2010/02/25/
　　pre-christian-uses-of-gospel.

통치할 것이든 상관없이 복음이다.

이보다 더 중요한 것은 기원전 9년으로 거슬러 올라가는 그 유명한 프리에네 달력 비문(Priene Calendar Inscription)인데, 그 이유는 이것이 예수의 성장기에 활동했던 로마 황제 카이사르 아우구스투스(옥타비아누스)에 대해 언급하고 있기 때문이다. 이 비문은 황제를 "구세주"와 "신"이라고 부르고, 그의 통치의 시작을 복음("좋은 소식")이라고 말한다.

> 모든 것을 지시하고 우리 삶에 깊은 관심을 가진 섭리(Providence)가 우리에게 아우구스투스를 주심으로써 가장 완벽한 질서를 세웠기 때문이다. 그녀[섭리]는 인류에게 유익을 줄 수 있는 미덕으로 그에게 가득 채워주셨고, 우리와 우리 후손을 위하여 그를 **구세주**[*sōtēr*]로 보내시어 전쟁을 끝내고 모든 것을 준비할 수 있도록 하셨다. 그리고 카이사르는 그의 외모로…이전의 모든 후원자를 능가하고, 그가 한 일을 능가하려는 희망도 후세에 남기지 않았으며, 아우구스투스 **신의**[*tou theou*] 생일이 그로 인해 도래할 세상을 위한 **좋은 소식** [*euangelion*]의 시작이기 때문에….

이 비문의 저자에게 카이사르 아우구스투스가 태어난 그날은 복음, 즉 좋은 소식의 시작이었다(좋은 일이든 나쁜 일이든 그가 무언가를 하기 이전에). 비록 복음의 완전한 의미가 옥타비아누스가 제공한 평화와 선행에 기초하여 소급하여 발견된다 할지라도 이것은 이 비문의 저자에게 사실이다. 이 비문은 바울이 선교사로 활동했던 주요 인근 지역인 고대 소아시아 튀르키예

남서부에서 발견되었다. 따라서 이것은 바울과 그의 서신의 독자들이 "유앙겔리온"(복음)이라는 단어를 어떻게 이해했을지를 말해준다. 복음이란 단어는 정치적으로나 사회적으로 강한 의미가 담겨 있는 단어였고, 지금도 그러하다.

파이퍼의 견해와는 대조적으로 1세기 사람은 바울이 "유앙겔리온"이라는 말을 하는 것을 들었을 때 다음과 같이 생각하지 않았다. "만약 바울이 내가 죄로부터 구원을 얻는 나의 개인적인 구원에 대해 말하고 있지 않다면 바울은 이 단어를 잘못 적용하고 있는 것이다. 왜냐하면 내 죄가 나를 대적하고 있기 때문이다." 오히려 이 사람은 예수가 궁극적으로 구원을 베푸시는 왕으로 임명되셨다는 의미로 받아들였다. 파이퍼의 반론은 "유앙겔리온"에 1세기 청중이 이해할 수 없었을 법한 인위적인 제약을 가한다.

비록 파이퍼가 "유앙겔리온"에 불가능한 의미를 잘못 강요했지만, 바울의 복음은 죄 용서의 좋은 소식을 반드시 포함해야 한다는 그의 주장은 옳다. 이것은 성경에 나타난 왕의 복음 선포의 일부다(예. 고전 15:3). 복음은 **우리에게** 좋은 소식이다. 그렇다면 이러한 오류를 피하면서도 이 진리를 담아내려면 우리는 이것을 어떻게 표현할 수 있을까? 우리는 용서의 **가능성**과 그 **실현**을 구별해야 한다.

성경에 나오는 복음은 왕이신 예수를 통해 주어지는 죄 용서의 **가능성**에 대한 선언이다. 그리고 이것은 정말 놀랍도록 좋은 소식이다. 파이퍼는 "복음"이 좋은 소식이 되려면 "복음"이라는 단어가 반드시 용서의 **실현**을 포함해야 한다는 잘못된 결론을 내렸다. **우리의** 이신칭의(**우리의** 실현된 용서)를 복음의 중심에 두려는 파이퍼, 맥아더, 스프로울 및 다른 이들의 시도는 잘못되었고 성경의 지지를 받지 못한다. 좋은 소식은 먼저 복음을 통해 사실로 확인된 예수의 업적에 관한 것이다. 우리의 개인적 구원이 주는 혜택은 예수의 업적에서 파생된 것이며 그의 업적에 달려 있다. 그것은 복음 자체의 일부가 아니다.

반론 2: 갈라디아 교회의 다른 복음

비록 바울은 결코 복음이 이신칭의라고 말하지 않지만, 많은 이들은 그것이 복음의 중심이라고 결론지었다. 칭의에서 믿음의 독특한 역할이 분명히 갈라디아 교회에서 위험에 처하게 되었고(5장 아래를 보라), 바울이 갈라디아서 1:6에서 "다른 복음"에 대해 경고했기 때문에(참조. 1:8-9; 2:5, 14) 이러한 결론은 이해할 만하다. 하지만 이것은 의심스러운 추론을 내포한다.

바울은 "그리스도의 복음을 왜곡시키려는" 이들에 대해 매우 심각하게 경고한다(갈 1:7). 그러나 거짓 교사들이나 갈라디아 교인들이 왕의 복음을 구성하는 열 가지 그리스도 사건(바울과 다른 이들이 다른 곳에서 명시적으로 묘사하는)을 포기하려고 했다는 분명한 증거는 없다. 그렇다면 바울이 의도하는 바는 무엇인가? 그는 복음의 **내용**이 아니라 복음에 대한 단 하나의 효과적인 **반응**(충성)과 그 **결과**(하나의 새로운 인류), 그리고 그 대표적인 **혜택**(칭의)을 왜곡하지 말 것을 경고하고 있다.

우리는 종종 어떤 효과들이나 다른 연관된 것들을 말하려고 때 어떤 사물을 가리킨다. (언어학자들은 이것을 **환유법**[metonymy]이라고 부른다.) 예를 들어 당신이 차를 마시러 온다면 나는 당신에게 준비가 거의 다 되었다는 것을 말하기 위해 "주전자가 가득 찼다"고 말할 수 있다. 나는 주전자만을 언급했을 뿐이다. 하지만 나는 사실 **수단, 결과, 혜택**에 관해 말하기 위해 **내용에 관한 언어**를 사용한 것이다. "주전자가 가득 찼다"(내용에 관한 언어)는 물이 가열 중이고(수단) 물이 끓으면(결과) 우리는 차를 음미할 수 있다(혜택)는 것을 말하려는 것이다. 어떤 사물에 대한 언급은 실제로 그 결과들 및 그것과 연관된 다른 것들을 의도할 수 있다. 이것은 갈라디아서 1:6-9에 나오는 바울의 경고를 가장 잘 설명해준다.

나중에 갈라디아서에서 바울은 다시 복음의 결과에 관해 언급할 때 "복음"이라는 단어를 사용한다. 바울은 "포피의 복음"과 "할례의 [복음]"을 언급한다(갈 2:7). 그러나 그가 이런 식으로 말하는 것은 복음의 **내용**을 말하려는 것이 아니다. 바울은 음경의 일부로 구성된 복음이나 자르는 행위와 관련된 복음을 언급하지 않고, 유대인과 이방인을 구분하는 할례가 가져다주는 **결과**의 복음을 말하고 있다. 그래서 바울은 때때로 "복음"을 사용하여 내용이 아닌 결과를 가리킨다. 복음을 언급함으로써 복음의 결과들(및 다른 연관된 것들)에 대해 말할 수 있다는 사실은 많은 오해를 풀어준다. 그것은 바울의 복음의 내용이 왜 우리의 이신칭의가 아니라 열 가지 그리스도 사건인지를 설명해줌과 동시에 갈라디아서에서 복음에서 벗어나지 말라는 바울의 경고가 왜 시급하고 적절한지를 보여준다.

반론 3: 십자가상의 강도

예수가 두 강도 사이에서 십자가에 달려 돌아가실 때 한 강도는 예수를 비방하지만, 다른 강도에게는 예수가 "오늘 네가 나와 함께 낙원에 있으리라"고 말한다(눅 23:43). 어떤 이들은 이 강도("범죄자"로 번역하는 것이 더 낫다)가 충성의 행위 없이 예수의 십자가 죽음에 대한 믿음으로 즉시 구원을 받았다는 결론을 내렸다. 이어서 그들은 구원하는 충성은 효력이 없다는 함의를 도출한다.

이 결론에는 두 가지 문제가 있다. 첫째, 이 결론은 십자가만을 바라봄으로써 이 사건의 왕적 문맥을 보지 못한다. 이 범죄자의 주변에는 십자가에 못 박힌 메시아라는 역설에도 불구하고 예수의 왕권을 인식하지 못하는 자들 밖에 없다. 백성과 관리들은 "저가 남을 구원하였으니 만일 하나님이 택하신 자 **그리스도**이면 자신도 구원할지어다"(눅 23:35)라며 조롱한다. 군인들은 "네가 만일 유대인의 **왕**이면 네가 너를 구원하라"고 비웃는다(37절). 죄패에는 "이는 유대인의 **왕**이라"고 적혀 있다(38절). 첫 번째 범죄자는 예수에게 "네가 **그리스도**가 아니냐? 너와 우리를 구원하라"고 말하며 조롱한다(39절). 이 모든 것은 이 **범죄자의 구원이 예수가 왕이라는 조롱 섞인 고백이 아닌 진정한 고백에 달려 있다**는 것을 암시한다.

둘째, 우리에게는 이 범죄자가 예수의 죽음이 자신의 죄를 위한 것임을 구체적으로 믿었다는 증거가 없다. 십자가 처형 문맥을 고려하면 이 이야기의 줄거리는 아마도 그가 그것을 믿었다고 볼 수도 있겠지만, 성경 본문은 그것에 관해 아무것도 명시적으로 언급하지 않는다. 오히려 이 범죄자는 다른 이들이 죄 있는 자와 죄 없는 자를 공정하게 심판하시는 하나님에 대한 적절한 두려움을 갖게 만든다. 이 범죄자는 "예수여, 나는 오직 나를 위한 당신의 희생을 믿습니다"라고 말하지 **않는다**. 오히려 그는 "예수여, **당신의 나라**에 임하실 때에 **나를 기억하소서**"라고 말한다(눅 23:42).

다시 말하면 이 범죄자는 십자가에 못 박힌 이 예수가 진정한 왕이며 곧 그가 왕위에 오를 것을 공개적으로 고백한다. 그는 (요약된 형태의) 왕의 복음을 듣고 충성으로 반응했다. 여기서 충성이 고려되는 이유는 그가 **왕이신** 예수("당신의 나라")에 대한 자신의 개인적인 고백("나를 기억하소서")이 예수가 내세에 자신과 다른 모든 사람에 대한 통치를 시작하면 자신을 보상을 받을 만한 사람으로 만들어줄 영원한 특성이 있다고 생각하기 때문이다. 이 범죄자가 십자가에서 구원받았다는 사실은 복음-충성이라는 나의 제안을 약화시키기는커녕 오히려 이를 뒷받침해준다.

복음과 삼위일체

요약적 진술의 한 가지 장점은 그것이 우리가 효과적으로 의사소통을 할 수 있도록 돕는다는 것이다. 이러한 요약적 진술은 뼈대를 잡아주고 방향을 제시한다. 때로는 우리가 간략하게 "복음은 예수가 구원하는 왕이다"라고 말할 필요가 있다. 특히 교회에서 복음으로 인한 혼란을 막으려면 우리는 더도 말고 딱 열 가지 사건만을 개략적으로 제시할 필요가 있다. 전도를 위해서도 우리는 이것들을 확대하여 이 좋은 소식을 성경에 근거하여 나누고 뒷받침할 수 있어야 한다.

성경의 인도를 따라 나는 우리가 간단하고 요약적인 내용을 제시하면서도 이것을 여전히 복음이라고 부를 수 있다고 생각한다. 바울은 로마서 1:3-4, 고린도전서 15:3-5, 디모데후서 2:8에서 그렇게 한다. 마찬가지로 사도행전의 복음 선포 중 이 10가지 요소를 모두 담고 있는 것은 없다. (사도행전 2장에 기록된 베드로의 설교에는 #10과 아마도 #2만 생략되어 있다.) 그러나 복음이 부정확하게 이해되는 현 상황에서는 복음의 내용을 지나치게 압축하면서도 여전히 그것을 "복음"이라고 부르는 데는 위험이 뒤따른다. 우리가 이 열 부분으로 구성된 완전한 복음이나 복음의 삼위일체 구조를 강조하는 요약본을 제시할 수 있다면 우리는 안전하다고 할 수 있다. 이것은 복음이 무언가 다른 이야기로 바뀌는 것을 방지하는 데 도움이 된다.

비록 삼위일체 교리가 4세기 이전까지는 그 고전적 형태를 갖추지 못했지만, 결코 타협할 수 없는 성경적 교리임엔 틀림없다. 그 이유는 이 교리가 성경에 의해 뒷받침되고 복음이 **삼위일체의 형태**를 지니고 있기 때문이다. 즉 아버지는 선재하신 아들을 보내셔서 다윗의 혈통에서 인간의 몸을 취하도록 하신다. 그의 십자가상에서의 죽음은 그의 부활과 능력의 하나님의 아들이라는 새로운 지위로의 승귀를 가져온다. 이러한 그의 통치는 보내심을 받은 성령의 통치 영역과 공존한다. **아버지**와 **아들**은 **성령**을 보내셔서 복음의 목적이 성취될 수 있게 하신다. 복음의 구원하는 능력은 성령의 임재를 통해 여러 민족이 아버지의 우편에 앉아 계신 왕이신 예수께 충

성을 바칠 때 실현된다.[13]

복음은 삼위일체와 동일하지 않으며, 삼위일체도 복음과 동일하지 않다. 그러나 삼위일체 교리는 복음을 하나님의 편에서 바라보게 하여 이 교리가 비-삼위 하나님에 관한 거짓 이야기로 변질하는 것을 방지한다. 이 교리는 성부와 성자와 성령 사이의 낳고 숨을 내쉬는 영원한 관계를 명확하게 설명한다. 그러나 이러한 영원한 관계가 우리에게 알려진 것은 삼위일체 하나님이 자신의 삶을 복음을 통해 역사적으로 가장 분명하게 계시했기 때문이다(아버지가 아들이 성육신하도록 보내시고 성령을 보내심으로써). 바로 이러한 이유에서 삼위일체 교리가 (예를 들어 여호와의 증인과 모르몬교도들에 의해) 거부될 때 보편적 교회는 당신이 삼위일체를 부인하면 그리스도인이 아니라고 말하는 것이다. 즉 복음까지도 거부한 것이다.

모든 그리스도인을 위한 하나의 복음

우리가 실제적 복음을 고려할 때 가장 중요한 통찰 가운데 하나는 **참된 복음의 내용 중 그 어느 부분도 가톨릭교회, 개신교 또는 정교회 그리스도인들 사이에서 논쟁이 될 만한 문제가 없다는 것이다.** 기독교 내의 거대한 세 흐름은 성경이 제시하는 복음의 내용에 대해 완전히 일치한다. 심지어 이

---

13 이 복음의 삼위일체적 구조에 대해서는 다음을 보라. Fred Sanders, *The Triune God* (Grand Rapids: Zondervan, 2016), 특히 4-5장. 그 성경적 기반에 대해서는 다음을 보라. Bates, *Birth of the Trinity*.

러한 흐름의 대표자들이 이것을 깨닫지 못할 때에도 말이다. 교회의 복음은 바뀌어야 한다. 왜냐하면 참된 복음은 교회의 통일성을 보존하기 때문이다.

성경적 복음의 내용은 초기 교회의 교부들이 제시한 개요[14]뿐만 아니라 그리스도인들 사이에서 가장 널리 받아들여진 신조인 사도신경과 상당히 유사하다.

전능하사 천지를 만드신 하나님 아버지를 내가 믿사오며, 그 외아들 우리 주 예수 그리스도를 믿사오니, 이는 성령으로 잉태하사 동정녀 마리아에게 나시고, 본디오 빌라도에게 고난을 받으사, 십자가에 못 박혀 죽으시고, 장사한 지 사흘 만에 죽은 자 가운데서 다시 살아나시며, 하늘에 오르사, 전능하신 하나님 우편에 앉아 계시다가, 저리로서 산 자와 죽은 자를 심판하러 오시리라. 성령을 믿사오며, 거룩한 공회와, 성도가 서로 교통하는 것과, 죄를 사하여 주시는 것과, 몸이 다시 사는 것과, 영원히 사는 것을 믿사옵나이다.

성경적 복음과 사도신경의 유사성은 우연이 아니다. 초기 교회에 의해 만들어진 이 신조는 사도들이 예수에 관해 선포한 것을 요약하려는 시도였다.

....

14 예를 들어 다음을 보라. Justin Martyr, *First Apology* 31.7 (expanded in chaps. 31-52); Irenaeus, *Demonstration of the Apostolic Preaching* 3.

거대한 세 개의 흐름은 모두 서로를 완전한 그리스도인으로 인정해야한다. 하나의 참된 복음을 지키고 성령을 공유하는 집단 사이에 온전한 교제가 주의 만찬에서 이루어지지 않는 것은 수치스러운 일이다. 왜냐하면 그것은 우리가 그리스도 안에서 온전한 형제자매가 아니라는 잘못된 신호를 보내기 때문이다. 그것은 교회를 위한 예수의 기도와 모순되며 교회의 사명을 근본적으로 위태롭게 한다(요 17:20-26). 그것은 또한 주의 만찬에 대한 사도 바울의 설명과도 모순이 된다. 주의 만찬이 진정으로 주의 만찬으로 남으려면 그리스도인들 간의 분열을 **강화하기**보다는 **제거해야** 한다(고전:11:17-22; 참조. 10:17).

이것은 우리가 진리 안에서 더 큰 통합을 위해 노력할 때 이러한 흐름 안에 존재하는 중요한 차이점, 잘못된 가르침 또는 교회의 징계의 필요성(즉 성경적으로 타당한 출교)을 무시해야 한다고 제안하는 것이 아니다. 또한 통합이 반드시 위계적—즉 교황이나 다른 통치 기관의 권위 아래—이어야 한다고 제안하는 것도 아니다. (나는 여러 가지 이유로 개신교 신자다.) 그러나 그것은 우리가 절대적으로 본질적인 것에 동의하고 우리가 서로 영적으로 교제해야 한다는 것을 확인하는 것이다. 가톨릭 신자, 정교회 신자, 개신교 신자들은 하나의 진정한 복음을 공유하므로 모두 똑같이 완전한 그리스도인이다.

분명해진 복음, 활성화된 복음

다리는 연결하는 역할을 한다. 이 책에 그것이 없다면 1부의 복음-충성 모델에서 2부의 더 발전된 단계로 넘어가기 어려울 것이다. 이 짧은 다리를 건너는 동안 당신은 복음-충성 모델에 대한 명확한 회고적 관점을 얻을 수 있다. 그러나 이것은 앞을 내다보는 것이기도 하다. 왜냐하면 2부에서는 복음-충성 모델이 은혜, 믿음, 행위와 더 분명하게 연결될 것이기 때문이다.

우리 교회에서 복음은 어떻게 바뀌어야 할까? 우리는 복음을 "예수가 왕이다"라는 복음의 진정한 틀 안에 재배치하면서 온전한 복음—그중에 그저 죽음과 부활뿐만이 아니라—을 제시해야 한다. 우리는 복음 자체와 그 목적, 필요한 반응, 복음이 가져다주는 유익, 그 배경을 구별할 줄 아는 변별력을 갖추어야 한다. 우리는 또한 이것들이 어떻게 다르면서도 연관되어 있는지를 보여주어야 한다. 이러한 구분은 어떻게 구원을 가져오는 충성이 은혜를 거스르지 않으면서도 선한 행위를 요구할 수 있는지를 암시한다(이 모든 것은 개신교-가톨릭교회 간의 대화에 도움을 줄 수 있다).

당신은 이미 다리를 건너기 시작했으므로 중간에 멈추지 않기를 바란다. 이 다리는 신학적 연결고리를 만들 뿐만 아니라 교회의 실천적인 사명을 발전시키는 데 도움을 주기 때문이다. 그것은 복음을 활성화한다. 이 다리는 더 나은 전도, 제자도, 가르침, 설교를 하도록 돕기 위해 복음 자체를 밀접하게 연관되어 있는 개념들과 구별한다.

복음 그 자체. 비록 성경에서 정확한 복음 선포는 다양하게 나타나지만, 그 주된 윤곽은 확실하게 파악할 수 있다. 예수가 어떻게 구원하는 왕이 되었는지를 묘사하는 열 가지 구체적인 사건이 반복적으로 언급된다.

복음은 왕이신 예수가
1. 성자 하나님으로 선재하셨고
2. 성부 하나님에 의해 보내심을 받았으며
3. 하나님이 다윗에게 하신 약속을 성취하기 위해 인간의 육신을 입으셨고
4. 성경 말씀에 따라 우리의 죄를 위해 죽으셨으며
5. 장사되셨고
6. 성경 말씀에 따라 사흘째 되는 날에 다시 살아나셨으며
7. 많은 목격자들에게 나타나셨고
8. **통치하는 그리스도로서 하나님 우편에 즉위하셨으며**
9. 그의 통치를 실행하기 위해 그의 백성에게 성령을 보내셨고
10. 이 세상을 다스리기 위해 최후의 심판자로 다시 오시리라는 것이다.

복음의 목적. 복음의 목적은 모든 민족의 왕이신 예수께 구원을 가져오는 충성을 다하는 것이다. 이것은 2장에서 광범위하게 논의되었다.

요구되는 반응. 구원을 받으려면 복음에 대해 어떤 반응이 요구되는가? 그것은 오직 충성이다. 이것은 죄를 회개하고, 복음의 메시지에 묘사된

대로 왕에 대한 충성(*pistis*)을 다하고, 세례를 받는 것을 통해 표현된다. 회개는 왕이신 예수께 오직 충성을 다하기 위해 다른 것에 대한 충성을 거부하는 것으로 가장 잘 이해된다. 세례는 왕이신 예수께 충성을 고백하고 충성을 다하는 가장 초기의 표현이라고 할 수 있다. 충성은 성령의 능력에 힘입어 할 수 있는 선한 행실을 포함한다(5-6장을 보라). 바로 이런 이유에서 구원은 오직 충성으로만 가능하다고 말하는 것은 옳다. 그러므로 복음에 대한 필요한 반응과 그 주된 목적은 같다. 그것은 바로 충성이다. 그러나 그 반응과 목적이 같다 하더라도 이 둘을 구별하는 행위는 복음이 말하는 충성이 단지 개인뿐만 아니라 모든 민족을 위한 것이며, 모든 창조세계에도 영향을 미친다는 것을 상기시켜준다.

다른 충성들. 그러나 오직 충성으로만 구원을 받는다는 것은 우리가 예수께만 배타적으로 충성을 바쳐야 한다는 것을 의미하지 **않는다**. 그것은 우리가 예수께 조건 없는 우리의 유일한 충성을 바쳐야 하며 우리의 구원을 결정짓는 데에는 다른 요인이 없다는 것을 의미한다. 우리가 다른 것들에 바쳐야 하는 충성은 제한적이다. 따라서 "예수가 왕이므로 카이사르는 왕이 아니다"라는 말은 사실이지만 너무 단순하다. 그것은 사실이다. 왜냐하면 우리는 복음이 비정치적이거나 비사회적이라고 생각하지 않기 때문이다. 예수는 이러한 삶의 영역과 다른 모든 영역을 다스리는 왕이시다. 우리는 그의 백성으로서 그 나라의 통치 구조가 어떠하든지 간에 그 나라의 원칙을 준수한다. 우리는 절대로 카이사르를 숭배하거나 예수에 반하는 그의 방식을 따를 수 없다.

그러나 동시에 "예수가 왕이므로 카이사르는 왕이 아니다"라고 말하는 것은 너무 단순하다. 예수에 대한 우리의 충성은 사실 우리가 카이사르를 지지할 것을 요구할 수 있다. 우리가 세금을 내고(롬 13:6-7), 정부 지도자들을 위해 기도하고(딤전 2:1-4), 정부의 제한적인 권위 아래 비그리스도인들 사이에서 질서 있는 삶을 사는 것처럼(롬 13:1; 딛 3:1; 벧전 2:13-14) 말이다. 한편 복음이 말하는 충성은 우리로 하여금 카이사르와 그의 정책에 적극적으로 저항하도록 강요할 수도 있다(계 2:10-11, 13; 14:8-12; 참조. 출 1-3장). 왕들 가운데 왕이신 예수는 우리의 **조건 없는** 충성을 받으신다. 이 세상의 왕들과 정부 지도자들은, 진정한 왕에 대한 우리의 충성과 충돌을 일으키지 않는 한, 우리의 **조건부** 충성을 받는다. 정부 외에도 우리는 가족, 고용주, 친구, 동료에 대한 충성이 예수에 대한 충성 아래 적절하게 배치되도록 해야 한다(활동에 관해서는 부록 2를 보라).

복음의 혜택. 최후의 구원의 관점에서 볼 때 복음 자체는 **잠재적** 혜택을 담고 있지만, 그 혜택의 실현은 담고 있지 않다. 충성을 다하며 복음에 응답하는 자들만이 **특별한** 혜택을 실현한다. 이러한 최후의 구원이 갖는 특별한 혜택은 언급하기에는 너무 많지만, 죄의 용서, 의(칭의), 화해, 구속, 입양, 영광 등을 포함한다. 또한 복음에는 **보편적** 혜택—육체적 치유, 가난한 자 지원, 전반적인 사회정치적 선—도 수반되는데, 이는 심지어 충성하지 않는 자들에게도 주어진다(예. 눅 4:18-19). 이러한 혜택은 최후의 구원이라는 특별한 혜택과 혼동해서는 안 된다. 특별한 구원의 혜택은 우리가 충성을 다하고 성령을 받을 때에만 개인적으로 받게 되는데, 이것은 충성을 다하고 이러한 혜택을 소유한 다른 사람과 우리를 하나로 묶어주기 때문이다. 복음의 특별한 혜택은 오직 참된 교회에만 주어지지만, 이 특별한 혜택과 보편적 혜택은 모든 창조세계에 사회정치적으로 영향을 미친다.

복음의 배경. 복음은 구약성경 이야기를 배경으로 한다. 이것은 창조, 우주적 결과를 가져온 인간의 불순종, 족장들에게 주신 약속, 출애굽, 율법 수여, 약속의 땅에 들어감, 불순종으로 인한 포로생활, 약속의 땅으로의 귀환을 포함한다. 이 배경은 아브라함 및 다윗과의 언약을 통한 이스라엘에 대한 하나님의 약속을 특히 강조한다. 그러나 이 모든 배경 이야기가 복음은 아니다. 오히려 오직 예수의 구원 행적을 통한 그 약속의 성취만이 복음이다. 복음은 "미리 약속된 것"이며(롬 1:2, 저자의 번역), 메시아의 대속적 죽음과 부활은 구약성경에 기록된 "바와 일치한다"고 한다(고전 15:3-5). 복음을 성경 이야기 전체와 혼동해서는 안 된다. 구약의 이야기와 이미지가 그 절정에 도달했다는 것, 즉 예수가 구원을 베푸시는 왕이라는 것이 좋은 소식이다.

———

이 책의 현 단계에서 우리는 복음과 복음이 요구하는 충성 요건을 재평가했다. 나는 복음을 묘사하는 표준 방식이 왜 바뀌어야 하는지를 보여주려고 했다. 그러나 구원을 가져다주는 충성으로서 믿음은 또한 도전적인 신학적·실천적 질문들을 제기한다. 본서의 다음 부분에서 우리는 은혜와 복

179
가교 분명해진 복음, 활성화된 복음

음이 인간의 노력이나 공로로 구원을 얻을 수 있다고 생각하는 오류에 빠지지 않으면서도 어떻게 충성 모델 안에서 잘 조화를 이루는지를 보여주고자 한다. 오직 하나님께만 영광을(*Soli Deo gloria*).

2부

◆

복음이 말하는 충성 전개하기

4장

은혜의 여섯 가지 측면

『놀라운 하나님의 은혜?』(*What's So Amazing about Grace?*)의 저자인 필립 얀시는 최근에 하나님의 은혜 때문에 크게 웃은 적이 있었느냐는 질문을 받았다. 그는 다음과 같은 놀라운 이야기를 들려주었다.

나는 15년 동안 만나지 못했던 친구 톰을 만났다. 톰은 술을 많이 마시며 파티에 자주 가는 사랑스러운 사람이었는데, 대학을 졸업한 후 곧 교회 출석을 그만두었다. 작년에 그와 동거하던 여자친구는 그녀가 겪고 있는 어떤 위기 때문에 교회에 다니기로 결심했다. 톰은 마지못해 동의했다. 그날 아침 그는 앉아서 기타를 치기 시작했다. 교회를 생각하며 그는 찬송가 세 곡을 아득히 먼 기억 속에서 되살려 기타를 치기 시작했다. "그 노래들 아름답다. 무슨 음악이야?" 그의 여자친구가 물었다. 톰은 찬송가의 노랫말을 설명했다.

그들은 전화번호부에서 교회를 찾아 선택했다. 톰이 정말 놀란 것은 그 일요일에 그 교회 회중이 그 찬송가 세 곡을 다 불렀다는 사실이다. 그 사실은 톰을 너무 놀라게 했고 그의 인생을 완전히 뒤바꿔놓았다. 나는 그의 이야기를 듣고 있다가 깜짝 놀랐고 기뻐서 웃지 않을 수 없었다. 나는 과거에 톰이 너무 술에 취해서 볼링장에서 공을 굴리려다 넘어진 것을 기억하고 있다.…그것은

기적이었을까? 그것은 확실히 은혜였다.[1]

얀시는 이것을 은혜에 관한 이야기라고 말한다. 이를 하나님의 사랑에 관한 이야기라고 부르면 어떨까? 아니면 자비? 아니면 변화시키는 능력? 이러한 다양한 측면이 모두 존재하지만, 나는 우리 모두가 얀시의 말이 옳다는 데 동의하리라 생각한다. 은혜가 최고의 범주다. 설령 우리가 신학적 정의를 제시하는 데 어려움이 있다 하더라도 우리는 모두 은혜가 무엇을 수반하는지 인지하고 있다.

　톰은 은혜를 받을 자격이 없었다. 은혜의 한 가지 측면은 공로 없이 받는다는 것이다. 그의 여자친구가 그를 교회에 데려가고 싶은 갑작스러운 마음은 하나님이 주신 과분한 선물이었다. 그것은 그가 자주 부르던 찬송가 세 곡을 기억나게 했다. 만약 그 찬송가 중 하나만 교회에서 다시 불렀다면 그것은 큰 선물이었을 것이다. 두 곡을 불렀다면 정말 사치스러운 축복이었을 것이다. 세 곡을 모두 불렀다는 것에서 우리는 그저 놀라움에 벅차 웃을 수밖에 없다. 설사 놀라움을 금치 못해 머리를 흔들 수밖에 없다 하더라도 그리스도인들은 종종 **터무니없는 일**이 하나님의 은혜를 특징짓는다는 것을 알고 있다.

　은혜는 단순히 중요한 기독교 교리가 아니다. 그것은 기독교 복음의

1　Philip Yancey, "Grace," accessed January 19, 2019, https://philipyancey .com/q-and-a-topics/grace.

절정의 최고봉이다. 은혜에 대한 우리의 이해가 우리의 구원 신학을 대체로 결정한다. 이 장에서 우리는 성경적 증거를 여섯 가지 방향에서 살펴봄으로써 은혜에 대한 우리의 이해를 풍성하게 하고 이에 대한 오해도 바로잡고자 한다.

은혜 문제들

은혜에 관한 대중적인 기독교의 가르침과 설교에는 혼란이 있다. 가장 노골적인 오류는 제인 호지스, 찰스 라이리, 척 스윈돌, 얼 래드마허 같은 거저 주시는 은혜 운동 지지자들의 것인데, 이들 가운데 일부는 이미 사망했지만 그들의 가르침은 여전히 살아 있다. 이들은 모두 은혜가 은혜로 남아 있으려면 행위는 구원에 조금도 영향을 미칠 수 없다고 가르친다.[2] 영원한 구원은 예수가 당신의 죄를 위해 죽으셨다는 것을 믿는 것으로 환원될 수 있다. 그것은 계속해서 짓는 죄의 회개나 왕이신 예수께 대한 복종에 달려 있지 않다. 이런 체계에서 회개는 단지 당신이 예수에 대한 생각을 바꾸고 당신의 구원을 위해 개인적으로 그를 신뢰하는 것을 의미할 뿐이다.

값없는 은혜(free-grace) 지지자들은 복음이나 믿음(피스티스)을 정확하게 묘사하지 않는다. 그들에게는 죄를 위한 예수의 죽음이 복음의 전부이

---

2   믿음을 구원의 사실에 대한 지적 이해로 축소하는 경향의 예로는 다음을 보라. Zane C. Hodges, *Absolutely Free! A Biblical Reply to Lordship Salvation* (Dallas: Rendención Viva, 1989), 38-39, 40-42.

므로 그의 죽음이 효과적이라는 것을 믿거나 신뢰하는 것만이 중요하다. 값없는 은혜 지지자들의 입장은 오늘날 학자들에 의해 철저하게 부정되고 있는데, 부분적으로는 분명 언어학에 대한 그들의 순진한 견해 때문이다.[3] 대중적인 수준에서는 존 맥아더의 주권 구원(lordship salvation)이 값없는 은혜의 입장을 강하게 반박했다. 비록 거저 주시는 은혜의 입장이 일부 교회와 단체에서 여전히 확고한 매수세를 유지하고 있지만, 그들의 지위는 계속 하락하고 있다.[4]

한편 거저 주시는 은혜의 오류와 그것을 수정하는 주권 구원을 넘어 은혜에 대한 더 미묘한 오해가 널리 퍼져 있다. 존 파이퍼와 R. C. 스프로울의 대중적인 저서들도 성경적으로 뒷받침되지 않는 방식으로 은혜에 관해 이야기한다. **복음이 말하는 충성**이 믿음(피스티스)이 어떻게 은혜를 거스르지 않고 선한 행위를 포함할 수 있는지를 보여줌으로써 교회에 새로운 길을 제시할 수 있다.

신약의 추상적인 개념과는 거리가 먼 구원하는 은혜는 복음을 구성하는 그리스도 사건들에 의해 철저하게 결정된다. **구원하는 은혜는 구체적이며 경계를 지닌 다차원적인 선물이다.** 구원하는 은혜는 광범위하고 자비로

---

3   순진한 생각에 대해서는 다음을 참조하라. Hodges, *Absolutely Free!*, 28-29: "'믿다' 또는 '믿음'과 같은 영어 단어는 그리스어 단어와 완전히 동등한 기능을 한다는 점을 나는 여기서 분명히 밝힌다. 그리스어 단어에는 일반적인 영어 번역으로는 전달되지 않는 숨겨진 의미가 전혀 없다." Hodges의 주장은 고대의 증거와 현대 언어 이론을 완전히 무시한다.

4   Ken Yates는 급격한 감소세를 솔직하게 인정한다. "값없는 은혜 신학교 교수들은 이제 거의 찾아볼 수 없다." Yates, "Taking Free Grace Overseas," Grace Evangelical Society, November 1, 2017, https://faithalone.org/grace-in-focus-ar ticles/taking-free-grace-overseas.

우며 시기적절하다. 그것은 공로 없이 주어지며 효과적이지만 무제한적이 지는 않다. 그것은 또한 보답을 요구한다. 오직 충성으로 얻는 구원은 은혜 에 어긋나지 않는다. 왜냐하면 선물 또는 은혜는 답례선물과 함께 받아야 하기 때문이다. 바울에게 있어 충성은 구원하는 은혜, 즉 복음을 유효하게 하고 그 혜택이 흘러가게 하는 답례선물이기 때문이다. 충성을 다하지 못 한다는 것은 하나님께서 우리에게 주시기로 한 특별한 선물인 구원을 주시 는 은혜, 즉 복음을 거부하는 것이다.

복음은 구원하는 은혜다

복음은 하나님의 구원하는 은혜다. 사도행전에서 바울은 예루살렘으로 향 하면서 가까운 미래에 그가 투옥될 것임을 안다. 그는 에베소 교회 장로들 을 모아놓고 다음과 같이 말한다. "내가 달려갈 길과 주 예수께 받은 사명 곧 **하나님의 은혜의 복음**을 증언하는 일을 마치려 함에는 나의 생명조차 조금도 귀한 것으로 여기지 아니하노라"(행 20:24). 복음은 은혜(*charis*), 즉 하나님이 주신 구체적인 선물이다.

　나는 성경이 주로 구원하는 은혜를 구원 문화 안에서 믿어야 하는 추 상적 관념으로 취급한다는 생각을 머릿속에서 제거하려고 노력한다. 마치 복음이 우리가 어떻게 구원을 받는지에 대한 하나님의 체계인 것처럼 말이 다. 칼 트루먼(Carl Trueman)의 말에 따르면 이 체계에서 은혜는 "받을 자격 이 없는 자에게 베푸시는 하나님의 호의"이자 "교회와 신자의 삶에서 받을 자격이 없는 자에게 하나님의 호의가 적극적으로 주어지는 것"이다.[5] 트루먼과 다른 이들에게 은혜는 주로 하나님은 우리 중 일부에게 받을 자격이 있는 것보다 더 넘치게 주신다는 **일반적인 개념** 또는 **원리**다.

은혜가 일반적인 개념으로서 구원 체계를 창조하는 데 사용될 때는 다음과 같은 내러티브가 결과적으로 나타난다. 즉 하나님은 선택받은 특정 개인들이 영생을 얻도록 돕고 싶어 하신다는 것이다. 이 개인들은 그들이 선한 일이나 나쁜 일을 하기 훨씬 전에—창조 이전에—하나님의 결정에 따라 구원을 받도록 선택되었다. R. C. 스프로울은 다음과 같이 말한다.

> 영원 전부터 하나님은 인류의 일부 구성원들을 구원하고 나머지 인류를 멸망시키기로 결정하셨다. 하나님은 선택하셨다. 그는 천국에서 영원한 복을 누릴 수 있도록 일부를 구원하기로 선택하셨고, 다른 이들을 여기서 제외하기로 선택하셔서 그들이 자신들의 죄의 결과, 즉 지옥의 영원한 형벌을 받도록 하셨다.[6]

이 개인들이 선택받은 것은 하나님께서 그들 안에서 미래의 선함을 미리 알고 계셨거나 또는 심지어 미래에 그들이 믿음을 가질 것이기 때문이 아

....

5   Carl R. Trueman, *Grace Alone—Salvation as a Gift of God* (Grand Rapids: Zondervan, 2017), 24.
6   R. C. Sproul, *Grace Unknown: The Heart of Reformed Theology* (Grand Rapids: Baker, 1997), 141.

니라 순전히 어떤 사람은 구원하고 다른 사람은 저주하시는 하나님의 불가해한 뜻에 따른 것이다. 구원을 받을 자격이 있는 사람은—과거에도 현재에도 미래에도—아무도 없다. 왜냐하면 그것은 은혜에 어긋나기 때문이다. 이 개인들은 선한 행위로 자신을 구원할 수 없고, 오직 구원자이신 예수만을 신뢰함으로써 구원을 얻을 수 있다. 하나님은 은혜로 그들이 믿게 하시고(태초에 은혜로 택함을 받았기 때문에 이것은 불가피했다), 은혜로 그들이 최후의 영광에 이르기까지 인내하게 하신다.

이 내러티브는 철학을 사용하여 성경의 증거로 너끈히 옹호될 수 있다. 그것은 심지어 구원을 논하기에 가장 참된 방법일 수도 있다. 그러나 성경적 관점에서 보면 그것은 의심스러운 가정이 수반된다. 은혜는 하나님이 사용하기 좋아하는 일반적인 원리로 취급되어왔지만, 이것은 정확한 판단이 아니다. 우리가 구원하는 은혜를 하나님이 앞서 행하시거나 자격이 없는 자들을 도우시려는 하나님의 일관된 소원에 관한 추상적 관념으로 간주할 때 은혜는 구원 이야기의 어느 순간에라도 잘 들어맞게 하는 만능 접착제가 되어버린다. 비록 이것이 성경이 은혜에 관해 말할 때 선호하는 방식은 아니지만 말이다. 우리는 성경이 구원하는 은혜를 스스로 더 철저하게 정의하도록 해야 한다.

성경에서 "은혜"(*charis*)는 매력이나 아름다움을 의미할 수 있다(눅 4:22; 골 4:6). 그것은 호의, 특히 우리를 향한 하나님의 호의(롬 5:15) 또는 그 결과적 상태(롬 5:2)를 의미할 수 있다. 그것은 또한 받은 혜택(엡 4:7)일 수 있고 다른 사람에게 주어진 유익(엡 4:29)일 수도 있으며 감사를 의미할 수도 있다(고전 10:30). 그것은 또한 인사말일 수도 있다(롬 1:7; 고전 1:3).[7] 그러나 이러한 범주는 **역사상 특정 시기에 주어진 복음이라는 선물**로서 구원하는 은혜를 적절하게 설명하지 못한다. 구원하는 은혜는 복음에 특정된 것이다.

바울은 위대한 은혜 신학자다. 바울은 인간의 구원을 논할 때 **은혜**를 마치 어떤 일반적인 선물을 염두에 두고 있듯이 말하지 않는다. 복음은 은혜다. 바울은 "**메시아의 은혜**로 너희를 부르신 분"을 저버리는 것과 "다른 복음"(갈 1:6)을 따르는 것을 동일시한다(갈 1:6, 저자의 번역). 왕에 관한 좋은 소식은 은혜다. 복음의 구체적인 구원 사건들은 **결정적인 은혜의 선물**이며, 따라서 구원하는 은혜에 대한 신약성경의 언급은 일반적인 은혜가 아니라 복음에 의해 형성된 구체적인 은혜인 경우가 많다.

구원하는 은혜는 종종 복음을 구성하는 그리스도의 사건들을 묘사하는 한 가지 방법이다. 예를 들어 바울은 복음을 "하나님의 은혜"와 동일시한다(골 1:6). 그리고 바울이 "그리스도 예수 안에 있는 속량으로 말미암아 하나님의 은혜로 값없이 의롭다 하심을 얻은 자 되었느니라"(롬 3:24)라고 말할 때 은혜는 구체적인 그리스도 사건들에 의해 정의된다. 하나님의 말씀, 즉 그의 복음의 메시지 선포는 "그의 은혜의 말씀"(행 14:3; 20:32)으로 묘사될 수 있다. 존 바클레이가 지적하듯이 "이러한 그리스도의 자기 내어

....

7   카리스가 아닌 단어도 "은혜"와 관련이 있다. 다음을 보라. John M. G. Barclay, *Paul and the Gift* (Grand Rapids: Eerdmans, 2015), 575-82, 『바울과 선물』, 새물결플러스 역간.

주심, 즉 '그리스도-선물'은 하나의 사건이다."[8] 구원하는 은혜는 메시아에 의해 형성된 것으로 복음과 불가분의 관계에 있다. 하나님의 은혜는 예수가 왕이 되셨고 현재도 통치하고 계시는 그 구체적인 복음의 과정을 통해 주어지는 구원의 은혜다. **구원하는 은혜는 복음에 의해 규정된다.**

은혜의 여섯 가지 측면

존 바클레이는 그의 유명한 책『바울과 선물』(*Paul and the Gift*)에서 은혜의 여섯 가지 측면을 분해한다. 은혜에 관한 이 다른 여섯 가지 개념은 성경 해석자들로 하여금 서로 오해하고 엇갈리는 주장을 하도록 만들었다. 성경의 은혜 개념 가운데 다수(모두는 아니지만)는 고대와 현대 세계의 개념들과 일치한다. 은혜의 여섯 가지 측면은 (1) 자격(merit), (2) 규모(size), (3) 혜택을 주려는 마음(desire to benefit), (4) 시점(timing), (5) 유효성(effectiveness), (6) 답례하기(return-gifting) 등이다.[9] 각각은 다음과 같은 예를 통해 설명할 수 있을 것이다.

은혜에 대한 우리의 강한 애착 때문에 교회의 역사 전반에 걸쳐 이 은

....

8   Barclay, *Paul and the Gift*, 331. 바울의 은혜 인사말(갈 1:3)과 예수는 "우리 죄를 대신하여 자신을 내어주었다"(갈 1:4, 저자의 번역)라는 진술과 관련하여. Barclay는 바울에게 있어 은 혜는 주로 복음이라는 구체적인 그리스도 사건들을 의미한다는 점을 누누이 보여준다. 그의 요약은 451쪽을 보라.

9   Barclay, *Paul and the Gift*, 70-75은 이것들을 (1) 비상응성, (2) 초충만성, (3) 단일성, (4) 우 선성, (5) 유효성, (6) 비순환성이라고 부른다. 나는 이 항목들을 논의의 편의를 위해 수정했 다. 이 범주들은 Barclay의 것이지만, 성경의 예와 설명은 명시한 것 외에는 모두 나의 것이다.

혜의 여섯 측면을 우리에게 유리하게 적용하려는 경향이 있었다. 하지만 우리는 성경에서 말하는 것보다 때로는 더 그렇게 했다. 우리는 하나님이 모든 경우에 은혜를 우리에게 극대화해야만 한다고 생각한다! 하지만 이 것은 사실과 다르다. 결국 우리는 성경이 은혜의 이 여섯 가지 측면을 어느 정도까지 최소화하거나 극대화하는지를 발견하여 그에 따라 구원에 대한 우리의 이해를 조정하고자 노력해야 한다.

자격

당신은 지금 학교에 다니는 동안 토니의 수제 피자 가게에서 일하면서 당신의 재정을 보충하고 있다고 가정해보자. 당신은 토니의 피자 가게에서 고급 피자를 만든다는 차원에서 고객들 앞에서 수제 피자를 만든다. 가게 사장은 당신에게 2주마다 급여를 준다. 사장은 당신이 한 일에 대해 법적으로 당신에게 급여를 지급해야 하므로 그것은 당연한 일이다.

한 달 전에 당신은 친구들과 농구를 하다가 손목이 부러졌다. 당신은 무급으로 일을 쉬어야 했다. 당신은 더 많은 청구서가 왔을 것으로 예상하면서 우편함을 확인한다. 청구서 대신 당신은 사장이 당신에게 한 달 치 월급을 보냈다는 것을 알고 충격을 받는다! 사장은 당신에게 그 월급을 지급할 의무가 없었다. 당신은 그것을 받을 만한 일을 한 적이 없다. 사실은 그 정반대다. 왜냐하면 당신은 다칠 수 있다는 것을 알면서도 어리석게 농구를 했기 때문이다. 이것이 바로 우리가 **받을 자격이 없는** 은혜라고 말하는 것이다.

은혜는 받을 자격이 없는 것이라는 데 모두가 동의한다

신약성경은 은혜의 **자격** 측면을 가장 많이 강조한다. 구원하는 은혜는 받을 자격이 없는 자에게 베푸는 것이다. 우리가 받는 것과 우리가 받을 자격이 있는 것 사이에는 상응성(congruity)이 없다.[10] 바울은 이렇게 말한다. "이제 일하는 자에게는 그 삯이 **은혜**로 여겨지지 아니하고 **의무**로 여겨지거니와 일을 아니할지라도 경건하지 아니한 자를 의롭다 하시는 이를 **신뢰하는**[피스티스를 다하는] 자에게는 그의 믿음[피스티스]을 의로 여기시나니"(롬 4:4-5, 저자의 번역). 은혜는 일하지 않고 받는 삯이다.

거의 모든 현대 신학자들에게 있어 은혜는 받을 자격이 없는 자에게 주어지는 선물을 의미한다. 루이스 벌코프는 은혜를 "성령의 중재를 통해 인간의 마음속에서 이루어지는 분에 넘치는 하나님의 사역"이라고 부른다.[11] 은혜를 달리 무엇이라고 말하든 간에 모든 사람은 그것이 **받을 자격이 없는 것**이라는 데 동의한다.

고대인들 외에 모든 사람이 동의한다

이제 깜짝 놀랄 차례다. 비록 신약성경은 일반적으로 은혜는 받을 자격

....

10 다음을 보라. Barclay, *Paul and the Gift*, 특히 360, 566-69.
11 Louis Berkhof, *Systematic Theology*, 4th ed. (Grand Rapids: Eerdmans, 1979), 427.

이 없는 자에게 주어지는 것이라고 가르치지만, 이것은 더 폭넓은 고대 세계에서는 매우 드문 일이었다. 고대 세계에서는 받을 자격이 없는 자에게 주어지는 것이 아닌 **받을 자격이 있는 자에게 주어지는** 은혜가 "기본 전제"(default assumption)였다.[12] 비록 예수와 바울은 동의하지 않았지만, 그들의 동시대인들은 선물, 즉 은혜는 오직 **받을 자격이 있는 사람에게만** 주어져야 한다고 생각했다. 예를 들어 1세기 유대인 철학자 필론은 "나는 은혜 베풀 자에게 은혜를 베풀고 긍휼히 여길 자에게 긍휼을 베푸느니라"(출 33:19)라는 하나님의 말씀을 "나는 받는 자에게 **합당한 것을 준다. 즉 나는 은혜를 받을 만한 자에게** 그가 받을 만한 모든 것을 준다"로 이해한다.[13] 다시 말해 필론에게 있어 하나님은 은혜를 받을 자격이 있음을 증명한 자들에게만 은혜를 베푸신다. 놀라운 것은 신약 시대의 은혜에 관한 규범이 오늘날의 규범과 거의 정반대라는 것이다. 고대인들은 오직 **받을 자격이 있는** 자만이 은혜를 받는다고 믿었다. 우리는 **받을 자격이 없는** 자가 받을 경우에만 은혜라고 믿는 경향이 있다!

오늘날 받을 자격이 있는 은혜

놀라움의 충격이 점차 사그라지면서 조금 더 깊이 생각해보면 우리도 고대

---

12 Barclay, *Paul and the Gift*, 316.

13 Philo, *On the Special Laws* 1.43, in Barclay, *Paul and the Gift*, 227 (slightly modified). 예. 에스라4서, 1QHoyadoth in the Dead Sea Scrolls, Pseudo-Philo's *Liber antiquitatum biblicarum*), 공로 없는 은혜가 간혹 나타나기는 하지만 비정형적이라는 추가 증거는 다음을 보라. Barclay's pp. 24-51, 189-318 (특히 315), 565-66.

인들처럼 다른 사람에게 선물을 줄 때 종종 받는 사람의 자격을 고려한다는 결론에 도달한다. 당신은 네 살 된 아이에게 전문가용 미술용품을 사주지 않는다. 그 아이는 끝이 정교한 펜을 망가뜨리고 붓을 무디게 하고 물감을 당신이 가장 아끼는 소파에 쏟아버릴 것이다. 당신은 열네 살 짜리 미술가 지망생은 그런 훌륭한 고급 선물을 받을 자격이 있다고 생각한다. 많은 그리스도인들은 구걸하는 사람들이 마약이나 술을 사는 데 사용할 것으로 생각하고 그들에게 직접 돈을 주지 않는다. 오히려 노숙자 보호소가 그 선물을 받을 자격이 있다. 오늘날 우리가 수령자의 자격을 은혜의 일부로 여기지 않는 이유는, 우리가 은혜를 추상적인 관념이나 일반 원리로 취급하여 우리가 실제로 주는 구체적인 선물(또는 은혜)을 그것과 분리하기 때문이다.

은혜 혁명

은혜의 정의가 어떻게 바뀌어서 오늘날 은혜에 대한 우리의 생각이 고대의 것과 거의 정반대가 되었을까? 간단히 말해 그 답은 기독교, 특히 예수의 가르침과 바울의 신학의 승리다. 예수는 거저 주는 은혜에 관해 많이 말씀하셨다. "네게 구하는 자에게 주며 네게 꾸고자 하는 자에게 거절하지 말라"(마 5:42). "너희가 거저 받았으니 거저 주라"(마 10:8). 일부 노동자들이 마땅히 받아야 할 것보다 더 많이 받는 불공평한 품삯에 대한 비유에서 예수는 "나는 마지막에 고용된 사람에게 너와 똑같이 주고 싶다"(마 20:14, 저자의 번역)고 말한다. 예수는 잔치를 베풀 때 가난한 사람들을 초대하라고 말한다. "그리하면 그들이 갚을 것이 없으므로 네게 복이 되리니 이는 의인들의 부활 시에 네가 갚음을 받겠음이라"(눅 14:14).

　예수와 사도들은 일반적으로 받을 자격이 없는 자들에게 은혜를 베풀었지만, 때로는 은혜를 받을 자격이 있는지를 고려하기도 했다. 야고보는 "하나님이 교만한 자를 물리치시고 겸손한 자에게 은혜를 주신다"(4:6)라고 말한다. 야고보에게 은혜는 완전히 거저 주어지는 것이 아니다. 겸손한 자는 하나님의 은혜를 받을 **자격이 있다**. 또한 예수와 사도들은 때때로 개인이나 집단이 구원하는 복음을 듣거나(행 10:22-23) 혹은 그것을 계속 들을 **자격이 있는지**(눅 10:10-11; 행 13:46; 18:6)를 고려한다. 자격이 없는 자들은 하나님의 구원하는 은혜인 복음을 듣지 못한다. 자격의 여부는 또한 치유 이전에 평가되기도 한다(눅 7:4-6; 행 9:36-41). 그럼에도 은혜는 대체로 거저 주어지는 것이라는 예수의 생각은 당대에 매우 이례적이었다. 예수는 그의 사도들, 특히 바울에 의해 더 발전될 은혜의 혁명을 일으켰다.

　예수처럼 바울은 일반적으로 구원하는 은혜를 거저 주어지는 것으로 간주한다. 하지만 항상 그런 것은 아니다. 예를 들어 그는 자신이 "긍휼을 입었다"고 믿으며 자신이 의도적으로 교회를 박해한 것이 아니라 "믿지 아니할 때에 알지 못하고 행하였기" 때문에 "우리 주의 은혜가 넘쳤다"고 믿는다(딤전 1:13-14). 바울은 **그의 이전 행동보다 더 향상된 수준의 행동**이 적어도 조금이나마 하나님이 자기를 선택하는 데 있어 하나님의 은혜에 영향을 미쳤다고 생각했다. 바울에게 있어 의도하지 않은 죄는 의도한 죄보다 낫고, 비록 그가 자신을 죄인 중에 괴수라고 여겼지만(1:15), 이것이 하나님이 그에게 은혜를 베풀기로 한 선택에 영향을 미쳤다고 생각했다. 그

럼에도 거저 주어지는 하나님의 은혜는 바울의 전반적인 가르침의 독특한
특징이다.

바울 서신에 나타난 거저 주어지는 구체적인 은혜

구원하는 은혜가 거저 주어지는 은혜라는 개념이 바울 신학에 만연해 있으
므로 그중에서 몇 가지 예만으로도 이를 잘 설명할 수 있다.

> 그런즉 이와 같이 지금도 은혜로 택하심을 받은 남은 자가 있느니라. 이제 그
> 것이 만일 은혜로 된 것이라면 이미 행위로 인한 것이 아니니 그렇지 않으면
> 그 은혜는 이미 은혜가 아니니라(롬 11:5-6).

> 내가 하나님의 은혜를 폐하지 아니하노니 만일 의롭게 되는 것이 율법으로 말
> 미암으면 그리스도께서 헛되이 죽으셨느니라(갈 2:21).

> 허물로 죽은 우리를 [하나님께서] 그리스도와 함께 살리셨고 (너희는 은혜로
> 구원을 받은 것이라)(엡 2:5).

> 하나님이 우리를 구원하시고 우리를 거룩하신 소명으로 부르신 것은 우리의
> 행위를 따라 하신 것이 아니요 자기의 뜻과 영원 전부터 그리스도 예수 안에서
> 우리에게 주신 은혜를 따라 하신 것이라(딤후 1:9).

인간은 이 복음-은혜를 받기 위해 아무것도 할 수 없다. 바울은 **복음이라는 구체적인 사건에서** 인류 전체에게 주신 하나님의 은혜는 거저 주어진 것이었다고 확신한다.

구체적인 승리가 생략되다

바울 시대부터 구원하는 은혜는 구체적인 은혜에서 일반적인 또는 추상적인 은혜로 바뀌었다. **받을 자격이 없는 자들을 위한 구체적인 복음-은혜**라는 바울 신학의 핵심의 승리는 서구 문명에서 고대의 은혜 개념들을 매우 성공적으로 재설정한 나머지 은혜가 복음을 구성하는 그리스도 사건들의 세부 내용으로부터 분리되어버렸다. 결과적으로 구원하는 은혜의 복음적 구체성은 사라졌고, 절대적으로 거저 주어지는 **일반적인** 호의가 표준적인 이해가 되었다. 이러한 현상은 여전히 오늘날에도 학문적 신학에서, 목회자들 사이에서, 교회 안에서, 대중문화에서 지속적으로 나타난다.

우리가 구원에 대한 성경의 비전을 충실히 따르고자 한다면 우리는 은혜가 지닌 복음의 구체성을 회복해야 한다. 우리는 하나님이 그리스도-선물인 복음을 인간의 보편적인 자격이나 가치를 고려하지 않고 주신 것임을 절대적으로 계속 강조해나가야 한다. 그러나 바울은 위에서 인용한 네 본문에서 모두 같은 전략―은혜를 행위 또는 율법과 대조하는 전략―을 사용하여 거저 주시는 은혜를 강조한다. 이것은 추가적인 설명이 필요함을 암시한다. 바울의 구체적인 역사적 정황은 거저 주시는 복음-은혜에 대한 그의 신학에 영향을 주었다.

거저 주시는 은혜와 율법의 행위 간의 관계는 많은 의문을 제기한다. 바울은 집단적 혹은 개인적 가치를 염두에 두고 있었는가? 그는 어떤 선한 행위도 구원을 가져다줄 수 없다고 여겼기 때문에 모든 행위에 반대한 것일까? 아니면 바울은 (할례와 코셰르 음식과 같이) 유대교의 특정한 율법의 행위에 더 관심을 두고 있었던 것일까? 이것은 자랑하는 것과 어떤 관계가 있을까? 이 장에서 우리는 계속해서 다양한 각도에서 은혜를 고찰할 것이다. 이로써 우리는 6장에서 이러한 질문을 다룰 수 있는 더 유리한 위치를 점하게 될 것이다.

규모

우리는 은혜의 자격을 은혜의 규모와 분리할 수 있다. 누군가가 당신에게 구리로 만든 목걸이를 준다면 당신은 어떤 기분이 들겠는가? 혹은 순금으로 만든 목걸이를 준다면? 혹은 보석과 금을 산더미처럼 준다면? 당신이 그것을 받을 자격이 있는지는 문제가 아니다. 오직 중요한 것은 선물의 **크기**다. 우리가 말하는 은혜의 한 측면으로서 **규모**란 바로 이러한 것을 의미하는데, 이것은 공로와 관계없이 측정할 수 있다. 모든 그리스도인은 복음의 선물이 엄청 크다는 것에 동의한다. 그렇다면 과연 얼마나 클까?

아담의 죄보다 더 크다

성경은 때때로 그리스도 사건의 규모를 묘사함으로써(그리고 모든 곳에서 전제함으로써) 하나님의 은혜의 크기를 강조한다. 아담의 죄는 모든 인류에게 보편적인 결과(죽음)와 모든 피조물이 부패하는 우주적 결과를 가져왔다(롬 8:20-21을 보라). 그러나 은혜는 더욱 **넘쳤다**(롬 5:15). 그리스도의 선물의 놀랄만한 규모는 아담의 죄를 보잘것없어 보이게 만든다.

> 또 이 선물은 범죄한 한 사람으로 말미암은 것과 같지 아니하니 심판은 한 사람으로 말미암아 정죄에 이르렀으나 **은사는 많은 범죄로 말미암아 의롭다 하심에 이름이니라.** 한 사람의 범죄로 말미암아 사망이 그 한 사람을 통하여 왕 노릇 하였은즉 **더욱 은혜와 의의 선물을 넘치게 받는 자들은 한 분 예수 그리스도를 통하여 생명 안에서 왕 노릇 하리로다**(롬 5:16-17).

복음의 구체적인 은혜는 넘치도록 풍성하다. 수많은 죄의 크기가 방대함에도 불구하고 그리스도-선물은 너무나 커서 의롭게 하는 능력으로 그것을 압도한다.

여전히 커간다

은혜의 규모를 보여주는 또 다른 예는 특히 복음이 말하는 충성과 관련이 있다. 바울은 "나는 신뢰하는 충성심이 있었다(*episteusa*). 따라서 나는 말했다"(고후 4:13, 저자의 번역, 시 116:10 인용; 자세한 논의는 5장을 보라)라는 시편 구절의 화자가 메시아라고 생각한다. 여기서 바울은 그리스도의 충성심과 그가 하나님께 구원을 요청한 것에 대해 이야기한다. 하나님이 그리스도를 구원하셨기 때문에 하나님은 우리가 그의 모범을 따르면 우리도 구원하실 것이다(14절). 우리가 그리스도의 모범을 따르면 그 결과로 은혜는 커진다. "이 모든 것은 너희를 위함이니 이는 **은혜가 점점 더 많은 사람들에게 확대되어서** 감사가 넘치게 하고 하나님의 영광에 이르게 하려 함이라"(고후 4:15, 저자의 번역). 바울은 그리스도 사건으로 확립된 본보기가 삶으로 구현될 때 은혜가 증가한다고 지적하면서 은혜를 복음으로 충만한 용어로 정의한다. 은혜는 이미 거대하며 점점 더 커간다.

구원하는 은혜는 커가고 있다. 만일 우리가 구원하는 은혜를 단순히 일반 원리—하나님은 자신이 택한 자를 개인적인 구원의 길로 인도하는 데 있어 항상 먼저 행동하신다—로만 취급하면 우리는 은혜의 크기가 어떻게 점점 더 커질 수 있는지 이해하기 어렵다. (창조 이전에 선택받았다면 선택받은 자들의 수는 증가할 수 없다.) 그러나 성경이 말하듯이 만약 **구체적인** 구원의 은혜가 복음이라면 이것은 타당하다. 점점 더 많은 이들이 충성을 다함으로써 복음을 받아들이고 있기 때문에 은혜가 확대되고 있다. 구원하는 은혜는 복음의 목적, 즉 열방들의 충성과 불가분의 관계에 있기 때문에 그 규모가 점점 더 커가고 있다.

모든 그리스도인은 그리스도-선물이 우리가 상상하지 못할 정도로 크고 엄청나다는 데 동의한다. 그것은 자격 없는 인간들에게 하나님의 임재 안에서 누리는 영생을 준다.

혜택을 주고자 하는 마음

은혜의 세 번째 측면은 **혜택을 주고자 하는 마음**이다. 혜택을 주려는 마음이 극대화되면 선물은 받는 자에게 절대적인 자비를 의미한다. 불순한 동기는 없다. 바클레이는 이것을 순수하고 좋은 의도를 뜻하는 은혜의 **단일성**(singularity)이라고 부른다. 여기서는 **동기**가 중요하다.

만약 당신이 아름다운 생일 선물로 빨간 리본이 달리고 예쁜 포장지로 싸인 멋진 상자를 받게 된다면 당신은 어떻겠는가? 당신은 분명 흥분할 것이다. 당신은 그 상자를 연다. 당신의 적이 뚜껑에 달아놓은 장치를 잡아당기자 당신이 받은 선물이 위험한 불덩어리로 변한다. 좋은 선물일까? 아니다! 생각만 해도 소름이 끼친다. 혜택을 주려는 의도가 전혀 없는 은혜가 바로 그런 것이다.

은혜는 이중적이거나 비열한 의도로 확대될 수 있다. 한 남자는 한 여자와 데이트를 하러 나가서 저녁 식사, 와인, 귀여운 스카프, 오락 등을 위해 모든 비용을 지불할 수 있다. 이 모든 것은 조건 없이 거저 주어지는 은혜다. 어쩌면 그는 결혼이라는 목적을 위해 그녀의 마음을 얻으려고 노력하는 것일 수도 있다. 아니면 그는 그녀가 그날 밤 대가성 성행위를 할 가능성을 더 높이려고 의무감을 증폭시키려는 것일 수도 있다. 심지어 좋은 선물을 주는 것도 받는 사람에게 항상 혜택을 극대화하기 위함만은 아니다.

혜택을 주고자 하는 하나님의 마음의 한계

우리가 하나님의 선하신 은혜를 생각하면 우리는 즉시 하나님은 그리스도-선물을 통해 우리에게 **전적으로 선한 일을 행하실 수밖에 없다**고 가정하는 경향이 있다. 하나님이 완전하시다면 그는 우리를 위해 예수를 메시아로 보내실 때 최고의 동기만을 가지고 계시지 않았을까? 그러나 이 문제는 그렇게 딱 잘라 말할 수 없다. 왜냐하면 왕-선물은 불순종한 인류에 대한 심판의 위협도 내포하고 있기 때문이다. 게다가 그리스도-선물은 왜곡될 수도 있고 비생산적인 방식으로 받을 수도 있다.

은혜는 악인에 대한 정죄를 포함한다. 하나님이 주기로 선택하신 구체적인 구원의 은혜(복음)의 일환으로 하나님은 예수를 종말에 심판을 집행할 왕으로 임명하셨다. 바울은 "나의 복음과 관련하여 하나님이 메시아 예수로 말미암아 사람들의 은밀한 것을 심판하실 날이 다가오고 있"음을 상기시킨다(롬 2:16, 저자의 번역). 이것은 악인에 대한 정죄를 포함한다. 악인의 관점에서 볼 때 하나님이 주시기로 선택하신 구체적인 왕적 은혜는 자비로운 것이 아니라 무서운 것이다.

은혜는 왜곡될 수 있다. 하나님의 은혜는 그것을 죄를 더 지을 수 있는 권리로 여기는 자들에 의해 변질될 수 있다.

그런즉 우리가 무슨 말을 하리요? **은혜를 더하게 하려고 죄에 거하겠느냐?**(롬 6:1)

이는 가만히 들어온 사람 몇이 있음이라. 그들은 옛적부터 이 판결을 받기로 미리 기록된 자니 경건하지 아니하여 **우리 하나님의 은혜를 도리어 방탕한 것으로 바꾸고** 홀로 하나이신 주재 곧 우리 주 예수 그리스도를 부인하는 자니라 (유 4절).

은혜는 변질될 수 있다. 만약 하나님이 그의 은혜로써 전적으로 선을 원하신다면 왜 하나님은 그것을 변질될 수 없게 만들지 않으셨을까? 인간을 강압적으로 사랑하지 않으시는 것이 하나님의 본성이라면 하나님은 자신이 베푸시는 은혜가 왜곡되는 것을 허용하셨을지도 모른다. 그러나 확신은 금물이다. 어쨌든 성경은 하나님의 은혜가 왜곡될 수 있다고 분명히 말한다.

은혜는 헛되이 받을 수 있다. 전적으로 선한 하나님의 은혜의 속성에 이의를 제기해야 할 또 다른 이유가 있다. 하나님의 은혜는 주어져도 받지 못할 수도 있다.

우리가 하나님과 함께 일하는 자로서 너희를 권하노니 **하나님의 은혜를 헛되이 받지 말라.** 이르시되 "내가 은혜 베풀 때에 너에게 듣고 구원의 날에 너를 도왔다" 하셨으니, 보라! 지금은 은혜 받을 만한 때요, 보라! 지금은 구원의 날이로다(고후 6:1-2).

분명히 하나님의 은혜를 헛되이 받을 수 있는 자들이 있다(참조. 고전 15:10). 궁극적으로 어떤 사람들은 하나님의 구체적인 구원의 은혜, 즉 복음을 거부한다. 그들은 왕이신 예수 안에서 하나님의 구원에 참여하라는 부르심에 귀를 기울이지 않는다. 구체적인 그리스도-은혜는 무한정으로 열매를 맺지 않으며, 따라서 보편적으로 선한 것도 아니다. 은혜를 받아들이지 않는 것은 악인에게 위협이 될 뿐만 아니라 바울과 다른 이들은 한때 그리스도-선물을 받은 자들도 은혜에서 떨어질 수 있다고 말한다.

> 율법 안에서 의롭다 함을 얻으려 하는 너희는 그리스도에게서 끊어지고 **은혜에서 떨어진** 자로다(갈 5:4).

> 우리가 **진리를 아는 지식을 받은 후** 짐짓 죄를 범한즉 다시 속죄하는 제사가 없고 오직 무서운 마음으로 심판을 기다리는 것과 대적하는 자를 태울 맹렬한 불만 있으리라. 모세의 법을 폐한 자도 두세 증인으로 말미암아 불쌍히 여김을 받지 못하고 죽었거든 하물며 하나님의 아들을 짓밟고 자기를 거룩하게 한 언약의 피를 부정한 것으로 여기고 **은혜의 성령을 욕되게 하는** 자가 당연히 받을 형벌은 얼마나 더 무겁겠느냐? 너희는 생각하라. "원수 갚는 것이 내게 있으니 내가 갚으리라" 하시고 또다시 주께서 그의 백성을 심판하리라 말씀하신 것을 우리가 아노니(히 10:26-30).

심지어 은혜를 받은 자들조차도 은혜가 긍정적인 결과를 만들어내지 못한다는 것을 알 수 있다. 이것이 실제로 구원의 상실을 수반하는지는 논쟁의 여지가 있으며 이 책이 다루는 범위를 넘어선다.

성경은 하나님이 주시기로 하신 구체적인 구원의 은혜―복음―는 모든 면에서 가장 선한 것만은 아니라는 것을 분명히 한다. 이러한 결론을 회피하려 했던 해석자들은 결국 잘못된 결론에 도달한다. 하나님의 은혜의 절대적인 선함을 보존하기 위해 그들은 구약의 하나님이 신약의 하나님과 완전히 다르다고 제안한다(예. 마르키온). 또는 하나님은 그리스도를 닮아서 (사실이다!) 악인들을 적극적으로 처벌하지 않으신다(또는 않으실 것이다)고 말한다(사실이 아니다!).[14]

그렇다면 성경은 **혜택을 주고자 하는** 하나님의 은혜를 얼마나 지지하는가? 이렇게 말하는 것이 최선일 것이다. 그리스도 안에서 하나님의 계획은 불변하는 하나님의 속성에도 제약을 줄 수 있고 또 복음을 통해 그의 피조물을 구원하려는 그의 열망을 보여준다는 의미에서 최고로 선하다. 그러나 은혜는 헛되이 받을 수도 있고 왜곡될 수도 있다. 따라서 하나님의 은혜의 선하심은 보편적인 구원, 악인을 벌하지 못함 또는 은혜의 부패하지 않는 속성을 의미하지 **않는다**. 그리스도인들은 하나님의 은혜가 믿을 수 없을 정도로 선하더라도 이런 방식으로 극대화되지 않는다는 점에 동의해야 한다.

....

14   예. Gregory A. Boyd, *The Crucifixion of the Warrior God*, 2 vols. (Minneapolis: Fortress, 2017). Boyd는 구약성경에서 하나님이 악인을 벌하실 때 악한 폭력을 흡수하는 것이 그의 본성의 일부이기 때문에 의도적으로 자신을 폭력적인 존재로 잘못 표현하는 것을 허용하셨으며, 하나님은 나중에 자신을 예수 안에서 비폭력적인 존재로 계시함으로써 이러한 견해를 바로잡고자 했다고 주장한다. 이에 대한 비평은 다음을 보라. Matthew J. Lynch's four-part review, "Crucifixion of the Warrior God, by Gregory A. Boyd—Review Part 1," Theological Miscellany, August 30, 2017, http://theologicalmisc.net/2017/08/crucifixion-warrior-god-gregory-boyd-review-part-1.

시점

당신의 아들은 언젠간 대학교에 갈 것이다. 당신은 그에게 자동차를 사주기를 원한다. 당신은 그것을 훨씬 이전에 살 수 있고, 심지어 지금 당장이라도 살 수 있다. 하지만 그 사이에 자동차는 녹이 슬고 가치가 하락할 것이다. 어쩌면 당신은 아들이 떠나는 그날에 차를 사서 그를 놀라게 할 수도 있을 것이다. 하지만 그때까지 기다리는 것은 위험이 따른다. 왜냐하면 그는 그 이전에 더 작은 차를 살 수도 있기 때문이다. 가장 좋은 타이밍은 언제인가? 그가 태어나기도 전인가? 지금인가? 5년 후인가? 우리는 큰 선물을 할 것이라면 **타이밍이 중요하다**는 데 동의하면서도 서로 다른 답변을 내놓을 수 있다. 타이밍은 우리가 다루고 있는 은혜의 네 번째 측면이다.

은혜는 언제 시작되었는가?

은혜가 처음 나타난 것은 언제인가? 우리가 구원의 체계에서 은혜를 일반 개념으로 취급한다면 은혜는 언제나 존재해왔다고 대답할 수 있다. 왜냐하면 하나님은 창조자이자 공급자로서 우리가 존재하고 유지될 수 있도록 항상 우리에게 관용을 베푸셨기 때문이다(고전 4:7; 약 1:17). 모든 그리스도인들은 하나님의 **일반적인 은혜**가 이런 식으로 모든 사람에게 주어진다는 데 동의한다. 적어도 개인적인 믿음(피스티스)은 하나님의 섭리하시는 은혜의 범위 안에서 선물로 이해되어야 한다. 이 점을 분명히 해두자. 믿음(또는 충성)은 분명히 하나님께서 주신 선물이다. 그러나 이것은 영원한 구원에 대해 논할 때 대다수 신학자들이 염두에 두고 있는 것이 아니다. 그들은 특별한 **구원하는 은혜**를 염두에 두고 있다.

개인에게 주시는 구원하는 은혜의 시점은 논쟁의 여지가 있다. 대다수 그리스도인들—가톨릭 신자, 정교회 신자, 대다수 개신교 신자—은 특정 개인이 예수에 대한 "믿음"을 표현하거나 세례를 받을 때 그 은혜가 처음으로 각 개인에게 주어진다는 데 동의한다. 한편 소수의 개신교 신자들은 은혜가 개인 구원의 모든 단계에서 하나님의 행위가 항상 각 개인의 행위보다 선행되거나 우선시되는 것이 요구된다고 생각한다. 따라서 비록 하나님께서 역사 속에서 복음을 실현하기 위해 행동하셨지만, 하나님은 영원 전부터 은혜로 개인을 선택하셨고, 각 사람이 믿음을 표현하기 이전에 "구원을 위해" 예정된 각 개인을 중생하도록 은혜를 베푸셨다.

본서의 논의를 위해 아무튼 두 견해 중 한 견해가 옳다고 가정해보자. 그렇다면 우리는 복음-충성 모델의 핵심을 더 잘 설명할 수 있을 것이다. 왜냐하면 우리가 어느 한쪽을 선택한다 하더라도 그 결과는 덜 확실할 것이기 때문이다. 이와 동시에 어떤 이들은 하나님이 개인에게 구원하는 은혜를 미리 허락하신다는 것이 당연히 성경적이라고 믿는다는 점을 고려하면 왜 그것이 딱 잘라서 말할 수 없는 것인지를 보여줄 필요가 있다.

개인적 은혜 대(對) 집단적 은혜

하나님께서 창세 전에 특정한 개인을 영원히 구원하거나 정죄하기로 선택하셨다는 것은 추론에 불과하다. 그것은 사실일 수도 있고 아닐 수도 있다.

확실하지 않다고 말할 수 있는 주된 이유는 성경이 집단적 언어를 사용한다는 점이다.

하나님이 창세 전에 특정한 개인을 선택하셨다는 것에 대한 증거 본문은 에베소서 1:4-5이다. "하나님께서 창세 전에 메시아 안에서 우리를 택하사 그 앞에 거룩하고 흠이 없게 하시려고 우리를 예정하사 메시아 예수로 말미암아 그에게 입양되게 하셨으니"(저자의 번역). 예를 들어 존 파이퍼와 R. C. 스프로울은 개인 예정론을 지지하기 위해 이 본문을 인용한다.[15] 문제는 이 본문과 이와 같은 다른 본문들이 태초에 **개인**이 영생을 위해 택함을 받았다는 것을 입증하지 못한다는 것이다. 이 본문들은 태초에 하나님께서 **왕을 통해 교회를 집단으로** 선택하셨다는 것을 증명한다. 그러나 이 선택이 반드시 개인과 관련된 것은 아니다. 바울은 개인이 아니라 교회에 관해 말하고 있기 때문이다.

당신의 목사가 다음과 같이 당신의 교회 전체에 쓴 편지를 당신이 받았다고 상상해 보라.

조(Joe) 목사는 퀸시(Quincy)에 있는 교회에 문안 인사를 드립니다. 하나님의 이름이 찬양받기를 기원합니다. 우리는 일부 현금을 포함하여 백만 달러의 기부금을 받기로 했습니다. 따라서 **우리는** 나머지 금액도 확보되어 있다는 것을 압니다. **여러분은** 그것을 어떻게 사용하시겠습니까? 나는 **여러분이** 그것을 놓

15   John Piper, *God Is the Gospel* (Wheaton: Crossway, 2005), 118; Sproul, *Grace Unknown*, 147.

고 기도하기를 바랍니다!

이 편지는 어떤 **집단**에 보낸 것이기 때문에 해당 언어는 그 집단 내의 특정 개인들에게 적용될 수 있지만, 극도의 주의가 필요하다. "여러분"과 관련하여 조 목사는 각 사람이 이 문제를 놓고 개별적으로 기도하기를 원하지만, 각 사람이 그 돈을 쓸 수 있는 것은 아니다. 만약 내가 이 편지를 오해해서 전부 개별화한다면 나는 그 돈을 내가 개인적으로 새 차를 사는 데 사용할 수 있다고 잘못 생각할 수도 있다. 하지만 이 편지는 그러한 의미를 갖고 있지 않다. 그 돈은 퀸시에 있는 교회라는 **집단**의 것이다. 그것은 나 또는 당신 **개인의** 소유가 아니다.

또한 퀸시 교회를 구성하는 특정 개인들이 시간이 지나도 변함이 없을 것이라고 가정할 수 없다. 내가 현재는 교회의 등록 교인이지만, 이 교회의 출석을 그만두면 나는 그 돈의 혜택을 받지 못할 것이다. 나는 더 이상 그 편지의 수신인인 그 집단의 일원이 아닐 것이기 때문이다. 향후 이 집단에 지급할 것을 약속하는 보증금이 이미 지급되었으므로 교회 전체에 준 선물은 안전하다. 하지만 교회를 구성하는 **우리**와 **여러분**은 바뀔 수도 있다.

바울이 에베소 교회에 보낸 서신은 조 목사의 편지와 마찬가지로 한 집단에 보낸 것이다. 만약 혹자가 바울이나 다른 사람이 집단 언어를 개별화하려 했다고 믿는다면 그것은 논증을 필요로 한다. 그리스어에는 개별성을 강조하기 위해 바울이 사용할 수 있는 용법이 있다. "너희가[복수] 각각[단수]"과 같이 말이다(예. 고전 1:12; 살전 2:12; 4:4). 그러나 바울은 에베소서

1:1-14에서 이 언어를 사용하지 않는다. 또한 로마서 8:29-31, 디모데후서 1:9와 같이 개인의 구원을 위한 예정론을 뒷받침하는 데 널리 사용되는 다른 본문들에서도 뚜렷한 개별화를 찾아볼 수 없다.

사실 성경에는 (하나님의 아들을 제외한) 특정 개인이 **창세 전에** 영원한 생명이나 영원한 멸망을 위해 선택되었다고 명시하는 구절은 단 한 구절도 없다. 하나님께서 **불특정한 시점에** 개인을 구원하기 위해 선택하셨다고 확언하는 구절은 몇몇 있지만(요 6:44, 65, 참조. 행 13:48)—이는 개인의 "믿음"의 결정 이전 또는 동시에 이루어질 수 있음—그 어떤 구절도 그 선택을 태초까지 확대하지는 않는다. 개인의 구원에서 하나님의 행위는 확실히 여러 구절(예. 하나님께서 "믿음으로 그들의 마음을 깨끗이 하셨다", 행 15:9)에 기초하여 유효하다고 인정받아야 한다. 그러나 성경은 구원을 가져다주는 **피스티스**의 행위를 주도하는 인간의 행위를 훨씬 더 자주 묘사한다(예. 요 1:12; 3:16; 행 4:4; 8:12-13; 롬 1:16; 엡 1:13). 따라서 믿음에 대한 인간의 적극적인 행위 또한 강조되어야 한다. **개인** 구원과 관련하여 하나님의 선택의 주도권에 대한 모든 확언—예를 들어 "나를 보내신 아버지께서 이끌지 아니하시면 아무도 내게 올 수 없으니"(요 6:44)—은 승천하신 예수께서 이제 **모든 사람**을 자신에게로 이끈다고 확언하는 구절들과 조화를 이루어야 한다(요 12:32). 예수는 **모든 사람**을 위해 죽으셨다(요 1:29; 롬 6:10; 고후 5:14-15; 딤전 2:6; 히 2:9; 요일 2:2). 개인 구원에 관한 성경의 가르침을 종합해보면 우리는 인간 개인의 행위와 관련하여 하나님의 행위의 시점과 조정력에 대한 성경 전체의 증언을 존중해야 한다.

성경이 다른 곳에서 개인에 대해 말할 때 그 선택은 하나님의 계획 속에서 특별한 역할을 하도록 하는 하나님의 부르심—(롬 9:17), 유다(요 13:18), 바울(갈 1:15) 등—과 관련이 있다. 이러한 역할을 위한 선택은 때때로 하나님의 중요한 계획과 그 개인의 구원 또는 멸망과 관련이 있지만, **영원한** 선택으로 묘사되지는 않는다(예. 유다의 경우는 요 17:12, 행 1:25을 보라). 하나님이 개인을 선택할 때는 영원한 운명보다는 소명이 강조된다. 때로는 선택된 개인이 한 집단을 명시적으로 대표하는데, 이런 경우는 개인 예정론에 대한 주장을 더욱 위태롭게 만들기도 한다(예. 롬 9:10-13의 야곱과 에서).[16]

가장 좋은 성경적 구원 신학은 하나님께서 영원 전부터 구원을 위해 메시아이신 아들—그리고 그 안에 있는 모든 사람—을 택하셨다는 사실을 인정한다. 이 선택은 취소될 수 없으며, 성령의 "보증금"은 이미 개인들이 참여하는 공동체(고전 12:27)인 교회(롬 8:16, 고후 1:22; 5:5; 엡 1:13-14)에 주어졌다. 그러나 이 집단의 경계는 확고할 수도 있고 그렇지 않을 수도 있다.

요약하자면 성경은 미리 주어지는 하나님의 은혜가 특정 개인을 구원하거나 저주하는 하나님의 예정론적 선택을 포함한다고 명시적으로 가르치지 않는다. 일부 구절은 개인 구원에 대한 하나님의 주권을 나타내지

....
16   바울은 "내가 야곱은 사랑하고 에서는 미워하였다"(롬 9:13)라는 인용문을 말 1:2-3에서 가져왔다. 거기서 야곱과 에서는 개인이 아닌 민족 전체를 지칭한다. 이것은 비록 바울이 롬 9:10-13에서 야곱과 에서를 개인으로 언급하고 있지만, 구원 역사에서 국가적 인물로서 그들의 집단적 역할에 대해 말하기 위해 그렇게 하고 있음을 보여준다. 이 본문은 개인의 영생 또는 멸망 예정론에 관한 것이 아니다.

만, 인간이 그리스도-왕께 **피스티스**를 다해야 한다는 점을 강조하는 것이 성경의 특징이다(예. 요 20:31, 행 11:17, 16:31, 롬 10:9-10). 우리의 설교와 가르침에서 우리 또한 왕이신 예수께 충성을 다해야 한다는 성경의 강조점을 반영해야 한다. 그러나 개인 구원을 위한 은혜의 시점에 대한 질문은 복음-충성 모델을 처음으로 설명할 때는 잠시 차치해두는 것이 좋다.

그리스도 사건이 일어난 시점에

하나님의 구원하는 은혜의 시점과 관련하여 보다 더 근거 있는 대답은 복음 사건들이 역사적으로 일어났을 때 그 은혜가 인류 전체에 나타났다는 것이다. 바울이 은혜의 시점에 대해 말할 때 그는 복음을 염두에 두고 있다. "모든 사람에게 구원을 주시는 **하나님의 은혜가 나타나** 우리를 양육하시되 경건하지 않은 것과 이 세상 정욕을 다 버리고 신중함과 의로움과 경건함으로 이 세상에 살고"(딛 2:11-12). 바울은 은혜가 나타난 것을 추상적인 개념으로 말하지 않고, 복음을 구성하는 그리스도 사건들의 도래에 대해 말한다.

하나님이 구원하는 은혜를 베푸신 시점은 복음과 결부되어 있다. 구원을 가져다주는 충성은 마침내 오직 왕의 오심과 함께 비로소 드러났다(갈 3:22-27). 바울은 그리스도 사건들의 시점에 대해 다음과 같이 말한다. "**때가 차매** 하나님이 그 아들을 보내사 여자를 통해 존재하게 하시고 율법 아래에 존재하게 하신 것은 율법 아래에 있는 자들을 속량하시고 우리로 하여금 아들로 입양될 수 있게 하려 하심이라"(갈 4:4-5, 저자의 번역; 참조. 딤전

2:5-6). 하나님께서는 때가 무르익었다고 판단하셨을 때 복음을 주셨다. 예수도 똑같이 말씀하신다. "때가 찼고 하나님의 나라가 가까이 왔으니 회개하고 복음을 믿으라"(막 1:15). 복음에 계시된 은혜는 현재와 미래의 구원을 위한 하나님의 능력이다.

무엇보다도 성경은 하나님께서 우리의 필요와 관련하여 최적의 시기에 복음의 은혜를 우리에게 주셨다고 말한다. 메시아는 "우리가 아직 연약할 때에" 경건하지 못한 우리를 위해 죽으셨다(롬 5:6). 우리 인간은 전적으로 "우리의 허물로 죽은 자"였으며, 구원을 받을 자격이 없고 무능한 존재였다(엡 2:5). 구원하는 은혜(복음)는 보편적인 인간 집단으로서 우리가 도움이 필요했을 때 역사적으로 실현되었다.

요컨대 하나님의 구원하는 은혜는 시간이 시작되기 전에, 심지어 창조 전에 메시아 안에서 한 집단으로서 교회에 주어졌다. 하나님은 아브라함과 그의 자손을 부르심으로써 이 구원의 역사를 이루셨다. 은혜는 복음을 구성하는 사건들이 일어나고 우리에게 도움이 필요했을 때 나타났다. 하나님의 주권이라는 모델은 특히 개인의 구원과 관련하여 하나님의 사랑과 자유를 설명해야만 한다. 어떤 이들은 개인을 위한 하나님의 구원하는 은혜를 영원 전으로 설정하는 것을 선호할 수도 있지만, 집단 언어 때문에 이것은 성경의 확실한 가르침을 벗어난다.

효과

당신은 항상 추위를 많이 타므로 나는 크리스마스에 모직 스웨터를 당신에게 선물한다. 하지만 당신은 알레르기가 있다. 혹은 내가 당신에게 새 로드 자전거를 출퇴근용으로 선물했다고 가정해보자. 그런데 당신은 알래스카의 배에서 일하고 있다. 아니면 당신이 음악을 좋아해서 내가 희귀한 레코드판을 사준다. 그런데 당신은 레코드플레이어가 없다. 이 모든 선물은 좋은 선물이지만, 어떤 선물도 **효과**가 없다. 어떤 선물도 의도한 목적을 달성하지 못한다.

효과성은 우리가 살펴본 은혜의 다른 측면들과 다르다. 우리는 선물 받을 **자격**이나 선물의 **크기**를 평가하는 것이 아니다. 이것은 **혜택을 베풀고자 하는 마음**이나 선물을 주는 **시점**과도 관련이 없다. 선물은 보통 특정한 목적을 위해 준다. 은혜의 효과는 의도한 목적을 달성하는 능력과 관련이 있다.

하나님의 은혜는 효과적일까? 예수를 아는 사람들은 반사적으로 "예!"라고 외친다. 우리를 비롯하여 우리가 알고 사랑하는 사람들은 인격적으로 변화를 경험했다. 따라서 우리의 마음은 감사함으로 넘친다. "나는 앞을 볼 수 없었지만 이제는 본다." 우리는 하나님의 구원하는 은혜에 대한 풍부한 체험적 지식을 가지고 있으므로 반대의 결론을 내리기는 불가능하다.

소위 바울 신학의 묵시학파에 속한 학자들은 은혜를 "구원을 주시는 하나님의 **무조건적인** 행위" 또는 심지어 "전투적 은혜"—인간의 반응조차 필요 없을 정도로 무한히 효과적인 은혜—로 과장되게 표현한다.[17] 하나님의 은혜가 엄청나게 효과적이라는 것을 단언하는 것은 좋지만, 구원하는 은혜가 효과를 나타내는 데 인간의 반응조차 필요치 않다고 제안한다면 우리는 의구심을 가져야 한다. 은혜의 효과는 한계가 있다.

개인적으로 효과가 있다

나는 메시아 안에 거하는 개인을 변화시키는 하나님의 은혜의 효력에 의문을 제기할 의도가 없다. 하나님은 사람을 죄 가운데 무력하게 내버려 두지 않으신다. 우리가 메시아 안에 있다면 우리는 죄에 대해 죽었다(롬 6:6-7). 우리는 더 이상 죄에 지배당하지 않는다. 그 대신 하나님과 왕이신 예수와 그들의 의가 다스린다(롬 6:11-14, 17-20). 사실 **은혜가 우리를 지배한다!**(롬 5:21) 하나님의 구원하는 은혜, 왕이신 예수의 좋은 소식은 죄의 지배를 깨뜨리고 우리가 새로운 삶을 살 수 있게 한다. 은혜는 그리스도 안에 거하는 모든 자들에게 완벽하게 유효하다. 왜냐하면 우리는 말세에 그분의 형상을 닮을 것이기 때문이다(롬 8:29; 고후 3:18). 그러나 이것이 성경에서 말하는 구원하는 은혜 자체의 주된 목적은 아니다. 왜냐하면 성경은 **개인** 구원보

....
17   이 묵시학파는 특히 J. L. Martyn의 바울 신학에 대한 분석과 깊이 연관되어 있다. 이 인용문은 Douglas A. Campbell, *The Deliverance of God* (Grand Rapids: Eerdmans, 2009), 100과 Philip G. Ziegler's *Militant Grace*(Grand Rapids: Baker Academic, 2018)의 제목에서 가져온 것이다.

다는 **집단**을 더 강조하기 때문이다.

우리는 성경이 설정한 은혜의 경계에 관해 고찰함으로써 은혜의 효과에 대해 말하는 방식을 예리하게 만들 수 있다. 하나님의 은혜는 참으로 놀랍지만, 아직 우리를 완전히 변화시키지는 못했다는 점을 고려해야 한다. 우리는 모두 여전히 죄를 짓는다(요일 1:8). 또한 모든 사람이 하나님의 은혜로 변화되었거나 변화될 것은 아니므로 모든 인류에게 보편적으로 효력이 있는 것도 아니다. 그리고 오늘날 우리가 접하는 경솔한 표현과는 달리 성경은 하나님의 구원하는 은혜가 효력을 발휘하려면 인간이 회개, 믿음/충성(피스티스), 세례로 그 은혜에 응답해야 한다고 말한다.

목적이 은혜의 효과를 결정한다

우리는 하나님의 구원하는 은혜의 진정한 효과를 어떻게 평가할 수 있을까? 우리는 일반적으로 은혜가 구원을 위해 존재한다는 것을 알고 있다.[18] 스웨터나 자전거처럼 우리는 받는 사람의 필요에 따라 그 목적을 고려하지 않고서는 특정한 복음-은혜가 좋은 선물인지를 평가할 수 없다. 성경이 은혜의 효과를 어떻게 취급하고 있는지 알고 싶다면 목적에 관한 진술들을 살펴볼 필요가 있다.

구원하는 은혜의 주된 목적은 무엇인가? 바울은 복음을 자세히 설명한 후 "우리가 **모든 민족 안에서 피스티스의 순종을 위하여** 은혜와 사도직

....
18   예. 행 20:32; 고후 6:1-2; 엡 1:6-9; 골 1:6; 딛 2:11-14.

을 받았으니"(롬 1:5, 저자의 번역)라고 말한다. 바울과 다른 사도들은 특정한 이유로 은혜를 받았다. 구원하는 은혜의 목적은 왕이신 예수께 충성하는 것이다.

은혜의 목적은 복음의 구체적인 그리스도 사건들과 매우 밀접하게 연관되어 있고 그것에 의해 규정되기 때문에 우리는 그 기준에 따라 은혜의 효과를 측정해야 한다. "하나님의 구원하는 은혜는 얼마나 효과적인가?"라는 질문은 "복음은 모든 민족 안에서 왕이신 예수께 대한 충성을 끌어내는데 얼마나 효과적이었는가?"라는 질문이 된다. 따라서 구원하는 은혜의 효과를 측정하는 가장 정확한 척도는 모든 민족 안에서 나타나는 왕이신 예수께 바치는 충성이다(참조. 롬 16:26). 바울은 다른 곳에서도 은혜와 복음에 관해 이와 비슷하게 말한다.

이 **복음**을 위하여 그의 능력이 역사하시는 대로 내게 주신 **하나님의 은혜의 선물**을 따라 내가 일꾼이 되었노라. 모든 성도 중에 지극히 작은 자보다 더 작은 나에게 이 **은혜**를 주신 것은 측량할 수 없는 그리스도의 풍성함을 **이방인에게 전하게 하시고** 영원부터 만물을 창조하신 하나님 속에 감추어졌던 비밀의 경륜이 어떠한 것을 **드러내게 하려 하심이라**(엡 3:7-9).

다시 말하지만 은혜의 목적은 여러 민족을 왕의 주권 아래 두고 모든 민족이 왕께 충성을 다하게 하는 것이다. 이것은 하나님의 구원하는 은혜의 효과를 지나치게 과대평가하는 자들의 잘못을 드러낸다. 바울은 구원하는 하나님의 구체적인 은혜를 완벽하게 효과적이거나 저항할 수 없는 것으로 보지 않았다. 왜냐하면 그가 복음을 선포했을 때 그의 동족 유대인들은 대체로 복음을 거부했기 때문이다(행 13:46; 18:5-6; 28:28). 하나님의 말씀은 실패로 돌아가지 않았고(롬 9:6), 은혜로 택하심을 따라 남은 자들을 창출해내는 데 성공했다(롬 11:5-6). 하나님의 자비의 신비한 경륜 안에서 모든 "이스라엘"은 궁극적으로 메시아 안에서 구원을 얻게 될 것이지만(롬 11:26), 이것이 모든 인류의 구원을 의미하지는 않는다. 비록 구원하는 은혜인 복음이 모든 인류에게 주어졌지만, 이 은혜가 모든 인류를 효과적으로 구원하지는 못했다. 따라서 은혜는 전적으로 효과적이지는 않다. 과거와 현재의 많은 이들이 하나님의 은혜를 거부했다(갈 5:4; 히 10:29; 12:15; 유 4절).

가난한 자에서 부유한 공동 통치자로

하나님의 은혜에 관한 또 다른 진술은 이 은혜가 얼마나 복음에 의해 규정되는지를 보여준다. 그 안에서 우리는 은혜가 왕이신 예수와 함께 우리가 공동으로 통치하는 것을 목적으로 삼는다는 것을 발견한다.

> 우리 주 예수 그리스도의 은혜를 너희가 알거니와 부요하신 이로서 너희를 위하여 가난하게 되심은 그의 가난함으로 말미암아 너희를 부요하게 하려 하심이라(고후 8:9).

이러한 은혜에 대한 예리한 묘사는 온전한 복음을 구성하는 구체적인 그리스도 사건들을 간접적으로 요약하기 때문에 복음에 대한 묘사이기도 하다.

하나님이 우리에게 복음-은혜를 주신 이유는 왕이 가난을 기꺼이 받아들임으로써 **우리를 부요케 하려는** 것이었다. 메시아 안에 있는 우리는 어떻게 부요하게 될 수 있을까? 예수가 아버지와 함께 영광 가운데 계셨을 때는 원래 부요하셨다. 그는 성육신과 죽음을 통해 가난해지셨다. 그러나 통치하기 위해 영광의 자리로 돌아가셨을 때 그는 다시 부요하게 되셨다 (참조. 빌 2:6-11). 문맥은 우리가 아버지 하나님의 현존 앞에서 예수와 함께 영광 가운데 다스릴 때 **우리도 부요하게 될 것**임을 암시한다. 우리는 메시아와 연합함으로써 이미 "보증금"을 받았다. 여기서 은혜의 목적은 우리가 영광 가운데 계시는 예수와 함께 왕적 통치를 실현하는 것이다.

바울은 다른 곳에서도 우리가 메시아와 함께 공동으로 통치하는 것이 은혜의 핵심 목적임을 확인한다.

> [하나님께서] 허물로 죽은 우리를 그리스도와 함께 살리셨고 (너희는 은혜로 구원을 받은 것이라) 또 함께 일으키사 **그리스도 예수 안에서 함께 하늘에 앉히시니** 이는 그리스도 예수 안에서 우리에게 자비하심으로써 그 은혜의 지극히 풍성함을 오는 여러 세대에 나타내려 하심이라(엡 2:5-7).

우리는 왕이 계신 하늘의 영역, 즉 왕이 통치하는 바로 그 보좌에 앉는다. 구원하는 은혜는 민족들의 충성뿐만 아니라 부활의 시대에 충성스러운 자들이 자신들의 왕과 함께 공동으로 통치하는 목적도 갖고 있다.

요컨대 구원의 은혜의 효과는 복음의 목적에 미추어 평가되어야 한다. 우리는 왕과 연합되어 있는 모든 개인을 궁극적으로 변화시키는 복음의 능력을 높이 평가해야 한다. 그러나 구원하는 은혜의 효과는 주로 성경에서 집단적 범주에 속한다. 어떤 이들은 왕이신 예수께 충성을 바치지 않았기 때문에 구원하는 은혜의 효과가 성경에서 극대화되지 않는다. 예수께 대한 충성이 하나님의 백성 가운데 성령이 거하실 수 있게 하는 곳이라면 어디서나 하나님의 구원하는 은혜의 효과는 극대화된다.

답례의 선물

은혜의 마지막 측면인 답례의 선물은 가장 중요하다. 왜냐하면 신학자들이 구원을 체계화하는 데 있어 가장 많은 오해를 불러일으키고 가장 큰 왜곡을 가져왔기 때문이다. 요컨대 선물을 받은 사람은 그 선물을 받았다는 의미에서 답례의 선물을 해야 한다.

순수한 선물은 선물을 받는 조건이나 보답의 기대 또는 의무가 전혀 없이 자유롭게 주어지는 선물이다. 현대 사회에서 우리는 순수한 선물이 최고의 선물이라고 이상화하는 경향이 있다. 한 여성이 남자친구가 간절히 바라던 운동화를 선물했다고 가정해보자. 만약 그녀가 남자친구에게 보답을 조건으로 선물한 것이라면 우리는 그것을 썩 좋지 않게 생각할 것이다. 즉 "그는 내가 원하는 테니스 라켓을 사주는 것으로 보답할 경우에만 그 신발을 가질 수 있다"고 생각하거나 그 생각을 표현한다면 말이다. 만약 우리가 선물을 주고 답례로 선물을 요구한다면 우리는 현대인으로서 그 선물하는 행위를 적절하지 않다고 생각한다.

하지만 고대 세계에서 선물이 순수해야 한다거나 답례를 염두에 두지 않고 공짜로 거저 주어야 한다고 생각한 사람은 성경 저자를 포함하여 아무도 없었다. 현대의 가치관으로는 이상적인 선물이 비순환적이라고 생각하지만, 이는 고대의 가치관과 일치하지 않는다. 고대인들은 그와 정반대로 생각했다! 은혜나 선물은 답례 선물로 반드시 보답해야 하는 것이었다. 만약 보답하지 않으면 그 선물을 받는 사람은 그것을 거부한 것이다.

존 바클레이는 "순수한 선물"이라는 개념은 성경이나 고대 세계에서 그 뿌리를 찾을 수 없는 비교적 최신의 발명품이라고 주장한다. 바클레이에 따르면 순수한 선물은 주권적 선물-베풂이 어떠해야 하는지에 대한 새로운 개념에 영향을 받아 16세기에 들어 비로소 서구 문명에서 두드러진 모델이 되었다.[19] 순수한 선물은 절대적인 주권을 가진 몇몇 왕들이 자기들은 보답을 염두에 두지 않고 선물을 하사해야 한다고 생각하면서 이상적인 선물이 되었다. 그러나 성경에서는 그렇지 않았다. **첫 선물이 사회적으로 받아들여지려면 그 첫 선물은 답례 선물이 필요했다.**

답례 선물은 보통 대등하게 주고받지 않았다. 예를 들어 내가 만약 에라스도라는 그리스도인처럼 고린도 시의 재무관이라면(롬 16:23; 참조. 행 19:22, 딤후 4:20) 일부 도로를 포장하는 것으로써 그 도시에 은혜를 베풀 수

....
19　Barclay, *Paul and the Gift*, 52-63, 특히 53.

있다. 그리고 나는 내가 베푼 호의에 대한 보답으로 고린도 시에서 나에게 공식적으로 감사하는 뜻에서 기념비를 세워주는 것을 기대할 수 있다. 바로 그런 고대의 비문이 1929년에 고린도에서 발견되었다. "에라스도는 조영 관[선출직 관리]이 된 것에 대한 보답으로서 자비로 이 도로를 포장했다." 만약 고린도 시민들이 이 기념비를 세우는 것을 거부했다면 에라스도는 후 원자로서 이 은혜 베푸는 것을 보류하거나 이 포장된 도로를 나중에 뜯어 냈을 수도 있었을 것이다. 고대 세계에서는 이런 행동을 당연하게 여겼을 것이다. 답례를 하지 않는 것은 은혜가 거부되었음을 의미했다. 고대 세계 에서는 선물을 받으면 **반드시** 어떤 종류의 답례가 선물로 **주어져야만** 했다. 그렇지 않으면 처음에 준 선물이 거부되었다는 사회적 신호가 보내진다.

은혜는 답례를 필요로 했다. 성경의 구원관을 이해하는 데 있어 답례 의 중요성은 아무리 강조해도 지나치지 않다. 하나님의 구체적인 은혜(복 음)가 받아들여지려면 그 은혜에 대한 답례가 필요했다. 이 답례의 선물은 무엇일까? 성경의 일관된 대답은 **피스티스**, 즉 왕이신 예수께 구현된 충 성이다. 그것이 바로 신약성경이 **피스티스**를 전적으로 왕이신 예수께 대 한 올바른 구원의 응답으로 인식하고(예. 롬 1:17; 3:21-26; 4:5; 5:1; 갈 2:16; 3:26), 동시에 영생을 위한 하나님의 명령에 부합하는 일을 행하고 순종하 는 것에 대해 말할 수 있는 이유다(예. 요 3:36; 롬 2:6-16; 고후 5:10; 갈 5:21; 살 후 2:8; 살후 1:8; 히 5:9; 벧전 4:17).

고대에는 은혜가 자격 없이도 거저 주어질 수 있었지만, 그것에 대한 보답은 여전히 필요했다. 자격과 보답은 은혜의 서로 다른 차원이며, 각기 다른 수준에서 고대의 여러 저자들에 의해 강조되었다. 우리가 이 둘을 구별하지 못하고, 만약 보답(충성의 선한 행위를 포함하여; 6장을 보라)을 요구할 경우 거저 주어지는 은혜는 결코 은혜로 간주될 수 없다고 여긴다면 우리는 성경이 제시하는 대로 은혜를 이해하지 못한 것이다.

이것이 바로 값없는 은혜 운동(free-grace movement) 안에서 벌어진 일이다. 제인 호지스는 다음과 같이 말한다. "은혜와 행위는 결코 동시에 공존할 수 없다. 이 둘은 상호배타적이다.…하나님이 우리를 은혜로 받아들인다면 그것은 어떤 행위와도 관련이 없다."[20] 호지스는 은혜를 마치 순수한 선물인 것처럼 여겼지만, 성경이나 고대 세계에서는 은혜를 그렇게 이해하지 않았다.

값없는 은혜 운동은 수많은 오류로 가득 차 있다. 이 운동은 **거짓 은혜**를 조장한다. 왜냐하면 바울도 동시대인들처럼 은혜는 구현된 보답을 요구한다고 믿었다는 것을 깨닫지 못하기 때문이다. 이 운동은 **거짓 복음**을 주장한다. 왜냐하면 온전한 복음을 죄를 위해 희생하신 예수의 죽음으로 축소하기 때문이다. 이 운동은 **거짓 믿음**을 조장한다. 왜냐하면 믿음에서 충성에 대한 요구를 제거하기 때문이다. 다음 장에서 살펴보겠지만, 이 운동은 근본적으로 믿음이 마치 육체적인 행동과 무관한 정신적 또는 심리적 태도인 양 오해한다.

....
20   Hodges, *Absolutely Free!*, 72.

바울이 상기시켜주듯이 복음의 선물, 곧 십자가의 메시지는 어리석은 것이다(고전 1:18). 왜냐하면 그것이 치료 효과를 발휘할 수 있는 유일한 약이기 때문이다. 우리를 무감각한 상태에서 깨어나게 하려면 은혜는 충격적이어야 한다. 우리는 "정말요? 하나님이 나를 그토록 사랑하셔서 기꺼이 **그렇게** 하길 원하신다고요?"라고 말한다. 우리가 복음을 온전히 깨달으면 우리는 친구 톰의 회심 소식을 들은 필립 얀시처럼 기쁨과 감사의 눈물을 흘리며 웃을 수밖에 없을 것이다.

구원하는 은혜는 복음의 구체적인 사건들 없이는 결코 정의될 수 없다. 그것은 자격 없는 자에게 거저 주어지는 것이며 그 규모는 매우 크다. 그것은 선하지만 무한정하지는 않다. 왜냐하면 그것은 거부되고 부패할 수 있으며, 보편적인 구원을 가져다주지 않기 때문이다. 구원하는 은혜는 창조 이전에 아들 안에서 교회 전체—반드시 특정 개인에게 주어진 것이 아닌—에 주어졌다. 구원하는 은혜는 왕과 연합한 개인을 변화시키는 데 전적으로 효과적이다. 그러나 은혜의 거시적 목적이 모든 민족 안에서 왕이신 예수께 충성하는 것임을 고려하면 은혜는 이것을 실현하는 일에 있어 완벽하게 효과적이지만은 못했다.

마지막으로 은혜는 공짜로 값없이 주어지지만, 그 은혜의 특별한 혜택은 그 선물의 조건이 충족될 경우에만 받을 수 있다. 은혜는 보답을 요구한다. 최상의 구원하는 은혜(선물)는 복음이다. 복음이 받아들여졌음을 보여

주는 답례의 선물은 왕께 대한 충성(피스티스)이다. 다음 장에서는 "믿음"이
라는 답례의 선물은 외부지향적이고 독특하며 삶으로 구현된다는 것을 보
여주고자 한다.

5장

믿음은 몸으로 구현된다

세례는 믿음과 육체적 활동이 서로 분리될 수 없음을 상기시킨다. 복음이 말하는 충성은 그 이유를 더 잘 이해하도록 돕는다. 내 친구 존은 최근에 딸에게 세례를 주었다. 나는 수년 동안 존과 복음이 말하는 충성에 대해 이야기해왔다. 그가 이전에 갖고 있던 구원에 대한 이해는 매우 단순했다. "당신은 그저 예수를 믿기만 하면 된다. 예수는 당신의 죄를 대신 짊어지신다. 그가 죄를 대신 지시면 당신은 깨끗해진다." 그는 새로운 정보가 필요했다. N. T. 라이트의 책들은 그가 왕의 복음을 이해하는 데 도움이 되었다. 나는 그가 믿음을 충성으로 다시 생각하도록 돕기 위해 내가 이전에 쓴 책 『오직 충성으로 받는 구원』을 그에게 주었다. 그러나 그는 그 책에 담긴 정보를 넘어 감정적으로나 영적으로 처리해야 할 것이 많았다.

그 긴 여정은 이 세례가 존에게 특별한 계기가 되게 했다. 이 과정을 거친 후 그는 이제 딸이 세례를 복음이 말하는 충성의 의식으로 받아들이도록 도울 수 있게 되었다. "너는 네가 예수께 충성을 맹세한다는 것이 무엇인지 이해해야 해. 이것은 영구적인 서약이야." 하지만 내 친구와 그의 딸이 나눈 세례에 관한 내용은 단순히 올바른 구원론에 관한 것이 아니다. 그것은 일상의 삶에 관한 문제다.

세례는 일반적으로 예수의 주 되심에 대한 육체적 복종의 첫 번째 행위이며, 매일의 삶 속에서 습관화되어야 하는 구현된 제자도의 첫 번째 단계다. 존이 자신이 어렸을 때 배운 복음을 단순히 딸에게 되풀이했다면 그 것은 온전한 복음이 아닐 뿐만 아니라 예수의 왕권이 그녀의 일상의 삶 속 에서 아무것도 요구하지 않을 것이다. 만약 우리의 복음이 너무 작아져 있 다면—만약 그것이 그저 한낱 속죄의 거래로 축소되어 있다면—우리는 제 자의 삶을 위한 복음의 힘을 모두 상실하게 될 것이다. 아니면 더 나쁜 상황 이 벌어질 수도 있다. 우리는 제자의 삶이 우리의 최종 구원과 아무런 관계 가 없다고 스스로 기만할 수도 있다.

　　이제 그녀의 세례는 앞으로 그녀의 선택에 영향을 미치게 된다. "내 딸 이 왜 그토록 자기를 짜증 나게 만드는 냄새 풀풀 나는 오빠를 참아야 하느 냐고 물으면 나는 '예수께 충성을 바치겠다고 서명한 것이 바로 이것 때문 이 아니겠니?'라고 말하곤 한다." 존은 딸에게 세례가 충성을 구현하는 것 임을 상기시킴으로써—그리고 그리스도인이 되려면 충성을 반복해서 실 천하는 법을 배워야 한다는 것을 상기시킴으로써—그의 딸에게 제자의 삶 을 다시 일깨워줄 수 있다. 예수를 믿는 "믿음"에는 세례와 그 이후에도 예 수께 몸으로 충성하는 것이 포함되어 있다.

오늘날의 믿음과 행위

루터교, 침례교, 장로교, 감리교, 메노나이트, 가톨릭, 정교회 등 모든 주요 기독교 교파와 단체(값없는 은혜 지지자를 제외하고)는 최종 구원을 위해서는 선한 행위가 필요하다는 데 동의한다. 개신교와 가톨릭이 모두 이것을 믿지만, 그 방법에 있어서는 다양하게 생각한다. 다음 두 장에서는 믿음과 행위가 어떻게 복음-충성 모델 안에서 하나의 일관된 기독교의 구원 체계를 형성하고 있는지를 보여줄 것이다. 2장에서는 구원을 가져다주는 믿음이 충성이라는 증거를 제시했다. 이 장에서는 믿음이 외부지향적이고, 반드시 몸으로 구현되며, 유일하게 구원을 가져다준다는 것을 보여줌으로써 이를 더욱 분명하게 보여줄 것이다. 이는 다음 장에서 행위가 어떻게 근본적으로(단지 부수적인 것이 아니라) 구원을 가져다주는지에 대한 논의로 이어질 것이다. 복음-충성 모델은 믿음(피스티스)과 행위의 관계를 다른 개신교 모델과 다르게 설명하고 있기 때문에 여기서는 오늘날의 표준 목회 자료와 비교하는 것으로 시작한다.

값없는 은혜

값없는 은혜의 관점에서 글을 쓴 제인 호지스는 "그리스도의 주권에 복종하는 것은 어떤 의미로도 영생의 조건이 아니다"라고 주장한다.[1] 그는 믿음은 순전히 복음의 진리에 대한 내적 확신이므로 행위는 구원과 전혀 관련이 없다고 생각한다. "성경에서 말하는 진정한 믿음이란 하나님의 증언을 받아들이는 것이다. 하나님께서 복음을 통해 우리에게 말씀하시는 것이 사실이라는 것이 **내적 확신**이다. 그것이―그리고 그것만이―구원하는 믿음

---

1 Zane C. Hodges, *Absolutely Free! A Biblical Reply to Lordship Salvation* (Dallas: Rendención Viva, 1989), 172.

이다."[2] 믿음을 정의하는 데 있어 초점이 "내적 확신"에 가 있다는 점에 주목하라. 우리는 그것을 나중에 다시 살펴볼 것이다. 값없는 은혜의 입장은 성경을 통해 뒷받침될 수 없는 복음, 은혜, 믿음의 정의에 기초한다.

주권 구원

호지스와는 달리 존 맥아더는 참으로 구원하는 믿음에는 예수의 주 되심에 대한 확신이 포함되어야 한다고 믿는다. 나는 이에 전적으로 동의한다. 그러나 맥아더가 구원에 있어 행위에 관해 말하는 방식에는 미묘한 의미가 더해질 여지가 있다.

> 참된 구원은 행위로 얻을 수 없다.…인류나 사탄이 만들어낸 거짓 종교는 모두 인간의 공로를 강조하는 종교다.…그들은 사람들이 의를 얻거나 신을 기쁘게 하기 위해 무엇을 해야 하는지에 초점을 맞추고 있다. 성경적 기독교만이 신적 업적의 종교다. 다른 종교는 "이것을 행하라"고 말한다. 기독교는 "다 이루었다"고 말한다.[3]

맥아더는 행위는 구원을 얻는 데 있어 그 어떤 긍정적인 역할도 하지 않는다고 생각한다. 구원은 전적으로 예수가 우리를 위해 성취하신 것이다. 그

----

2   Hodges, *Absolutely Free!*, 31.
3   John F. MacArthur Jr., *Faith Works: The Gospel according to the Apostles* (Dallas: Word, 1993), 99.

러나 더 심각한 것은 맥아더는 칭의를 철회할 수 없는 하나님의 무죄 선언에 근거하여 개인적 구원에 이르는 순간으로 간주한다는 점이다.[4] 하지만 그는 믿음은 여전히 예수의 주 되심에 복종하는 것을 요구한다고 믿는다 (나도 이에 동의한다). 그렇다면 그는 믿음과 행위를 어떻게 조화시킬까?

> 이것은 믿음과 행위를 섞는가?…전혀 그렇지 않다.…믿음은 **외적** 결과를 가져오는 **내적** 실체다. 믿음이 순종을 포함한다고 말할 때 우리는 하나님이 주신 순종의 태도를 말하는 것이지, 행위를 믿음의 정의의 일부로 만들려는 것이 아니다.…믿음 자체는 순종의 행위가 나타나기 이전에 이미 완전하다. 그러나 착각하지 말라. 진정한 믿음은 항상 의로운 행위를 낳는다. 믿음은 뿌리이고 행위는 열매다.[5]

맥아더는 구원의 근간과 관련하여 믿음과 행위는 기름과 물처럼 섞일 수 없다고 생각한다. 맥아더는 호지스와의 견해 차이에도 불구하고 믿음은 외적인 선한 행위로 이어지기 전에 그 자체로 완전한 **내적 태도**라고 생각한다. 맥아더가 말했듯이 "믿음과 불신앙은 마음의 상태다. 그러나 그것은 반드시 행위에 영향을 미친다."[6] 다시 말해 믿음은 반드시 선행해야 하는 내

....

4   MacArthur, *Faith Works*, 89-91, 98. MacArthur는 칭의를 성화와 구별되지만 분리될 수 없는 것으로 간주한다. 이 견해의 문제점에 대해서는 다음을 보라. Matthew W. Bates, *Salvation by Allegiance Alone* (Grand Rapids: Baker Academic, 2017), 172-75.

5   MacArthur, *Faith Works*, 50.

6   MacArthur, *Faith Works*, 51.

면의 정신적 또는 감정적 자세이며, 외적인 선한 행위는 반드시 그 뒤를 따르게 된다.

표준적인 견해

맥아더의 기본적인 입장은 개신교인들의 표준적인 견해를 반영한다. 이 견해는 존 파이퍼, R. C. 스프로울, 매트 챈들러, 토머스 슈라이너를 비롯한 수많은 이들의 지지를 받는다.[7] 이들은 모두 믿음을 주로 그리스도 안에서 하나님이 하신 약속에 대한 내적 확신, 특히 믿음으로 의롭다 하심을 받을 수 있다는 확신으로 여긴다. 외적 행동으로서의 모든 행위는 구원의 근거에서 제외된다. 그러나 내면의 믿음이 진실하다면 선한 외적 행위는 항상 따라올 것이다. 이러한 선한 행위는 칭의의 일부가 아니라 성화의 일부로 간주된다. 앞으로 살펴보겠지만, 이 표현은 루터의 근본적인 통찰을 바탕으로 칼뱅이 처음으로 주창한 전통적 개신교의 입장을 표현한다. 그렇기 때문에 가톨릭뿐만 아니라 거의 모든 개신교도들이 구원을 위해서는 선한 행위가 요구된다는 데 항상 동의해왔다.

....

7   다음을 보라. John Piper, *The Future of Justification* (Wheaton: Crossway, 2007), 특히 103-16; R. C. Sproul, *Faith Alone* (Grand Rapids: Baker, 1995), 특히 67-91, 135-71; Matt Chandler, with Jared Wilson, *The Explicit Gospel* (Wheaton: Crossway, 2012), 13-15, 56-59, 135-54, 203-22; Thomas S. Schreiner, *Faith Alone: The Doctrine of Justification* (Grand Rapids: Zondervan, 2015), 97-143, 191-206.

복음이 말하는 충성

복음-충성 모델은 행위가 믿음(피스티스)과 어떻게 관련되어 있는지에 대해 약간 다른 결론을 제시한다. 교회 역사가 진행되는 동안 믿음에 대한 이해는 변화했다. 믿음의 개념은 외적, 육체적, 능동적인 것으로 시작해서 내적, 감정적, 수동적인 것으로 바뀌었다. 가톨릭과 개신교는 모두 이러한 영향을 받았다. 이러한 변화는 사람들의 주목을 거의 받지 못했기 때문에 나중에 교회는 믿음과 행위 사이의 올바른 성경적 관계를 설명하는 데 어려움을 겪었다. 우리가 이러한 변화와 왕에 대한 복음의 초점을 점점 인식함에 따라 복음-충성 틀 안에서 새로운 종합이 가능해진다.

오직 믿음으로만 구원받는다는 개신교의 주장은 옳다. 그러나 전통적 개신교의 입장은 더욱 정제되어야 한다. 왜냐하면 구원을 가져다주는 선한 행위는 단순히 예수에 대한 **피스티스**를 따라오는 것이 아니기 때문이다. 구원을 가져다주는 선한 행위는 왕이신 예수께 대한 충성을 구현한 **피스티스**의 일부다. 이것은 구원을 가져다주는 믿음이 주로 내적 확신이 아니기 때문에 사실이다. 또한 지적 동의가 먼저 일어나고 그 후에 육신의 행위가 따른다는 것도 사실이 아니다. 피스티스는 처음부터 육신에서 발생한다. 따라서 선한 행위는 왕이신 예수께 대한 피스티스와 독립적으로는 결코 구원을 가져다주지 못하며, 오직 그 선한 행위가 예수께 대한 피스티스로 구현될 경우에만 구원을 가져다준다.

외부지향적인 믿음

인간의 활동을 가리킬 때 믿음은 일반적으로 심리적이거나 감정적이기보다는 관계적이고 외부지향적이다. 이것이 신약 시대의 믿음을 탐구한 가장 포괄적이고 권위 있는 연구의 주된 결론이다. 테레사 모건은 그녀의 저서 『로마 신앙과 기독교 신앙』(*Roman Faith and Christian Faith*)에서 신약성경과 다른 관련 문서에 초점을 맞추어 고대에 **피스티스**(그리고 그것에 해당하는 라틴어 **피데스**[*fides*])의 수없이 다양한 용법을 조사한다.

신약 시대에는 **외적 행동**을 통해 어떤 사람 또는 어떤 것에 대한 믿음(**피스티스**)을 표현했다. 피스티스는 주로 내면의 태도나 감정보다는 외적 행위를 의미한다. 그렇다고 내면이나 정신적인 측면이 전혀 없다고 말할 수는 없지만, 외적 행위에 방점이 찍힌다. 다음은 고대 문서에 나오는 몇 가지 사례다. 변호사는 사회적으로 위험한 상황에서도 힘없는 의뢰인에게 **피스티스**(충성/충실)를 실천한다.[8] 의심받을 수 있는 사람은 현재나 미래의 신뢰성을 입증하기 위해 **피스티스**(증거 또는 보증)를 보여준다.[9] 당신은 맹세에 대한 **피스티스**(충실함)를 보여주기 위해 행동한다.[10] 백성들은 정권을 약화하기보다는 지지함으로써 군주에게 **피스티스**(충실함)를 보여준다.[11] 악

....

8 Plutarch, *Precepts of Statecraft* 805B.
9 Josephus, *Antiquities of the Jews* 9.145.
10 Josephus, *Jewish War* 2.135.
11 Josephus, *Jewish War* 2.341.

한 지도자는 조약을 위반하여 다른 사람들에게 좋지 못한 **피스티스**(믿음)를 실천한다.[12] 행정관은 일상적인 국정의 수행에서 왕에게 **피스티스**(충성심)를 보여준 것에 대해 칭찬을 받는다.[13] 군인들은 전투에서 왕 곁에서 왕에게 **피스티스**(충성)를 보여준다.[14] 이 모든 사례는 피스티스에 수반되는 행동이 종종 외부지향적이고 관계적임을 보여준다.

신약 시대의 피스티스는 단순한 "마음이나 정신의 기능"이 아니다.[15] 이 시대의 저자들은 믿음을 감정이나 태도, 심리적 태도로 묘사하지 않는다. 대신 그들은 "신앙의 관계성에 끊임없이 초점을 맞춘다." 또한 고대인들과 성경 저자들은 감정과 정서를 함께 묶거나 분류할 때 그러한 목록에 **피스티스**를 포함하지 않는다. 그들은 단순히 **피스티스**를 주로 내향적인 개인적 신뢰나 확신으로 간주하지 않았다. 그러나 감정이나 정서에는 종종 피스티스가 수반되기 때문에 내적인 태도와 외적인 행위를 완전히 분리하는 것은 불가능하다. **피스티스**는 내면의 느낌 및 감정과 관련이 있지만, 그 자체는 그렇지 않다고 말하는 것이 가장 안전하다. 요컨대 모건이 내린 결론처럼 "이 시기의 자료들은 **피스티스/피데스**의 내면성에 대해 거의 관심이 없다."[16]

....

12   Josephus, *Antiquities of the Jews* 12.396.
13   Josephus, *Antiquities of the Jews* 11.217.
14   Plutarch, *On the Fortunes of Alexander* 344e.
15   Teresa Morgan, *Roman Faith and Christian Faith* (Oxford: Oxford University Press, 2015), 14.
16   Morgan, *Roman Faith and Christian Faith*, 29.

심지어 지적 활동으로서의 **피스티스** 용례조차도 외적 사실이나 진리와의 올바른 관계에 초점을 맞춘다.[17] 예를 들어 마르다는 예수께 "주는 그리스도시요 세상에 오시는 하나님의 아들이신 줄 내가 **믿나이다** [*pepisteuka*]"(요 11:27)라고 말한다. 마르다는 어떤 외적 실재에 관한 명제를 믿는다. 그녀는 예수가 그리스도이심을 확언한다. 이러한 지적 활동조차도 육체에서 비롯되어 육체 안에서 전개되지 않고서는 결코 이루어질 수 없다.

다른 가능한 반증의 사례들도 머릿속에 떠오른다. 예를 들어 바울은 "사람이 **마음**으로 믿어[*pisteuetai*] 의에 이른다"(롬 10:10)라고 말하지 않는가? 그렇다. 그리고 여기서 마음(*kardia*)은 지성의 자리를 의미하며, 종종 감정과 의지를 모두 포함한다. 그러나 문맥은 바울이 **하나님의 약속에 대한 내적 확신**을 가지고 있다고 암시하지 않고, 오히려 믿는 행위는 외적인 복음 사건인 예수의 부활(10:9을 보라)—예수가 왕으로 즉위하게 된 사건—을 사실적으로 가리키고 있다.

요약하자면 그리스-로마 세계나 신약성경에서는 **피스티스**가 주로 내면에 초점을 맞춘 정신적, 심리적, 감정적 자세로 간주되지 않았다는 상당한 증거가 있다. 또한 믿음이 순전히 수용적이거나 수동적이라는 주장은

....
17 종교개혁자들과 MacArthur, Piper, Sproul과 같은 목회자-학자들은 (이 장에서 보여주듯이) 피스티스를 주로 광범위하게 (그리고 의문스럽게) 내적 확신으로 간주하지만, 동시에 그들은 "믿음" 또는 "신뢰"에 객관적이고 외적인 기독교 내용이 부재하지 않다고 올바르게 인식한다. 따라서 나는 이 점에 대한 표준적 견해를 비판하는 것이 아니다.

성경의 단도직입적인 가르침이기보다는 성경에 대한 철학적이며 체계적인 입장이다. **믿음은 관계적이고 외면화된 것이었다.** 믿음은 확신에 찬 신뢰 또는 의지의 내적 **감정**보다는 다른 사람(또는 외적 사물)을 향한 신뢰나 충성을 **보여주는** 외부지향적인 것이었다.

아브라함의 믿음

복음-충성 모델을 자세히 검토하는 자들은 아브라함과 연관된 질문들을 자주 던진다. 당연하다.[18] 바울에게 있어 아브라함의 믿음(피스티스)은 "충성에 기반한 신뢰"라고 표현하는 것이 가장 적절하다. 나의 결론부터 말하자면 왕이신 예수의 복음은 모든 민족의 충성 요구를 포함하여 이미 그 약속 안에 들어 있었다.

아브라함은 바울이 말하는 **피스티스**의 대표적인 예다. 그러나 우리는 아브라함의 피스티스가 그저 추상적으로 규정되지 않고(하나님의 일반적인 약속에 대한 확신), 복음에 의해 규정된다는 것을 인식해야 한다. 구원하는 **피스티스**는 믿음 자체가 효과적이거나 그리스도가 하나님의 모든 약속에 포

---

18 나는 아브라함에 관한 질문을 *Salvation by Allegiance Alone*(5장)에서 자세히 다룬다. 다음 내용은 내가 거기서 말한 내용을 더욱 선명하게 해준다. 이 섹션의 일부는 다음에 먼저 게재되었다. Tavis Bohlinger, "Abraham's 'Allegiance' to King Jesus? Part 4 of the Matthew Bates Interview," Logos Academic Blog, June 22, 2017, https://academic.logos.com/abrahams-allegiance-to-king-jesus-part-4-of-the -matthew-bates-interview. 나는 문구를 수정하고 다시 작성했다.

함되어 있다는 어떤 사적인 영역의 내적 확신이 아니다. 구원하는 피스티스는 외적이고 관계적이며 왕의 복음과 구체적으로 연관되어 있다. 아브라함의 믿음은 **외적으로는** 충성을 요구하는 복음을 지향하고 **관계적으로는** 언약을 통해 복음을 약속하신 하나님을 지향한다.

아브라함의 믿음은 왕이신 예수의 복음이 아브라함에게 미리 선포되었을 정도로 그 복음에 대한 것이었다. 핵심 구절은 "또 하나님이 이방을 **피스티스**로 말미암아 의로 정하실 것을 성경이 미리 알고 먼저 아브라함에게 복음을 전하되 모든 이방인이 너로 말미암아 복을 받으리라 하였느니라"(갈 3:8)라고 말한다. 아브라함은 여기서 "모든 민족이 너로 말미암아 복을 받을 것"이라는 복음을 받았다.

바울에게 있어 모든 민족이 복을 받는다는 이 복음은 무엇일까? 그것은 모든 민족이 아브라함의 자손인 왕 예수께 충성을 다하고 성령의 공동체 안으로 들어가면서 그들이 아브라함의 자손의 깃발 아래 모이는 과정에 있다는 것을 말한다(갈 3:14). 즉 갈라디아서 3:11(롬 1:17과 마찬가지로)에서 우리는 "의인은 충성으로 말미암아 살 것"(참조. 합 2:4)이며, 또 이것은 그의 백성을 구속하는 왕의 신실함을 가리키며(갈 3:13), 이로써 그들은 약속된 성령을 통해 충성을 실천할 수 있다(갈 3:14)는 것을 발견한다. 아브라함에게 약속된 축복은 복음의 목적, 즉 모든 민족의 "**피스티스**의 순종"을 가져오는 것과 직접 관련이 있다(롬 1:5; 16:26; 참조. 15:15-18).

아브라함은 그리스도 안에서 하나님의 이신칭의의 약속을 신뢰함으로써 의롭다 하심을 받은 것이 아니라(마치 그것이 복음의 내용이나 핵심인 양)

모든 민족이 자기 후손을 통해 복을 받을 것이라는 복음을 신뢰함으로써 의롭다 함을 받았다. 아브라함의 신뢰는 복음의 하나님에 대한 그의 **지속적인** 충성의 일부다. 야고보가 우리에게 상기시켜주듯이 "우리 조상 아브라함이 그 아들 이삭을 제단에 바칠 때에 행함으로 의롭다 하심을 받은 것이 아니냐? 네가 보거니와 믿음[피스티스]이 그의 행함과 함께 일하고 행함으로 믿음[피스티스]이 온전하게 되었느니라"(2:21-22). 아브라함은 약속된 왕적 복음에 대한 그의 초기 **피스티스**뿐만이 아니라 그 피스티스의 인내에 근거하여 의롭다 함을 인정받았다(약 2:23). 아브라함은 인생 여정 내내 하나님에 대한 불완전하지만 진정한 충성된 신뢰를 보여주었다. 구원하는 **피스티스**는 단 한 번으로 끝나는 일회성 행위가 아니다.

바울은 로마서 4:16-25에서 신뢰하는 충성의 극적인 순간을 자세히 설명한다. 아브라함의 씨로서 이삭을 다시 살리신 것은 예수의 부활과 즉위를 예고한다(19-25절). 아브라함은 하나님이 한 명의 후손을 통해 죽음(생명이 없는 사라의 태, 처녀의 태와 무덤에 상응하는)에서 생명(즉 이삭, 예수와 부활에 상응하는)을 일으킬 수 있다고 믿었다(롬 4:17-18; 참조. 갈 3:16). 아브라함은 이 씨를 통해 여러 민족에 복이 전해질 수 있다는 구체적인 복음의 약속을 몸으로 믿어야 했다. 성관계보다 더 육체-중심적인 것이 어디 있겠는가?

본문은 그의 **피스티스**가 외면화되었다고 말한다. "그는 **피스티스**로 힘을 얻어 **하나님께 영광을 돌리고** 하나님께서 약속하신 것은 능히 하실 수 있다고 확신하였다"(롬 4:20, 저자의 번역). 아브라함의 신뢰는 하나님께 영광을 돌리는 충성과 하나님의 명령에 대한 **즉각적이고 반복적인** 순종을 통해 몸으로 표현되었기 때문에 외면화되었다(예. 창 12:1-4; 15:1-10; 22:1-12). 그 씨를 통한 모든 민족의 축복은 이제 성령을 주셨기 때문에 왕이신 그리스도 안에서, 그리고 왕이신 그리스도를 통해 이루어졌다(참조. 갈 3:14). 우리는 지적 신뢰와 육체적 충성을 분리할 수 없으며, 전자가 반드시 후자보다 선행하거나 후자의 원인이라고 주장할 수도 없다.

아브라함은 예수에 대한 구원하는 충성을 보여주었는가? 그 답은 그렇기도 하고 그렇지 않기도 하다. 그렇다고 말할 수 있는 이유는 그가 미래의 씨, 곧 왕이신 예수의 죽음과 부활을 통해 세상을 축복하겠다고 약속하신 하나님(궁극적으로 삼위일체: 아버지, 아들, 성령)께 충성을 다했기 때문이다. 그렇지 않다고 말할 수 있는 이유는 창조세계가 타락하지 않은 인류의 지배를 받게 하려는 하나님의 계획을 성취하면서 삼위일체의 제2위가 아직 **인간** 왕이 되지 않았기 때문이다. 또한 그는 아직 하나님 우편에 오르지도 않았다. 더욱이 온전히 구원하는 **피스티스**가 구약 시대에는 아직 계시되지 않았으며, 그것은 오직 메시아를 통해서만 주어질 것이었기 때문이다 (갈 3:23-25). 그때가 오면 죄를 위한 메시아의 죽음이 이전에 지은 죄를 덮을 것이다(롬 3:25).

요약하자면 아브라함의 구원하는 **피스티스**는 우리 현대 그리스도인의 **피스티스**와 일치한다. 이 두 **피스티스**는 모두 믿음과 의롭다 여김을 받는 것에 있어 궁극적으로 충성을 요구하는 왕이신 예수의 복음을 가리킨다. 아브라함은 왕이신 예수와 관련된 하나님의 구체적인 약속을 지속적으로 신뢰함으로써 하나님께 충성을 바쳤다. 아브라함은 (처음 부름을 받았을 때와 그의 생애 내내) 하나님께 대한 이러한 신뢰의 충성을 구현했다. 이 약속들의 내용은 속죄뿐만 아니라 복음 전체—죄를 위한 메시아의 죽음, 그의 부활, 왕으로서 그의 정당성을 인정받음, 성령 파송, **그의 열방에 대한 충성을 요구하는 통치** 등—를 예고했다. 따라서 구원하는 믿음은 단순히 예수의 공로가 우리에게 의로 여겨진다는 약속을 신뢰하는 것이 아니다. 믿음에 대한 이러한 해석은 복음의 전반적인 내용을 진지하게 받아들이지 않는다. "예수는 왕이시다"는 복음의 뼈대이자 절정이므로 복음에 대한 반응으로서 **피스티스**의 적용된 의미는 신뢰를 부정하는 것이 아니라 왕에 대한 육체적 충성을 최전면에 내세운다.

아브라함의 **피스티스**는 의롭다 함을 인정받는 결과를 가져왔다. 왜냐하면 그의 피스티스는 **육체적으로 외면화되고 관계적으로는** 복음의 하나님을 **향했기** 때문이다. 우리도 마찬가지다(이 논리에 대해서는 특히 롬 4:23-25을 보라). 아브라함의 **피스티스**(신뢰)는 삼위일체 하나님에 대한 충성을 내포했는데, 이는 왕이신 예수의 복음이 모든 민족의 충성을 목적으로 하며, 이 복음은 이미 약속 안에 들어 있었기 때문이다.

외적인 것이 내적인 것이 되었다

나는 이제 두 가지 요점이 명확해졌기를 바란다. 첫째, 오늘날 대다수의 사람들은 믿음을 내적인 지적 의미로서 그리스도 안에 있는 하나님의 약속에 의존하는 것으로 본다. 둘째, 신약성경에서 믿음은 주로 외적이고 관계적

5장 믿음은 몸으로 구현된다

이었다. 이는 서구 신학이 오랜 기간 믿음에 대한 불확실한 이해에 지배를 당해왔다는 것을 의미한다.

믿음이 정확히 어떻게 외적인 것에서 내적인 것으로 바뀌었는지는 이 책의 범위를 벗어난다. 그러나 만약 우리가 변화의 전반적인 양상을 추적해본다면 복음이 말하는 충성 모델이 왜 앞으로 나아갈 길을 열어주는 데 도움이 될 수 있는지를 더 잘 이해할 수 있을 것이다.

외적인 것에서 내적인 것으로의 변화는 성 아우구스티누스(354-430)와 함께 빠르게 진행되었다. 그는 믿음이 두 부분으로 나뉘어 있다고 설명한 것으로 유명하다. "믿어야 할 믿음"(즉 지적으로 동의해야 할 기독교 교리의 내용)과 "믿게 하도록 만드는 믿음"(즉 신뢰적 동의의 내적 움직임)이 바로 그것이다. 모건은 아우구스티누스의 정의 중 그 어느 것도 신약성경 및 관련 문헌에서 피스티스의 의미를 정확하게 취급하지 못한다는 것을 보여준다. 그렇다고 믿음에 대한 아우구스티누스의 이중적 이해가 성경의 개념과 관련이 없다는 것은 아니다. 그러나 둘 다 핵심에서 벗어났다.[19]

믿음에 대한 아우구스티누스의 무한한 영향력은 개신교 종교개혁자뿐만 아니라 중세 가톨릭 입장에 영향을 미쳤다. 믿음은 성경의 증거가 말하는 것보다 더 내적이고 심리적이며 감정적이고 수동적(또는 수용적)이 되었다. 믿음은 왕이신 예수께 대한 외적인 충성보다 하나님이 우리 안에서 행하시는 일, 즉 사랑으로 형성된 올바른 교리에 대한 지적 믿음(중세 가톨

---

19   Morgan, *Roman Faith and Christian Faith*, 29-30, 224-30, 444-72.

릭)이나 *그*분의 약속에 대한 내적 신뢰를 일으키는 것에 더 무게가 실리게 되었다(개신교).

16세기에 믿음에 대한 마르틴 루터의 가장 방대한 정의는 믿음을 하나님의 선물로, 올바른 교리에 대한 믿음으로, 필연적으로 선한 행위를 낳는 것으로 묘사한다. 믿음은 하나님의 확실한 약속을 붙드는 것을 포함하므로 부분적으로는 외부지향적이다. 그러나 루터는 믿음이 **개인적인 확신**이나 자신감, 그리고 구체적인 **내적 감정**으로 특징지어진다고 강조한다.

> 믿음은 살아 있고 흔들리지 않는 확신이며, 은혜를 위해 천 번이라도 죽을 수 있을 정도로 은혜에 대한 확신이다. 하나님의 은혜에 대한 이런 종류의 확신과 지식은 하나님과 모든 인류와의 관계에서 우리를 기쁘게 만들고 활기차고 열정적으로 만든다.[20]

루터는 아우구스티누스와 마찬가지로 믿음을 주로 **믿어야 할 교리**와 **신뢰하는 내적 감정**으로 나누었다.

장 칼뱅은 루터와 마찬가지로 믿음의 근거를 하나님의 외적 약속에 두지만, 또한 믿음을 외적 관계에서 능동적으로 구현되는 것이기보다는 주로 내적 확신(수동적으로 받아들인 것)으로 간주한다.

....

20 Martin Luther, *Preface to Romans*, in *Martin Luther: Selections from His Writings*, ed. John Dillenberger (Garden City, NY: Anchor, 1961), 24.

이제 우리가 믿음을 우리 생각에 계시되고 성령을 통해 우리 마음에 인을 치신 그리스도 안에서 값없이 주신 약속의 진리에 기초한 (우리를 향하신) 하나님의 자비에 대한 견고하고 확실한 지식이라고 부른다면 우리는 믿음에 대한 올바른 정의를 소유하게 될 것이다.[21]

칼뱅에게 있어 믿음은 (비록 두려움, 유혹, 의심이 엄습할지라도) "의심이 생기고 변하기 쉬운 의견에 만족하는 것이 아니라 완전하고 변함없는 확실성을 필요로 한다." 믿음이 진정한 믿음이 되려면 하나님의 자비에 대한 약속이 "우리 자신의 외부"에 머무르지 않고 자신감에 넘치는 확신과 함께 "내적으로 받아들여져야 한다."[22]

칼뱅은 **암묵적 믿음**(지식 없는 믿음, 예컨대 세례를 받을 때 유아의 믿음), **형성되지 않은 믿음**(단순한 지적 동의로서의 믿음), **형성된 믿음**(소망과 사랑으로 형성된 지적 동의) 사이에 학문적 구분을 두는 것은 무의미하다고 생각한다. 이는 우선 처음 두 가지가 전혀 성경적 믿음으로 간주되지 않고, 세 번째는 믿음의 독특성을 훼손하기 때문이다. 구원하는 믿음은 하나님의 선포된 말씀에 대한 반응으로서 불완전하면서도 참된 지식을 수반하지만 항상 지적인 동의를 초월한다. 믿음의 동의하는 부분은 "두뇌보다는 마음, 그리고 이해보다는 기질이 더" 많이 작용하기 때문에 참된 믿음은 "경건한 기질"과

----

21 John Calvin, *Institutes of the Christian Religion* 3.2.7, trans. Ford L. Battles, ed. John T. McNeill, 2 vols., LCC 20 (Philadelphia: Westminster, 1960), 1:551.
22 Calvin, *Institutes*, 3.2.15; 3.2.16–18; 3.2.37.

절대 분리될 수 없다. 칼뱅은 바울이 로마서 1:5에서 "믿어 순종하게 하나니"라는 문구를 통해 전달하고자 하는 바가 바로 이것이라고 생각한다. 칼뱅은 성경에는 **피스티스**의 정의가 많이 있다고 정확하게 지적한다. 그러나 그에게 있어 구원하는 믿음은 무엇보다도 예수의 제사장적 중재를 통한 속죄 안에서 자비를 베푸시겠다는 하나님의 약속이 참으로 신뢰할 만하다는 내적 확신이다.[23]

종교개혁이 진행됨에 따라 믿음에 대한 정의는 체계화되었다. 루터의 동료였던 필립 멜란히톤(1497-1560)은 믿음을 다음 세 부분으로 나누었다. (1) 노티티아(*notitia*)—믿음의 내용 또는 올바른 교리 체계, (2) 아센수스(assensus)—내용, 곧 노티티아가 하나님의 진리라는 것에 대한 지적 동의, (3) 피두키아(fiducia)—의지 또는 사랑에 뿌리를 둔 하나님의 약속을 신뢰하거나 의존하려는 성향. 비록 믿음의 다른 부분도 내포하지만, 오직 **피두키아**만 구원을 가져다준다는 의미에서 "믿음"이라는 이름이 붙을 가치가 있었다. 프란시스 튜레틴(Francis Turretin, 1623-1687)은 이 세 가지 부분을 받아들였지만, 다음 네 가지 부분을 추가했다. (4) 도피의 행위—우리는 그리스도와의 연합을 갈망함, (5) 영접과 연합의 행위—연합에 대한 갈망이 실현되고 적용됨, (6) 성찰 행위—성찰을 통해 우리가 실제로 그리스도와 연합되었음을 깨달음, (7) 확신과 위로의 행위—이후에 따라오는 구원

....

23   Calvin, *Institutes*, 3.2.2-5; 3.2.8; 3.2.13; 3.2.6-7, 13, 29-36.

에 대한 기쁨과 확신.[24]

믿음이 내면의 주관적인 확신의 감정으로 빠르게 변하는 양상은 그 이후에도 이를 더욱 가속화시켰다. 프리드리히 슐라이어마허(Friedrich Schleiermacher, 1768-1834)는 흔히 최초의 근대 신학자로 꼽힌다. 그는 **피스티스**에 대한 자신의 잘못된 개념 때문에 절대적 의존의 **감정**이 기독교의 본질이라고 믿었다. 쇠렌 키르케고르(Søren Kierkegaard, 1813-1855)는 기독교의 핵심이 하나님께 대한 실존적 믿음에 있다고 생각했는데, 이는 증거 때문이 아니라 비합리적인 모순 때문이었다. 대표적인 신약학자였던 루돌프 불트만(Rudolf Bultmann, 1884-1976)은 신약성경에서 신화적 요소를 제거하고자 노력했다. 그는 신약성경에 신뢰할 만한 역사적 근거가 없다고 믿었지만, 이것은 믿음에 있어 그리 중요하지 않았다. 중요한 것은 율법의 요구 앞에서 인격적으로 신뢰의 반응을 보이는 것이었다. 슐라이어마허, 키르케고르, 불트만이 믿음의 본질을 의존하는 감정이나 내적 신뢰가 아닌 왕에 대한 구현된 충성에서 찾았더라면 그들은 훨씬 더 과녁에 가까웠을 것이다.

이 짧은 요약은 믿음이 어떻게 시간이 지남에 따라 왕이신 예수께 대한 외적 충성에서 하나님의 약속에 대한 개인적인 신뢰로 이동하게 되었

....

24   Philip Melanchthon, *Commonplaces*, trans. Christian Preus (St. Louis: Concordia, 2014); Francis Turretin, *Institutes of Elenctic Theology*, 3 vols., trans. George M. Giger, ed. James T. Dennison Jr. (Phillipsburg, NJ: P&R, 1994), 2:561-63. 관련 논의는 다음을 보라. Sproul, *Faith Alone*, 75-91, 특히 89.

는지를 간략하게 설명한다. 복음의 핵심이 "예수가 구원을 가져다주는 왕"이라는 사실이 아니라 이신칭의라고 오해될 때 이러한 경향은 더욱 심화되었다.

믿음이 복음의 내적 요소가 되었을 때 사람들은 그리스도 사역의 충분함뿐만 아니라 믿음의 충분함에 대한 내적 믿음이 필요했다. 사람들은 믿음에 대한 믿음이 필요했다. 이러한 일이 일어나자 복음에 있어 필수적인 십자가가 똑같이 필수적인 다른 무언가—복음의 왕적 틀과 충성 요구—를 약화시켰다. **서구 신학의 역사 전반에 걸쳐 믿음은 점점 더 구원을 베푸시는 왕이신 예수께 대한 외적 충성 대신 십자가상에서의 교환 거래의 효력에 대한 내적, 개인적 확신으로 바뀌었다.** 진정으로 구원의 효력이 발생하려면 구원하는 믿음은 그 내면성을 부정하지 않으면서도 용서의 왕이신 예수께 대한 충성으로 외면화되지 않으면 안 된다.

구현된 믿음

믿음이 외적인 것에서 내적인 것으로 빠르게 바뀌는 과정은 이와 관련된 사상의 도움을 받았다. 외적인 것에서 내적인 것으로 이동하면서 믿음은 몸보다는 마음이나 의지 또는 정신에서 일어나는 무언가가 되었다. 그러나 신약의 세계에서 믿음은 일반적으로 이렇게 이해되지 않았다. 믿음은 구현되는 것이었다.

믿음(피스티스)은 고대에 육체와 분리된 순전히 비육체적 생각 또는 정신의 활동으로 개념화되지 않았다. 데이비드 다운스, 게리 앤더슨, 조슈아 지프와 같은 학자들의 최근 연구에 따르면 자선을 베풀고 환대를 실천하는 것과 같은 선한 행위들은 신약성경에서 긍정적인 구원의 기능을 하는 것으로 여겨졌다.[25] 나는 행위가 독립적으로 구원의 기능을 한다고 여겨졌기 때문이 아니라 그런 행위가 **피스티스**의 구현된 행위로 이해되었기 때문이라고 제안하고 싶다. 만약 오늘날 우리가 믿음을 단지 지적인 것으로만 생각하거나(호지스) 우선은 지적인 것이고 단지 나중에 육체적으로 나타난다고 생각한다면(맥아더와 기타 다수) 그것은 성경 자체의 증거 때문이기보다는 서구 문명의 독특한 사상사 때문일 것이다. 신약성경은 플라톤과 훨씬 후대의 르네 데카르트가 옹호한 것처럼 실체 이원론(몸과 정신 또는 육체와 영이 서로 뚜렷하게 분리되어 있다는 믿음)을 일관되게 지지하지 않는다.

성경에서 육체와 영을 서로 다른 실체로 간주할 때 성경의 의도는 육체적인 것과 비육체적인 것을 대조하려는 것이 아니다. 동시대의 스토아학파와 마찬가지로 바울도 성령을 하늘에서 기인한 보이지 않는 **물질적** 실체라고 믿었기 때문에 육신처럼 육체성을 가지고 있다고 생각했을 것이다. 바울에게 있어 성령은 무엇보다도 하나님의 영역과 하나님이 계시하시는 메시아의 새 시대를 특징짓지만, 육체는 세속적인 옛 질서를 특징짓는다는 점에서 차이가 있다. 바로 그런 이유에서 바울은 육신을 따라 사는 사람은

....
25   David J. Downs, *Alms* (Waco: Baylor University Press, 2016); Gary A. Anderson, *Charity* (New Haven: Yale University Press, 2013); Joshua W. Jipp, *Saved by Faith and Hospitality* (Grand Rapids: Eerdmans, 2017), 『환대와 구원』, 새물결플러스 역간).

죽을 것이지만, 성령을 따라 사는 사람은 영생을 얻을 것으로 생각한다.

> 육신에 있는 자들은 하나님을 기쁘시게 할 수 없느니라. 만일 너희 속에 하나
> 님의 영이 거하시면 너희가 육신에 있지 아니하고 영에 있나니 누구든지 그리
> 스도의 영이 없으면 그리스도의 사람이 아니라(롬 8:8-9).

이것은 실제로 육신의 몸을 벗어버린 사람만이 하나님을 기쁘시게 할 수 있다는 것을 의미하지 않는다. 만약 그것이 사실이라면 어떤 그리스도인도—심지어 예수 자신도—하나님을 기쁘시게 할 수 없을 것이다. (누군가가 당신에게 영지주의나 가현설을 제시한다면 그러한 주장이 좋아 보이더라도 거절하라. 그리고 이 사실을 당신의 자녀들에게도 가르치라.) 예수와 그를 영접한 모든 사람은 실제로 살과 뼈를 가진 몸을 가지고 있으며 여전히 하나님을 기쁘시게 할 수 있다. "너희가 육신대로 살면 반드시 죽을 것이로되 영으로써 몸의 행실을 죽이면 살리니"(롬 8:13). 이것은 육체적인 것과 비육체적인 것의 대조가 아니다. 오히려 옛 질서와 새 질서의 대조다. 육신과 그 악한 욕망은 죽음 및 옛 질서와 연관되어 있고, 성령은 생명과 새 질서와 연관되어 있다.

영적이면서도 육체적인 몸

바울은 몸과 영이 그 육체성에 있어 상반되거나 상호배타적인 것이라고 여기지 않는다. 예를 들어 바울이 우리의 현재의 자연적인 몸($s\bar{o}ma$)과 부활 이후의 영적인 몸을 나란히 병치할 때 둘은 모두 물질적이며 육체적이다.

육의 몸[*sōma psychikon*]으로 심고 신령한 몸[*sōma pneumatikon*]으로 다시 살아나나니 육의 몸이 있은즉 또 영의 몸도 있느니라(고전 15:44).

현재의 우리의 지상의 몸과 미래의 우리의 부활한 몸은 모두 육체적이며 물질적이나. 현재의 우리의 육체는 **자연적**이거나 **혼적**(*psyche*과 관련된)이다. 그리고 우리가 새 시대에 메시아 안에서 죽은 자 가운데서 다시 살아날 때 우리의 새로운 육체적인 몸은 영적인(*pneuma*와 관련된) 몸이 될 것이다. 그러나 우리는 이 영적인 몸이 그럼에도 육체적이라는 것을 알고 있다. 왜냐하면 이것이 같은 물질적 몸의 부활을 염두에 두고 있기 때문이다. 따라서 부활 시대에 우리의 육체적·물질적 몸에 대한 대표적인 묘사는 그것이 영적(또는 더 나은 표현으로는 성령적)인 몸이 될 것이라는 점이다. 바울은 성령이 육신의 몸에 영향을 미치는 특성이 있다고 믿는다. 바울은 육체적인 것과 영적인 것이 서로 동떨어져 있는 별개의 상반된 물질이라고 보지 않는다.

　오늘날에는 성경이 물리적·육체적 세계와 대조되는 비물질적인 영적 세계를 상정하고 있다고 생각하는 것이 대중적일 수 있다. 그러나 이것은 성경을 단순하게 읽는 것이다. 그리고 그것은 믿음-행위의 문제와 직결되어 있다. 왜냐하면 우리는 믿음이 육체적 행위와 분리된 영적 또는 지적인 것이라고 주장할 수 없기 때문이다. 믿음은 처음부터 끝까지 구현되고 실현되는 것이다.

육체의 식민지화

믿음은 몸과 밀접하게 연관되어 있다. 왜냐하면 우리의 몸은 환경에 노출되어 있고 식민지화될 수 있기 때문이다. 식민지/집락(colony)은 소수의 외부 세력이 영토 또는 몸에 거주/기생할 때 형성된다. 식민지가 성공적으로 성장하면 결국 그 영토는 외부 세력에 의해 완전히 점령당한다. 시간이 지남에 따라 외부 세력은 새로운 세계에 적응하면서 토착민이 된다.

바울은 인간의 몸이 식민지화에 노출되어 있다고 보았다. 바울과 동시대 사람들에게 있어 인간의 몸은 "투과성이 있고(porous), (욕망이) 무한하며, 환경과 밀접한 관계에 있다."[26] 이는 신체에 대한 많은 현대 과학 및 철학적 견해와 잘 일치한다. 우리의 자아는 다른 자아와 내면화될 수 있는 외부 요인과 밀접한 관계 속에서 형성된다.

이것이 바로 바울이 죄를 의인화된 식민지화의 주체로 말하는 이유다. 그는 그리스도를 떠나 죄 아래 있는 인간에 대해 "이제는 더 이상 **내가** 행하는 것이 아니라 **내 속에**—즉 **내 육신 안에**—**거하는** 죄니라"(롬 7:17-18, 저자의 번역)라고 말한다. 이 인간에게는 죄가 육체에 스며들어 역동적으로 활동한다. "나"라는 인간은 죄라는 외부 세력에 의해 물질적으로 식민지화될 만큼 환경에 취약하다. 죄에 대한 "나"의 이러한 취약성은 전체 우주에 만연해 있는 구성 요소인 스토이케이아(*stoicheia*, 갈 4:3, 9; 골 2:8)를 통해 옛

---

26 Susan Grove Eastman, *Paul and the Person* (Grand Rapids: Eerdmans, 2018), 95. 식민지화와 구현된 자아에 대한 논의는 3-6장에 담긴 그녀의 대규모 논증에 빛을 지고 있다.

질서의 모든 곳에 환경적으로 존재하며, 따라서 인간 몸의 **육신**에도 존재한다. 이러한 외부의 힘은 자아의 육체 안에 거주하며, 전체 자아가 원하는 것과 상반되는 행동을 하도록 강요한다. 이것은 왕의 도움과는 무관하게 일어나는 일이다.

구원은 메시아와의 연합을 통한 새식민지화를 수반한다. 이런 일이 일어날 때 "나"는 새로운 주인, 곧 그리스도에 의해 흡수된다. "내가 메시아와 함께 십자가에 못 박혔나니 그런즉 더 이상 내가 사는 것이 아니요 **오직 내 안에 사시는 메시아니라**. 이제 내가 **육신 안에서** 사는 삶은 **피스티스**로 인해 사는 것이다"(갈 2:20, 저자의 번역). 왕이신 예수는 죄의 식민지화를 압도하면서 자아의 육체를 포함하여 "나"를 재식민지화했다. 왕이신 예수에 의한 이 식민화지는 지적·비육체적 믿음이 아니다. 오히려 바울은 구체적으로 **피스티스는 "육신 안에서" 삶으로 구현된다**고 말한다. **피스티스**가 육체의 어느 부위(예. 심장, 머리, 위 등)에서 유래한다고 느껴지든 간에 바울에게 있어 이 **피스티스**는 분명히 구현된 사건, 즉 육체적 활동이다.

로마서 8:9과 같은 본문에서는 유사한 재식민지화가 거론되지만 성령이 언급된다. 갈라디아서 2:20에서는 왕이 인간의 육체를 통제하지만, 로마서 8:8-9에서는 성령이 통제한다. "**육신에 있는** 자들은 하나님을 기쁘시게 할 수 없느니라. 만일 너희 속에 하나님의 영이 거하시면 너희가 **육신에 있지 아니하고** 영에 있나니." 하나님의 영이 당신 안에 거하시면 성령이 당신의 육신을 지배함으로써 당신은 바울이 더 이상 육신에 있지 않다고 말할 수 있을 정도가 된다.

성령 안에서 우리는 더 이상 옛 질서 아래서 육체를 식민지화했던 죄의 적대적인 세력에 휘둘리지 않는다. 성령은 새 창조의 능력을 사용하여 인간의 육체를 철저히 재식민지화함으로써 이전의 죄, 율법, 악한 영적 세력, 옛 질서의 근본 구조에 종노릇하는 상태로부터 해방시킨다. 메시아 안에서 성령을 통해 충성을 다하는 공동체 전체가 식민지화되었고, 각자의 자아, 각자의 **피스티스**로 말미암아 사는 육체까지 모두 식민지화되었다.

믿음은 육체적인 것이다

바울에 따르면 이 본문들은 사람이 인간의 육신 없이는 믿음을 행사할 수 없음을 보여준다. 우리는 독립적인 행위를 하는 몸-기계 안에 존재하는 믿음만 중시하는 영적 유령이 아니다. **사람은 오직 몸을 사용하여 무언가를 행하고 일을 할 때에만 믿음을 행사할 수 있다.** 야고보는 행함이 없는 믿음은 결코 믿음이 아니라 죽은 것이라고 말한다. "행함이 없는 믿음은 그 자체가 죽은 것이라"(2:17). 또한 야고보는 다음과 같이 덧붙인다. "나는 나의 **행함으로** 내 믿음을 네게 보이리라"(2:18).

이것은 오늘날 우리가 피스티스를 번역할 때 "믿음"보다는 "충성"이 더 적절한 번역임을 우리로 하여금 볼 수 있게 도와준다. 성경에서 **피스티스**는 육체와 분리된 지적인 사건이 아니다. 어떤 사람이 메시아 안에서 **피스티스**로 살아가면 그 **육신**은 메시아와 성령에 의해 식민지화된다. **피스티스**("믿음" 또는 "충성")는 처음부터 끝까지 육신 안에서, 그리고 육신을 통해 발생한다.

그리스도는 신실함을 구현하신다

믿음은 구현된다는 것은 왕 예수의 믿음에 대한 성경의 묘사에 의해 확인된다. 구원에 관한 몇 가지 중요한 본문에서 바울이 "그리스도의 믿음"이라는 어구를 사용할 때 그는 메시아에 대한 **우리의 믿음**보다는 **메시아의 신실함**에 대해 말할 개연성이 더 높다. 이러한 본문에서 그리스어 원문은 실제로 "그리스도**의 피스티스**"라고 말하지만, 전통적으로 "그리스도**에 대한 믿음**"으로 번역되어왔다. (엄밀히 말하자면 올바른 번역은 소유격 명사가 **피스티스** 안에 암시되어 있는 동사의 주어 또는 목적어로 기능하는지 여부에 달려 있다.) 1980년대에 "그리스도**의 피스티스**가 "그리스도**에 대한 믿음**보다는 그리스도의 신실함을 뜻한다는 논증을 철저하게 제시한 사람은 성서학자 리처드 헤이스였다. 그 이후로 그의 논증은 다른 학자들에 의해 광범위하게 연구되고 검증되었다. 모든 사람이 헤이스의 주장에 동의하는 것은 아니지만, 다수가 그의 논증에 설득되었다.[27]

헤이스의 주장의 옳고 그름에 따라 복음-충성 제안의 성패가 좌우되지는 않는다. 이 제안은 이와 상관없이 양립할 수 있다. 그럼에도 그의 주장은 구원이 어떻게 작동하는지에 관심이 있는 자들에게는 매우 흥미로운 질문이다. 왜냐하면 이러한 "그리스도의 믿음"이라는 어구는 주요 칭의 본문

....

27 Richard Hays, *The Faith of Jesus Christ*, 2nd ed. (Grand Rapids: Eerdmans, 2002). 최근 논의에 대해서는 다음을 보라. Michael Bird and Preston Sprinkle, eds., *The Faith of Jesus Christ* (Grand Rapids: Baker Academic, 2009).

에서 항상 발견되기 때문이다.

왕의 믿음

왜 다수가 헤이스의 전반적인 제안을 매력적으로 여기는지를 몇 가지 예를 들어 살펴보도록 하자. 바울은 빌립보서 3:9에서 그리스도의 믿음에 대해 언급하는데, 이 본문은 바울이 하나님 앞에서 의를 추구하는 한 개인(자신!)에 대해 언급하고 있기 때문에 특별히 흥미롭다.

> 율법에서 비롯된 나의 의가 아니라 그리스도의 **피스티스**를 통한[*dia pisteōs Christou*] 의, 곧 **피스티스**에 근거하여[*epi tē pistei*] 하나님으로부터 오는[*ek theou*] 의를 가지려는 것이라(빌 3:9, 저자의 번역).

내 판단에 의하면 바울은 **예수의 희생에 대한 믿음**을 가짐으로써 하나님과 올바른 관계를 맺게 되었다고 말하지 않고, 오히려 그는 **메시아가 신실하게 또는 충성스럽게 행했을 때** 하나님과 올바른 관계를 맺게 되었다고 말한다. 즉 여기서 **그리스도의 신실함**—또는 내가 선호하듯이 **그리스도의 충성심**—보다는 **그리스도에 대한 믿음**이 더 개연성이 낮은 번역일 것이다. 왜 그럴까?

바울은 두 어구를 연속으로 제시하고 있는데, 두 번째 어구는 첫 번째 어구를 설명하는 역할을 한다. 우리는 더 명확한 두 번째 어구를 사용하여 덜 명확한 첫 번째 어구를 설명할 수 있다. 불분명한 첫 번째 어구는 "그리스도의 **피스티스**를 통한 의"다. 설명하는 역할을 하는 두 번째 어구는 "**피스티스**에 근거하여 **하나님으로부터 오는 의**"다.

우리는 두 번째 어구를 먼저 살펴보고 첫 번째 어구를 살펴볼 것이다. 두 번째 어구에서 신적 행위("하나님으로부터 오는 의")가 강조되어 있기 때문에 첫 번째 어구에서도 신적 행위를 의미할 개연성이 높다. 다시 말해 바울은 **그리스도께서** 우리의 의를 확보하기 위해 **충성스럽게 행동하셨다**고 말하고, 이어서 그리스도의 이 **피스티스** 행동 역시 의를 세우는 하나님의 활동이므로 **하나님으로부터 온**(*ek theou*) 것이라고 설명한다. 두 어구에서 모두 우리를 위한 신적 행동이 강조된다. 따라서 여기서 바울은 예수에 대한 우리의 믿음이 아니라 우리의 의를 확보하기 위한 왕의 충성스러운 활동에 대해 말하고 있을 개연성이 높다.

나는 우리가 구원을 베푸시는 왕이신 예수를 믿을 필요가 없다거나 그분을 신뢰할 필요가 없다고 말하는 것이 **아니다**. 우리는 절대적으로 그렇게 해야 한다. 온전한 복음은 우리의 죄를 위한 왕의 죽음에 대해 말하고 있으므로 예수께 대한 충성스러운 반응은 그의 희생의 효력에 대한 신뢰를 포함한다. 우리가 그리스도를 전인적으로 "믿어야" 하거나 그분께 "**피스티스**를 드려야" 할 필요성에 대해 명확하게 말하는 본문이 많이 있다. 예를 들어 에베소서 1:15(너희도 동의하는 주 예수에 대한 **피스티스**"), 빌립보서 1:29("그에게 **피스티스**를 드리기 위해"), 골로새서 2:5("그리스도에 대한 너희의 **피스티스**"), 빌레몬서 5절("주 예수에 대한 너의 **피스티스**"), 딤전 3:13("그리스도 예수 안에 있는 **피스티스**"; 참조. 딤후 1:13; 3:15) 등에서 **피스티스**나 **피스튜오**는

주 예수에 대한 것이다.[28]

　뿐만 아니라 그리스도 자신의 충성에 대한 진술들과 우리가 그리스도께 충성을 바쳐야 한다는 암시가 결합된 몇 가지 흥미로운 본문이 있다.

　곧 예수 그리스도의 **충성**을 통해 **충성을 바치는 모든 자에게** 미치는 하나님의 의니 차별이 없느니라. 모든 사람이 죄를 범하였으매 하나님의 영광에 이르지 못하더니 그리스도 예수 안에 있는 속량을 통해 하나님의 은혜로 값없이 의롭다 하심을 얻은 자 되었느니라. 하나님은 이 예수를 그의 **충성**을 통해 화목제물로 세우셨으니(롬 3:22-25, 저자의 번역).

이 본문은 먼저 **왕의 충성 또는 신실함**에 대해 말하고, 두 번째로 **왕에 대한 우리의 충성**에 대해 말하는 것이 분명하다. 그렇지 않다면 바울은 혼란스럽게 자신의 말을 반복하고 있는 것이다. 바울은 "예수 그리스도에 대한 믿음을 통해 [그를] 믿는 모든 자에게"(22절)라는 의미로 말한 것 같지는 않다. 왜냐하면 이런 식으로 예수에 대한 우리의 믿음을 두 번 언급하는 것은 불필요했기 때문이다. 그러나 "예수 그리스도의 충성을 통해 [그에게] 충성을 바치는 모든 자에게"(22절)라고 말하는 것은 반복이 아니다. 왜냐하면 서로 다른 두 행위자―예수와 우리들―가 충성을 행하고 있기 때문이다. 따라서 바울은 우리가 하나님 앞에서 어떻게 무죄선고를 받는지에 대해 말

28　이 단락에 인용된 성경 구절은 내가 직접 번역한 것이다.

하면서 먼저 왕의 충성을 묘사하고, 두 번째로 왕에 대한 우리의 충성을 묘사한다.

우리는 마지막 단락에서 살펴본 본문에서 왕의 충성과 우리들의 충성 사이에서 동일한 상호작용을 발견한다.

> 우리는 본래 유대인이요 이방 죄인이 아니로되 사람이 의롭게 되는 것은 율법의 행위에 의한 것이 아니요 오직 예수 그리스도의 **충성**을 통한 것인 줄 알므로 우리도 그리스도 예수께 **충성**을 바치니 이는 우리가 율법의 행위로써가 아니고 그리스도의 **충성**으로써 의롭다 함을 얻으려 함이라. 율법의 행위로써는 아무도 의롭다 함을 얻지 못하느니라(갈 2:15-16, 저자의 번역).

이 본문은 예수의 **피스티스**(충성 또는 신실함)와 우리에게 요구되는 왕 예수께 대한 충성에 관해 말한다. 만약 우리가 그에게 충성을 바치지 않는다면 우리를 위한 예수의 충성이 우리의 의를 확보하는 데 효과적이지 않다는 의미가 암시되어 있다.

왕은 신뢰하는 충성을 표현한다

이와 관련이 있지만 한 가지 다른 예는 왕이신 예수가 어떻게 복음이 말하는 충성을 실천했는지를 보여준다. 바울은 고린도후서 4:7-15에서 새 언약의 사역자가 되는 이상한 일에 대해 자세히 설명한다. 그리스도인은 비록 깨지기 쉬운 질그릇이지만, 그 안에 무궁무진한 하나님의 능력을 담고 있다. 인간의 연약함은 메시아의 부활 생명을 복음을 전하는 사역자들 안에서 더욱 투명하게 드러낸다.

바울은 핵심적 복음 사건들이 우리가 4장에서 살펴본 은혜의 여섯 가지 측면 중 하나인 엄청난 **규모**의 은혜를 위함이라고 결론지으면서 그 증거로 시편의 말씀을 인용한다. 이것은 왕의 신뢰하는 충성에 대한 강조와 연관되어 있다.

> 기록된 바 "내가 신뢰했으므로 말하였다"(시 116:10)라고 말한 것 같이 우리가 같은 신뢰의 마음을 가졌으니 우리도 **신뢰**했으므로 또한 **말하노라**. 주 예수를 다시 살리신 이가 예수와 함께 우리도 다시 살리사 너희와 함께 그 앞에 서게 하실 줄을 아노라. 이는 모든 것이 너희를 위함이니 **은혜가 점점 더 많은 사람들에게 확대됨에** 따라 감사가 커져서 하나님께 영광을 돌리게 하려 함이라 (고후 4:13-15, 저자의 번역).

메시아는 이 큰 은혜를 가져오기 위해 복음이 말하는 충성을 몸소 실천하셨다. 바울은 자신과 동역자들이 "내가 신뢰했으므로 내가 말하였다"(*episteusa, dio elalēsa*)라고 말한 시편 저자처럼 신뢰와 충성(피스티스)을 지녀야 한다고 말한다. 하지만 결국 이 말씀의 화자는 누구일까? 전통적인 입장은 **피스티스**를 "믿음"으로, 동사 **피스테오**를 "내가 믿었다"로 번역하면서 바울이 그의 독자들이 시편 저자 또는 다윗의 믿음을 본받기를 원한다고 해석한다. 이러한 관점에서 볼 때 시편 저자나 바울은 모두 하나님에 대한 불특정한 믿음, 즉 그저 믿음을 위한 믿음을 장려하고 있다.

그러나 필자를 포함하여 많은 현대 학자들은 성경이 그와 상반된 증거를 보여준다고 생각한다.[29] 우리는 바울이 "내가 신뢰했으므로 내가 말하였다"라는 말의 화자를 **메시아**로 이해했다고 확신한다. 따라서 바울은 하나님을 "믿으라"거나 "믿음을 가지라"는 일반적인 권면을 하는 것이 아니라 고난 가운데서도 하나님께 신뢰하는 충성을 바친 **메시아를 본받으라**는 확실한 권면을 하고 있다. 많은 독자들에게 있어 이것은 고린도후서 4:13-15의 의미를 새롭게 생각하는 방식이 될 것이다.

바울은 시편 116편에서 시편 저자(다윗)가 메시아의 인격으로 말하고 있는 것으로 이해한다. 화자 중심 주해(prosopological exegesis)는 예언자가 다른 사람의 관점에서 말하는 현상과 그 이후의 해석을 가리키는 전문 용어다. 이것은 신약성경에 자주 등장한다. 여기서 메시아는 하나님 우편에 영광 가운데 즉위하고 나서 아버지 하나님께 말씀하고 계신다. 즉위하신 그리스도는 십자가 처형 중에 경험했던 **과거의** 위기와 신뢰의 **순간**에 대해 아버지께 말씀하신다.

더 정확하게 말하자면 바울에게 있어 "내가 신뢰했으므로 내가 말하였다"(시 116:10)라는 문구는 시편에서 서술한 그 이전의 사건, 즉 메시아의 죽음을 가리킨다. "사망의 줄이 나를 둘렀고 스올의 고통이 내게 이르렀

....

29   Anthony Hanson, Richard Hays, Thomas Stegman, Kenneth Schenck, Douglas A. Campbell 등 다른 학자들을 포함하여 상세한 설명은 다음을 보라. Matthew W. Bates, *The Hermeneutics of the Apostolic Proclamation* (Waco: Baylor University Press, 2012), 304-25.

다"(3절. 저자의 번역).[30] 죽음에 이르는 이 위기에서 메시아는 **충성스러운 믿음**으로 반응했다. 이어서 그는 **말씀하셨다.** 즉 그는 구해달라고 부르짖었다. "내가 주의 이름을 부르며 '오 주여, 내 영혼을 구하소서' 하였도다"(4절. 저자의 번역). 하나님은 이 간구에 응답하여 그를 죽음에서 건지시고 "생명이 있는 땅"으로 인도하셨다(9절).

바울에 따르면 다윗이 "내가 신뢰했으므로 내가 말하였다"라고 말했을 때 그는 예언자로서 메시아의 인격으로 말하고 있는 것이다. 이 말씀을 이와 비슷하게 접근하는 히브리서 2:12-13과 히브리서 5:7에 기록된 시편 116:1-9에 대한 구체적인 암시와 비교해보라. 또한 바울은 로마서 15:3(시 69:9)과 15:9(시 18:49) 등 여러 본문에서 메시아를 특정 시편의 화자로 이해한다. 메시아는 십자가에서 죽임을 당하고, 위기 속에서도 **충성스러운 신뢰**로 인내하며, 하나님께 구해달라고 부르짖는다. 이어서 하나님은 메시아를 **의롭다**고 선언하고 그를 **생명**의 땅으로 회복시키신다.

당신에게 많이 친숙한 이야기인가? 이것은 2장에서 논의한 패턴과 부합한다. "**의인**은 **충성**으로 말미암아 **살리라**"(롬 1:17; 합 2:4 인용). 충성을 다하는 사람은 의인임이 입증되어 살아간다. 바울에 따르면 메시아 예수는 하나님께 대한 충성을 실천했고, 부르짖었으며, 구출을 받았고, 지금은 살

....

30 시 116:3의 죽음에 이르는 위기의 언어는 메시아가 구약 본문의 진정한 화자로 이해되는 다른 텍스트들—예. 행 2:24-31(시 16:8-11을 메시아가 실제로 말한 것으로 인용하고 해석함); 롬 15:9(시 18:49 인용[참조. 시 18:4-6]; 참조. 히 2:12)—과 정확한 상관관계를 가지고 있다. 내가 여기서 그리스어 구약성경을 번역한 이유는 이것이 바울의 관행이었기 때문이다.

아 있다. 그리고 이 모든 것은 하박국 2:4, 시편 116편 및 다른 본문에서 미리 선포된 것이다. 우리도 왕이신 예수께 충성을 다할 때 구원을 받고 살게 될 것을 기대할 수 있다. 이것은 맞다. 왜냐하면 하나님의 의가 "충성으로 충성을 위해" 나타났기 때문이다(롬 1:17). 즉 이것은 왕이신 예수가 자기 자신을 내어주는 충성으로, 그리고 만왕의 왕이신 예수께 대한 우리의 충성을 위해 하나님의 의가 나타난 것이다. 이것이 바로 날마다 더 많은 사람들에게 확대되고 있는 **좋은 소식, 구체적인 은혜**다(4장을 보라).

요컨대 원어 성경의 "그리스도의 믿음"(faith of Christ) 본문들은 전통적으로 "그리스도에 대한 믿음"(faith in Christ)으로 번역되어왔다. 그러나 일부 본문은 "그리스도의 신실함", 즉 복음의 구원 사건을 수행하는 왕의 신실함이나 충성을 나타내는 것으로 더 잘 이해할 수 있다. 성경은 왕에 대한 믿음뿐만 아니라 하나님과 우리를 향한 그의 신실함에 대해서도 이야기한다. 예수는 십자가에서 죽음으로써 신실하게 행동하셨고(그는 **피스티스**를 보여주심), 하나님은 이에 그를 의롭다 하심ー즉 그의 정당성을 입증하고 그의 무죄를 선언하심ー으로써 응답하셨다.

우리는 왕이신 예수께 **피스티스**(충성)를 바치며, 이로써 우리는 그분과 하나님께 충성을 표현한다. 충성은 우리가 다른 이들을 위한 메시아의 죽음을 본받아 그분과 연합함으로써 생명을 얻고자 하는 것을 의미한다. 구원하시는 왕 예수에 대한 충성은 그의 대속적 죽음에 대한 신뢰를 포함하지만, 그것을 넘어 우리가 그를 본받는 제자의 삶을 사는 가운데 충성을 구현하는 행동도 포함한다.

믿음은 유일하다

믿음에 대한 우리의 논의는 그 믿음이 유일하게 구원을 가져다주는지 묻지 않고서는 불완전할 것이다. 가장 좋은 출발점은 갈라디아서 5:1-6에 기록된 바울의 자유에 대한 권면인데, 이는 바울이 이 부분에서 **피스티스**가 유일무이한 효력을 발휘한다고 가장 분명하게 언급하고 있기 때문이다.

왕 안에서 자유를 누려라

바울은 갈라디아 교인들에게 그리스도께서 그들이 자유를 누리게 하시려고 그들에게 자유를 주셨다는 사실을 상기시킨다(5:1). 그는 할례를 받으면 메시아께 참여하여 얻게 될 종말론적 혜택을 받을 수 없다고 주장함으로써 자유에 대한 자신의 주장을 전개해나간다. 할례는 그들을 다시 노예로 만들어 율법 전체에 빚진 자로 만들 것이다.

> 보라! 나 바울은 너희가 만일 할례를 받으면 그리스도께서 너희에게 아무 유익이 없을 것임을 너희에게 말하노라. 다시 한번 내가 할례를 받는 각 사람에게 증언하노니 그는 율법 전체를 행할 의무가 있는 채무자라. 율법 안에서 의롭다 함을 얻으려 하는 너희 모두는 그리스도에게서 끊어졌다! 너희는 은혜에서 떨어진 자로다(갈 5:2-4, 저자의 번역).

바울은 할례를 율법의 행위로서 재도입할 경우 그것이 가져올 비참한 결과에 대해 경고한다. 이어서 그는 자신의 주장에 대한 근거를 설명한다.

> 우리는 성령에 근거하여 믿음을 통해 소망, 즉 의를 간절히 기다린다. 이는 그
> 리스도 예수 안에서는 할례나 무할례나 다 효력[ischuei]이 없고, 오히려 믿음
> [pistis] 자체가 사랑을 통해 역사하기[energoumenē] 때문이다(갈 5:5-6, 저자
> 의 번역).

율법 아래 있는 삶을 재도입하는 것은 위험하다. 왜냐하면 **성령이 최후의
정당성을 인정받을 —심판의 날에 의롭다 함을 받는—소망의 근거이기 때**
문이다. 바울은 이 소망이 왕 안에 거하는 모든 사람에게 이미 보장된 것으
로 본다. 또한 충성(피스티스)은 이 소망을 보장하는 유일한 수단이다. 요약
하자면 바울은 할례가 칭의와 전혀 무관하다고 설명한다. 유일하게 중요한
것은 오직 성령을 힘입어 사랑을 통해 역사하는 충성뿐이다. 충성의 독특
성에 대한 바울의 이해를 더욱 명확하게 하기 위해 몇 가지 세부사항을 살
펴보도록 하자.

규범은 실패하고, 충성은 효력이 있다

갈라디아서 5:6에서 바울은 갈라디아 그리스도인들이 계속 할례를 거부함
으로써 자유를 누려야 하는 두 가지 이유를 제시한다. 첫째, 할례는 더 이상
어떤 의미도 없고, 어떤 결과도 가져다주지 못한다. 동사 *ischuei*는 일반적
으로 "힘을 가지다, 유능하다, 능력이 있다"라는 뜻이지만, 법률 문서에서

는 "의미가 있다, 유효하다, 효력이 있다"라는 뉘앙스를 지니고 있다. 요컨대 할례는 더 이상 **효력**이 없다.

둘째, 할례는 받아들이면 안 된다. 왜냐하면 하나님이 보시기에 유일하게 의미나 효력이 있는 것은 "사랑을 통해 역사하는[*energoumenē*] 믿음[*pistis*]"뿐이기 때문이다. 이것은 **피스티스**만이 유일하게 구원한다는 강력한 확증이다.

"역사하는"(*energoumenē*)이라는 단어는 많이 논의되었다. 그리스어에서 이 단어는 수동태가 아니라 거의 확실히 중간태다.[31] 그렇다면 이것은 하나님이 보시기에 사랑을 **피스티스**와 동등한 위치에 둘 수 있다는 의미에서 바울이 "믿음이 사랑을 통해 **역사되고 있다**"는 것을 강조하고 있는 것이 **아니다.** 그렇게 되면 사랑은 믿음을 유발하는 주요 요인으로 보일 수도 있다. 그러나 바울은 사랑을 통해 역사하는 **믿음 자체**에 우선권을 부여하면서 사랑보다 믿음을 주요 행위자로 만든다. 다시 말해 믿음은 우리의 결백을 위해 유일하게 효력을 발휘하지만, **피스티스**는 자신을 드러낼 때 사랑을 통해 구현된다.

바울이 **피스티스**를 대체로 왕에 대한 충성으로 이해한다면 "충성은

....

31   그리스어 독자를 위해: *energoumenē*는 현재 중간태 또는 수동태 분사다. 수동태보다는 중간태일 개연성이 더 높다. 그 이유는 *energeō* 동사가 비인격적 주어를 가질 때 중간태가 자주 사용되기 때문이다(예. 롬 7:5; 고후 1:6). 중간태의 중요성은 동사의 주어인 믿음, 즉 사랑을 통해 역사하는 믿음 **자체**에 다시 주목하게 한다는 것이다. 다음을 보라. BDAG, s.v. ἐνεργέω; J. Louis Martyn, *Galatians*, Anchor Bible 33A (New York: Doubleday, 1997), 474; F. F. Bruce, *The Epistle to the Galatians*, New International Greek Testament Commentary (Grand Rapids: Eerdmans, 1982), 232.

사랑을 통해 실현된다"라고 말하는 것은 완벽하게 말이 된다. 사랑은 일차적으로 부드러운 감정이 아니다. 바울은 그것을 묘사하는 데 한 장 전체를 할애한다(고전 13장). 사랑은 현대적인 의미에서 결코 낭만적이지 않다. 사랑은 아마도 실천적이며 타인에게 이타적으로 베푸는 것으로 가장 잘 묘사될 것이다. 따라서 충성은 타인을 향해 이타적으로 구현된 행위를 통해 실현된다.

피스티스가 사랑을 통해 역사할 때 유일하게 효력을 발휘한다면 피스티스의 특징은 무엇일까? 그것은 어떻게 생겨나는 것일까? 갈라디아 교인들이 피스티스의 메시지를 통해 성령을 받았다는 사실에 비추어보면 피스티스와 성령 안에서의 삶 사이에는 강한 연관성이 있다(갈 3:1-5). 그리고 사랑과도 깊은 연관성이 있다. 왜냐하면 사랑은 바울이 열거한 성령의 열매 가운데 첫 번째 열매이기 때문이다(5:22). 성령의 오심은 아브라함에게 약속된 축복으로서 복음의 일부이며(3:8, 14) 하나님의 가족으로 입양되었다는 결정적인 표지다(4:6). 왕 안에서 자유의 삶을 살며(5:1-6, 16-18) 영생을 얻으려면(6:8) 우리는 반드시 성령을 따라 피스티스로 살아야 한다.

(율법의 행위가 지배하는 삶과 반대되는) 성령이 이끄는 삶만이 사랑을 통해 충성을 실현할 수 있는 유일한 수단이다. 이것은 모세의 율법의 목적을 성취하기 위해 성령을 통해 사랑의 삶을 살 것을 촉구하는 권면의 절정으로 나아가는 바울의 갈라디아서 논증과 아주 잘 조화를 이룬다(5:13-26; 참조. 롬 8:1-17).

바울은 할례는 아무런 능력도, 효력도 없다고 말한다. 할례는 하나님이 보시기에 전혀 무의미한 것이다. 왜냐하면 할례는 충성을 위해 보편적으로 요구될 수 없기 때문이다. 오직 성령에 이끌린 충성만이 모세 율법의 진정한 목적을 성취할 수 있다. 즉 할례와 다른 율법의 행위들은 오직 **피스티스**만이 아니라 이것들로 의롭다 함을 얻으려 할 때 비로소 문제가 되는 것이다. 그런 경우를 두고 바울은 그 사람이 "그리스도에게서 끊어지고 은혜에서 떨어졌다"고 말한다(갈 5:4). 참으로 심각한 말씀이 아닐 수 없다!

바울은 갈라디아서 끝부분에서 영생을 위해서는 올바른 행위가 필요하다고 주장한다(6:8). 다음 장에서 우리는 바울과 나머지 신약성경 저자들이 계속해서 똑같은 말을 반복한다는 것을 알게 될 것이다. 그렇다면 어떻게 바울은 선한 행위가 구원의 가치가 있다고 말하는 것처럼 보이는 것일까? 다음 장에서 우리는 일반적인 선한 행위와 할례 같은 율법의 행위 간의 차이점을 주의 깊게 고려할 필요가 있다. 특히 우리는 성경에 비추어 개신교와 가톨릭의 차이점을 신중하게 다룰 필요가 있다.

━━━

이 장은 내 친구 존의 딸의 세례 이야기로 시작했다. 예수께 대한 충성은 그녀가 자신의 몸을 어떻게 사용할지에 변화를 가져와야 한다. 그녀는 오빠에게 친절하게 대해야 한다. 존의 딸은 예수의 완전한 충성이 가장 중요하다는 것을 앎으로 안심할 수 있다. 그는 용서하는 왕이다. 그러나 그녀는 예수께 대한 육체적 충성을 완전히 포기하고 최후의 구원을 기대할 수는 없다.

이것은 맞는 말이다. 왜냐하면 구원하는 믿음은 주로 예수가 우리 죄를 위해 죽었다는 내면의 지적 확신이 아니기 때문이다. 오히려 구원하는 충성(피스티스)은 예수의 왕권에 대한 응답으로서 관계적으로 외부지향적이며, 필연적으로 구현되고, 메시아 자신의 구원의 근거이기도 하다. 그리스도는 우리를 위해 십자가의 길을 선택함으로써 하나님을 향한 **피스티스**를 보여주었다. 그는 자신의 **피스티스**를 인정받아 죽음으로부터 구출되었고 하나님 우편에 앉으셨다. 우리도 그분에 대한 충성으로 그와 연합하여 그분의 삶의 방식을 구현할 때 이와 동일한 결과를 기대할 수 있다. 하나님 앞에서 유일하게 효력을 발휘하는 것은 오직 충성뿐이다.

복음이 말하는 충성이 세례를 통해 구현되는 것은 단지 개인에게만 유익한 것이 아니다. 존과 그의 딸이 교회의 회중 앞에 섰을 때 모든 사람은 그의 딸이 단순히 예수가 죄를 위해 죽었다는 믿음으로가 아니라 육체적 충성으로 연합된 공동체에 합류했다는 사실을 새삼 다시 기억했다. 이제 성도들은 예수의 주 되심에 대한 자신들의 세례 서약을 삶으로 구현할 수 있는 더 나은 위치에 서 있다. 우리가 복음을 올바로 이해할 때 우리의 현재의 삶은 다 같이 제자의 삶을 통해 영원한 생명으로 들어간다.

6장

행위는 어떻게 구원하는가?

"몇 년 동안 나만의 지옥이었지." 더그(Doug)는 그것을 그렇게 묘사한다. 다른 사람들과 이야기하다 보면 그의 경험이 남다르지 않다는 것을 나는 안다.

믿음, 행위, 구원에 대한 나의 친구 더그의 첫 번째 기억은 그가 6살 때 출석했던 여름 성경학교와 관련이 있다. 거기서는 구원을 소책자를 가지고 설명했다. 에덴동산은 녹색, 인간의 타락은 검은색, 예수의 죽음은 빨간색, 구원은 흰색, 미래의 영광은 금색으로 표시했다. 다른 아이들이 과자와 음료를 먹는 동안 더그는 목련나무 주위를 빙빙 돌았다. "나는 내가 잘못했다는 걸 알았어. 지옥은 정말, 정말 끔찍하게 느껴졌어."

그 무렵 더그의 아버지는 가족을 버렸다. "나를 사랑하신 아버지로서 하나님은 나에게 정말로 강한 분이셨지. 나는 그것을 원했어." 그래서 더그는 죄인의 기도를 드리고 예수를 자신의 마음에 영접했다.

고등학교를 졸업한 후 그는 침례교 여름 캠프에서 일했다. 캠프에 오기 전에 모두 "구원을 받았다"고 확신했던 동료 교사들이 "나는 어젯밤에 막 구원을 받았어요. 어릴 적에 그리스도를 믿었다고 생각했는데, 그냥 믿는 시늉만 한 것 같아요"라는 말을 하기 시작했다. 벌써 흔들리고 있던 더그는 자신의 구원을 심각하게 의심하기 시작했다.

그는 신학교를 다녔고 그 후 신대원에 다녔지만, 이러한 재회심이 계속 일어나자 그의 의심은 더욱 커졌다. 수년 동안 그의 머릿속은 늘 자신만의 지옥을 만들면서 다음과 같은 생각으로 가득 찼다.

> 6살 때의 나의 경험은 기억나지 않았다. 그래서 나도 다른 사람들처럼 다시 구원받고 싶었다. 하지만 막상 내가 지금 막 "구원"을 받았다면 다른 사람이 생각하는 것처럼 나는 지금 영적으로 성숙한 그리스도인이 아니라는 생각이 들었다. 나는 청소년을 담당하는 파트타임 목사였고 가끔 설교도 했다.…나는 이 모든 것을 잃게 될까 봐 걱정했다.

> 그래서 나는 자신에게 "이건 미친 짓이야, 난 구원받을 필요가 없어, 도대체 이게 무슨 짓이야? 난 주님을 위해 일하고 있고 주님을 사랑해"라고 말하곤 했다. 그러다가 "누구든지 사람 앞에서 나를 부인하면 나도 하늘에 계신 내 아버지 앞에서 그를 부인하리라"라는 구절이 머릿속에 떠올랐다. 나는 내가 이 모든 영적 장신구를 버리고 싶지 않다는 사실이 내가 실제로 구원을 받지 못했음을 입증하는 교만이라고 생각했다.

더그의 충성스러운 기독교 봉사 행위는 사실 그가 예수보다 자신의 행위를 더 신뢰한다는 의심을 더욱 악화시킬 뿐이었다. 그가 행한 모든 선한 행위가 오히려 그를 조롱했다. 더그는 자신의 믿음에 대한 주관적 불확실성을 제거하는 것이 불가능해 보였다. 이러한 생각의 악순환은 계속해서 그를 집어삼켰다.

자신만 경험하는 것 같은 더그의 지옥은 전혀 독특하지 않다. 왜냐하면 이것은 전통 개신교 신학의 긴장을 반영하기 때문이다. 나는 복음이 말하는 충성이 그 긴장을 완화해줄 수 있기를 기대한다. 이전 장에서 우리는 믿음(피스티스)이 왜 단지 내적 신뢰에 지나지 않고 행위를 수반하고 외면화되는지를 살펴보았다. 믿음은 유일하게 구원을 가져다준다. 할례는 우리의 결백에 기여할 수 없다. 하지만 구원을 받기 위해서는 여전히 선한 행위가 요구된다. 개신교, 가톨릭, 정교회에 속한 거의 모든 사람이 구원을 위해서는 선한 행위가 필요하다는 데 동의한다. 문제는 그 방법이다.

문제로서의 행위

전통 개신교 신학은 선한 행위와 혼란스러운 애증 관계를 맺고 있다. 루터에 따르면 복음 자체가 우리의 행위를 정죄하고 우리를 위해 그리스도께서 성취하신 구원 사역에 대한 믿음을 요구한다.

> 복음은 우리를 거룩하게 하고 우리를 구속하기 위해 어떤 행위도 요구하지 않는다. 실로 복음은 그리스도께서 우리를 위해 죄와 죽음과 지옥을 이기셨기 때문에 그러한 행위를 정죄하고 오직 그리스도께 대한 믿음만을 요구한다. 따라서 그가 우리를 의롭게 하고 생명과 구원을 주시는 것은 우리의 행위를 통해서가 아니라 그의 사역, 그의 수난과 죽음을 통해서다.[1]

....

1   Martin Luther, *Preface to the New Testament*, in *Martin Luther: Selections from His Writings*, ed.

이러한 관점에서 선한 행위는 복음의 가장 큰 적이다. 왜냐하면 그것은 그리스도의 의보다 우리 자신의 의를 신뢰하게 할 수 있게 하기 때문이다. 루터는 이러한 불안감을 다음과 같이 표현한다.

> 수많은 사람들이 미혹되었고…선한 행위와 어떻게 그것이 믿음을 언급조차하지 않고서도 의롭게 하는지에 대해 글을 쓰고 가르쳤다. 그들은 항상 속고속이며…많은 행위로 스스로 혹사하면서도 여전히 참된 의를 얻지 못하고 제갈 길을 가고 있다.[2]

루터와 그의 후계자들에 따르면 선한 행위는 기만적이므로 위협이 된다. 하나님의 의 대신에 우리의 의와 우리의 업적을 신뢰하는 것은 너무나 쉽고 유혹적이다. 루터는 우리의 행위에 대한 이러한 신뢰를 당대의 유대교와 가톨릭에서 제도화한 인간의 근본적인 오류로 간주한다. 루터는 "행위에 대한 그릇된 신뢰"를 "우상숭배"라고 노골적으로 표현한다.[3]

향후 개신교는 구원과 관련하여 행위에 대한 두려움을 표현하는 측면에서 루터에게 힌트를 얻었다. 개신교도들은 **율법주의에 의한 구원**, 즉 하나님의 율법 또는 다른 도덕적 기준을 충분히 준수함으로써 구원을 얻을

John Dillenberger (Garden City, NY: Anchor, 1961), 17.

2   Martin Luther, *The Freedom of a Christian*, in *Martin Luther's Basic Theological Writings*, ed. Timothy F. Lull and William R. Russell, 2nd ed. (Minneapolis: Fortress, 2005), 403.

3   Luther, *On Councils and the Church*, in Lull and Russell, *Martin Luther's Basic Theological Writings*, 365.

수 있다고 생각하는 오류를 피하고자 노력한다. 그들은 그 정반대의 이미지, **행위의 의에 의한 구원**, 즉 선한 일을 충분히 행함으로써(예. 악한 일보다 선한 일을 더 많이 함으로써) 정죄를 피하고 구원을 얻을 수 있다고 믿는 오류를 피하고자 노력한다.

율법주의와 행위의 의가 실제로 성경에서 비판의 대상이 되는지는 중요하며 논쟁의 여지가 있다(아래에서 "바울에 대한 새 관점"을 보라). 그러나 성경은 어느 수준에서는 둘 다 오류라고 분명히 밝힌다. 바울은 율법주의에 의한 구원에 관해 우리가 하나님의 율법을 완벽하게 순종할 수 없다고 단언한다.

내가 하나님의 은혜를 폐하지 아니하노니 **만일 의롭게 되는 것이 율법으로 말미암으면** 그리스도께서 헛되이 죽으셨느니라(갈 2:21).

내가 할례를 받는 각 사람에게 다시 증언하노니 그는 율법 **전체**를 행할 의무를 가진 자라. **율법 안에서 의롭다 함을 얻으려 하는 너희**는 그리스도에게서 끊어지고 은혜에서 떨어진 자로다(갈 5:3-4).

그러므로 **율법의 행위로** 그의 앞에 **의롭다 하심을 얻을 육체가 없나니**(롬 3:20; 참조, 갈 2:16).

무릇 **율법 행위에 속한 자들은 저주 아래에 있나니** 기록된 바 "누구든지 율법

책에 기록된 대로 **모든 일**을 항상 행하지 아니하는 자는 저주 아래에 있는 자"
라 하였음이라(갈 3:10).

바울은 저주를 피하려면 **율법 전체**를 지켜야 한다고 강조한다. 하나님의
율법을 충분히 지키는 율법주의로는 구원을 받을 수 없다.

　또한 우리는 행위의 의에 의한 구원이 요구하듯이 우리의 죄 문제를
극복하기에 충분한 엄청난 분량의 선한 행위를 쌓아 올릴 수도 없다.

> 기록된 바 "**의인은 없나니 하나도 없으며** 깨닫는 자도 없고 하나님을 찾는 자
> 도 없고 다 치우쳐 함께 무익하게 되고 **선을 행하는 자는 없나니 하나도 없도**
> **다**"(롬 3:10-12).

> 너희는 그 은혜로 믿음을 통해 구원을 받았다.…이것은 **행위에서 난 것**이 아니
> 니 이는 아무도 자랑할 수 없게 하려 하신 것이다(엡 2:8-9, 저자의 번역).

> 그가 우리를 구원하신 것은 **우리가 행한 의로운 행위 때문이 아니라** 그의 자비
> 하심을 따라 하셨다(딛 3:5, 저자의 번역).

행위의 의도 실패한다. 우리는 결코 선한 행위를 행함으로써 구원을 얻을
수 없다. 율법주의나 행위의 의가 구원을 결정하도록 허용하는 것에 대한
개신교의 두려움은 적어도 어느 정도 타당성이 있다. 둘 다 성경에 어긋난

다. 그러나 바울과 다른 신약성경 저자들이 글을 썼을 때 이것이 **어떻게** 위협이 되었는지는 해명이 필요하다. 행위가 구원의 적이라는 말로는 모든 것이 설명되지 않는다. 결코 그렇지 않다.

행위는 문제가 아니다

행위에 대한 의심스러운 눈초리가 전통적 개신교의 지배적인 흐름일 수 있지만, 강력한 저류(底流)도 존재한다. 루터는 오직 믿음을 외치면서도 행위에 대한 열정을 표현하며 그 필요성을 강조했다. "그러므로 우리는 믿음이 모든 행위와 상관없이 우리를 의롭게 한다고 주장하지만, **우리가 그 어떤 선한 행위도 할 필요가 없다는 결론을 도출해서는 안 된다.** 아니다. 오히려 올바른 종류의 행위, 즉 의식주의자들이 전혀 알지 못하는 행위를 결코 소홀히 해서는 안 된다."[4] 루터는 선한 행위가 결코 구원을 가져다주지 못한다고 판단했다. 그러나 사람이 믿음으로 의롭다 하심을 받은 **후에는** 선한 행위가 **필연적으로** 따라온다고 믿었다. 그는 그러한 선한 행위가 가톨릭에서처럼 성례와 관련이 있지 않고, 성령의 감동에 의한 행위 및 미덕과 관련이 있다고 생각했다. "오, 믿음은 얼마나 살아 있고, 창조적이며, 활동적이고, 강력한가! 그것은 **항상 선한 일 외에는 아무것도 할 수 없다.** 그것은 선

----

4   Luther, *Preface to the New Testament*, in Dillenberger, *Martin Luther: Selections from His Writings*, 28(강조는 덧붙여진 것임).

한 행위가 어떤 것인지 결코 묻지 않는다. 오히려 질문이 제기되기도 전에 그 선한 행위는 이미 이루어졌고 또 계속 이루어져 간다."[5] 루터에게 있어 선한 행위는 하나님 앞에서 결백이나 의롭다 함을 선고받는 데 결코 기여하지 않고, 필연적으로 믿음을 수반한다.

장 칼뱅도 선한 행위가 선택 사항이라는 주장에 경악을 금치 못했다. 그는 오직 뻔뻔하고 불경스러운 사람만이 "선한 행위를 폐지했다"는 비난과 함께 개신교인들을 비방할 수 있다고 말했다. (그렇다면 칼뱅이 값없는 은혜를 주장하는 이들에게 뭐라고 말했을지 궁금해할 필요가 없다!) 칼뱅은 "우리는 행위 없이 의롭다 함을 받는 것이 아니라 행위를 통해 의롭다 함을 받는다"라고 말함으로써 선한 행위의 필요성을 옹호한다.[6]

그러나 선한 행위에 대한 불편함은 여전히 남아 있다. 칼뱅은 오직 하나님께만 이러한 선한 행위의 공로가 돌아가야 한다고 주장하는데, 이는 칼뱅에게 있어 하나님이 선한 행위를 실천하게 하는 주요 원인이기 때문이다. "선한 행위의 첫 부분은 의지이고, 다른 부분은 그것을 성취하기 위한 강한 노력이며, 이 둘의 주체는 하나님이시다. 그러므로 의지나 업적 중 어떤 것이라도 우리의 것으로 주장한다면 우리는 주님의 것을 도둑질하는 것

....

5   Luther, *Preface to Romans*, in Dillenberger, *Martin Luther: Selections from His Writings*, 17(강조는 덧붙여진 것임).
6   두 인용문은 다음에서 발췌한 것임. John Calvin, *Institutes of the Christian Religion* 3.16.1, trans. Ford L. Battles, ed. John T. McNeill, 2 vols., LCC 20 (Philadelphia: Westminster, 1960), 1:797, 798.

이다."[7] 전통적 개신교는 선한 행위(특히 율법주의, 행위의 의, 하나님의 영광을 도둑질하는 것)를 신뢰하는 것의 위험성을 경고하면서도 동시에 선한 행위는 참된 믿음의 결과로 반드시 자연스럽게 나타날 것이라고 주장한다.

행위가 문제가 아닌 추가적인 이유

이제 이야기가 점점 더 흥미진진해진다. 비록 성경은 우리가 우리의 행위로 하나님으로부터 무죄를 선고받지 못한다고 반복해서 경고하지만(위에서 "문제로서의 행위" 단락을 보라), 구원을 받기 위해서는 일정한 수준의 선한 행위가 필요하다는 것도 거듭 강조한다.

악한 행위는 정죄를 초래한다

바울은 특정 행위나 행동이 (회개 없이) 계속 이어지면 우리를 하나님 나라에서 배제하고 멸망에 이르게 한다고 말한다.

> 육체의 **일**은 분명하니 곧 음행과 더러운 것과 호색과 우상 숭배와 주술과 원수 맺는 것과 분쟁과 시기와 분냄과 당 짓는 것과 분열함과 이단과 투기와 술 취함과 방탕함과 또 그와 같은 것들이라. 전에 너희에게 경계한 것 같이 경계하노니 **이런 일을 하는 자들은 하나님의 나라를 유업으로 받지 못할 것이요**(갈

....
7   Calvin, *Institutes* 2.3.9 (trans. Battles, 2:302).

5:19-21).

특정한 악한 **행위**를 행하는 자들은 "하나님의 나라를 유업으로 받지" 못할 것이다. 나중에 바울이 이러한 악한 행위가 영생과 반대되는 결과를 가저온다고 분명히 밝히듯이 그는 이러한 악한 행위와 관련하여 그저 보상이 아니라 영생을 염두에 두고 있다. "스스로 속이지 말라. 하나님은 업신여김을 받지 아니하시나니 사람이 무엇으로 심든지 그대로 거두리라. 자기의 육체를 위하여 심는 자는 육체로부터 **멸망**[*phthoran*]을 거두고 성령을 위하여 심는 자는 성령으로부터 **영생**을 거두리라"(갈 6:7-8, 저자의 번역).[8] 멸망이 영생과 대조를 이루고 있으므로 여기서 우리는 한 사람의 보상이 아니라 그의 영원한 운명에 대해 이야기하고 있다.

바울은 다른 곳에서도 거의 같은 내용을 언급하면서 그의 교회(그가 그리스도 안에서 이미 "의롭다 하심"을 받았다고 간주하는 자들)를 향해 불의한 행동을 계속하는 자들은 영생에서 제외될 것이라고 거듭 말한다.

너희가 그때 무슨 열매를 얻었느냐? 이제는 너희가 그 일을 부끄러워하나니 이는 **그 마지막이 사망임이라**(롬 6:21).

....
8   *phthoran*이란 단어는 쇠퇴, 소멸성, 파괴와 관련이 있다. 영생의 반대편에 위치한 이 단어는 "파괴"(NIV) 또는 "부패"(NRSV)로 번역하는 것이 가장 좋다.

너희가 육신대로 살면 **반드시 죽을 것이로되**(롬 8:13).

너희도 정녕 이것을 알거니와 음행하는 자나 더러운 자나 탐하는 자 곧 우상 숭배자는 다 그리스도와 하나님의 **나라에서 기업을 얻지 못하리니**(엡 5:5).

단지 바울만 육체의 특정 행위들이 최후의 구원과 양립할 수 없다고 말하는 것이 아니다(고전 6:9-11; 골 3:5-6; 살후 1:5-10도 보라). 신약성경의 다른 저자들도 동일하게 말한다(마 7:21-23; 히 6:4-6; 10:26-27; 약 5:19-20; 벧후 2:20-21; 요일 3:6-9; 계 21:27; 22:15). 이것이 신약성경의 일관된 견해다.

선한 행위는 구원한다

바울은 최후의 심판 날에 **선한 행위가 최종적 구원을 결정할 것**이라고 반복해서 말한다. 우리는 이러한 본문을 간과할 수 없다.

다만 네 고집과 회개하지 아니한 마음을 따라 진노의 날 곧 하나님의 의로우신 심판이 나타나는 그날에 임할 진노를 네게 쌓는도다. 하나님께서 각 사람에게 **그의 행위대로** 갚아주시되 참고 **선을 행하여** 영광과 존귀와 썩지 아니함을 구하는 자에게는 **영생**으로 하지만, 오직 당을 지어 진리에 **순종하지** 아니하고 불의에 **순종하는** 자에게는 진노와 분노로 하실 것이다(롬 2:5-8, 저자의 번역).

이 본문은 매우 중요하다. 다시 읽어보라! 사도 바울은 솔직하게 말한다.

심판의 날에는 **우리의 행위의 질**에 따라 우리가 **영생**을 받을지 여부가 결정될 것이다.

단순히 보상이 아니라 영생 자체를 염두에 두고 있다. 그날에 하나님께서는 각 사람의 **행위**(*erga*)에 따라 각 사람에게 갚아주실(*apodidōmi*, "지불하다" 또는 "갚다"라는 의미) 것이다. 다시 말해 하나님께서는 우리의 **행위**에 따라 우리가 마땅히 받아야 할 것을 갚아주실 것이다. 하나님께서는 각 사람이 행한 일, 즉 **선을 행한 것**과 **진리에 순종한** 정도를 보실 것이다. 진리에 순종하지 않는 것은 단순히 예수가 죄를 위해 죽은 것을 믿지 않는 것이 아니다. 왜냐하면 "진리에 순종하지 아니하는" 것이 죄악을 행하면서 **불의에 순종하는 것**—즉 불의하게 행동하는 것—으로 더 자세히 묘사되기 때문이다.

로마서 2:5-8에서는 실제 행위가 영생을 위한 판결의 근거가 된다고 말한다. 하나님은 우리가 어떻게 행동하길 바랐는지, 우리가 어떤 의도를 갖고 행동했는지 또는 그리스도께서 우리를 위해 어떻게 행하셨는지에 관심을 두지 않고 각 사람의 **실제 행위**를 점검할 것이다. 그리고 바울이 하나님께서 각 사람의 실제 행위를 보실 것이라고 단언할 때 그는 (비그리스도인이 아닌) 그의 동료 그리스도인들에게 말하고 있다.

바울은 우리의 선한 행위의 **수준**이 적어도 부분적으로 구원을 결정지을 것이라는 데 조금의 의심의 여지도 남기지 않는다. 왜냐하면 그는 수준 높은 선한 행위를 하는 자("참고 **선을 행하여** 영광과 존귀와 썩지 아니함을 구하는 자")와 수준 낮은 행동을 하는 자("진리에 **순종하지** 아니하고 불의에 **순종하는**

자")를 대조하기 때문이다. 선을 행하는 자들은 **영생**을 얻을 것이고, 그렇지 않은 자들은 심판의 날에 진노가 임할 것이다. 우리는 행위에 따른 이러한 심판이 영생에 관한 것이 아니라 단지 하늘의 상급에 관한 것일 뿐이라고 단정할 수 없다.

칭의 안에서 행위를 회피하려는 시도

거의 모든 그리스도인들은 행위가 구원에 필요하다는 데 동의한다. 여기에는 주요 개신교 교단은 물론, 가톨릭과 정교회도 모두 포함된다. (개신교 신자들은 자신들이 속한 전통에 대한 오해로 인해 때때로 이에 대해 혼란스러워한다.) 그럼에도 바울의 말은 개신교 내의 특정 진영에 불안감을 초래했다(그리고 이로 인해 바울이 칭의 안에서 행위의 기능에 관해 말하는 것을 외면하려는 다양한 시도가 있었다). 왜냐하면 바울의 말이 오직-믿음의 체계를 위협하는 것으로 느껴졌기 때문이다. 나는 우리가 구원하는 **믿음**을 지배적으로 **충성**으로 본다면, 우리가 선한 행위를 이신칭의와 통합할 수 있다고 생각한다.

가상적으로 말한 것?

행위를 근본적으로 구원을 가져다주는 것으로 보지 않으려는 한 가지 방법은 로마서 2:5-8에서 바울이 무기력한 죄인이 예수께로 피하도록 독려하기 위해 그저 **가상적으로** 말하고 있다고 제안하는 것이다. 바울은 하나님께서 각자의 행위에 따라 갚아주실 것이라고 말한다. 그러나 하나님이 실제로 그렇게 하신다면 우리의 모든 행위가 불완전하므로 우리는 모두 정죄를 받게 될 것이다. 그러므로 하나님은 그렇게 하지 않으실 것이다. 그것은 단지 가상의 경우일 뿐이다.

가상의 해결책을 선호하는 자들은 로마서 1:18-3:20의 전반적인 논거에 호소한다. 이 부분에서 바울의 가장 중요한 목적은 아무도 의롭지 않다고 주장하는 것이다(특히 롬 3:9, 20을 보라). 이들은 바울이 의를 성취하는 예수의 대속적 희생을 신뢰하는 것과는 별개로 발생하는 일에 관해 말하고 있다고 주장한다. 만약 어떤 사람이 예수를 영접하면 그 사람의 행위는 실제로 판결을 받지 않을 것이다. 왜냐하면 예수의 공로나 그의 사역이 이를 대신할 것이기 때문이다. 아무도 의롭지 않기 때문에 바울은 독자들이 자신들의 행위보다는 오직 믿음으로써 예수의 완전한 의를 붙잡도록 독려하기 위해 가상적으로 말하고 있다는 것이다.

표면적으로 보면 이러한 가상의 해결책은 그럴듯하게 들린다. 하지만 이를 받아들이는 것은 매우 위험한 신학적 도박이다. 이러한 **가상의 해결책은 바울이 실제로 말하는 것과는 정반대의 것을 말하는 것으로 받아들인다.** 바울은 각 사람이 **자신의** 행위에 따라 영생을 얻기 위한 판단을 받게 될 것이라고 말한다. 가상의 해결책에 따르면 바울은 모든 사람이 행위로 심판을 받는 것이 아니라 전적으로 오직 예수와 그분의 사역을 신뢰하는 것으로 판결을 받는다는 것을 깨닫게 하려고 애쓴다. 만약 우리가 충분한 근거 없이 가상의 해결책을 받아들인다면 우리는 성경을 거꾸로 해석하는 것이다.

다음 단락에서 나는 가상의 해결책이 실패할 수밖에 없는 가장 주된 이유를 먼저 제시하고 네 가지 이유를 추가로 제시할 것이다. 가장 주된 이유는 성경이 최후의 심판이 행위에 근거할 것이라고 일관되게 가르치고 있기 때문이다. 이 관찰의 중요성은 로마서 2:5-8에 대한 가장 좋은 해석이 무엇인지를 확정하는 것 이상의 의미를 갖는다. 왜냐하면 이것은 우리가 로마서 2:5-8을 특별한 가상의 경우로 취급하기 위해 모든 사람이 죄를 지었다는 바울의 주장에 호소할 수 없음을 보여주기 때문이다.

행위에 따른 심판

성경은 우리가 행위에 따라 심판을 받을 것이라고 일관되게 가르친다. 구약성경이 이를 확증한다는 것은 잘 알려져 있다(예. 욥 34:11; 시 62:12; 잠 24:12; 렘 17:10; 겔 18:30). 그러나 이것은 또한 예수와 다른 신약성경 저자들이 반복해서 강조하는 내용이다. 우리는 우리의 행위, 우리가 행한 것에 따라 최종적 구원을 위해 심판을 받을 것이다. 예수의 말씀을 고려하라.

> 인자가 아버지의 영광으로 그 천사들과 함께 오리니 그때 **각 사람이 행한 대로** 갚으리라(마 16:27; 참조. 마 19:28-29; 25:31-46).

> 이를 놀랍게 여기지 말라. 무덤 속에 있는 자가 다 그의 음성을 들을 때가 오나니 **선한 일을 행한 자**는 생명의 부활로, **악한 일을 행한 자**는 심판의 부활로 나오리라(요 5:28-29).

그리고 바울은 다음과 같이 말한다.

이는 우리가 다 반드시 그리스도의 심판대 앞에 나타나게 되어 각각 선악 간에 **그 몸으로 행한 것을 따라** 받으려 함이라(고후 5:10).

이는 각 사람이 **무슨 선을 행하든지** 종이나 자유인이나 주께로부터 그대로 받을 줄을 앎이라(엡 6:8).

네가 어찌하여 네 형제를 비판하느냐? 어찌하여 네 형제를 **업신여기느냐?** 우리가 다 하나님의 심판대 앞에 서리라(롬 14:10).

구리 세공업자 알렉산더가 내게 해를 많이 **입혔으매** 주께서 **그 행한 대로** 그에게 갚으시리니(딤후 4:14).

그리고 요한계시록의 최후의 심판에 대한 묘사는 다음과 같다.

또 내가 보니 죽은 자들이 큰 자나 작은 자나 그 보좌 앞에 서 있는데 책들이 펴있고 또 다른 책이 펴졌으니 곧 생명책이라. 죽은 자들이 **자기 행위를 따라** 책들에 기록된 대로 심판을 받으니 바다가 그 가운데에서 죽은 자들을 내주고 또 사망과 음부도 그 가운데에서 죽은 자들을 내주매 각 사람이 **자기의 행위대로** 심판을 받고…누구든지 생명책에 기록되지 못한 자는 불 못에 던져지더라

(계 20:12-13, 15).

비록 어린 양의 생명책이 최종적이지만, 요한계시록의 문맥에서 그 어떤 것도 행위를 기록한 책들이 영생과 전적으로 무관하다는 것을 암시하지 않는다. 오히려 그 책들은 어떤 식으로든 어린 양의 책을 설명하거나 보충하는 것처럼 보인다. 생각해보라. 왕이신 예수께 대한 충성이 어린 양의 책에 개인의 이름이 기록되는 것을 결정한다면 최후의 심판에서 각기 충성의 질을 기록한 행위의 책이 각 사람의 이름의 존재 여부에 대한 증거로 사용되는 것이 합리적일 것이다. 최후의 심판은 행위를 포함한다.

가상적으로 말한 것이 아니다

예수, 바울, 그리고 나머지 성경은 일관되게 최후의 심판에 우리의 행위가 포함될 것이라고 말한다(벧전 1:17; 계 2:23을 보라). 바울은 우리가 행한 대로 갚으실 것이라고 반복해서 말하고 있으며, 모든 사람이 죄를 지었다고 주장하는 본문에서만 이렇게 말하고 있는 것이 아니다(롬 14:10; 고전 3:12-15; 고후 5:10; 엡 6:8; 딤전 5:24; 딤후 4:14). 따라서 가상의 해결책을 지지하는 이들이 로마서 2:5-8이 바울이 실제로 말한 것과 정반대의 의미를 지닌 특수한 경우라고 주장하는 것은 잘못된 것이다. 그것은 특수한 경우가 아니다. 바로 이것이 가상의 해결책이 거부되어야 하는 주된 이유이지만, 다른 네 가지 이유도 중요하다.

　　1. **가까운 전후 문맥**. 로마서 2장의 가까운 전후 문맥에서 바울이 가

상적으로 말하고 있음을 암시하는 것은 아무것도 없다. 사실 2:25-29에서 그가 그렇게 말하지 **않았다**는 증거가 있다(아래를 보라). 의로운 자가 아무도 없다는 로마서 1:18-3:20의 전반적인 문맥이 2:5-16을 해석할 때 고려되어야 하는 것은 사실이지만, 이것이 가상의 해결책을 **유일하게** 지지한다는 것은 사실이 아니다. 왜냐하면 다른 해결책도 가능하기 때문이다. 로마서 2장의 더 가까운 문맥이 우선시되어야 하며, 이 문맥은 **성령 안에서의 삶**을 가리키므로 이것이 더 개연성 있는 전반적인 해결책이다.

　2. 가상적이라는 표시가 없다. 바울은 로마서의 다른 본문에서 문자적으로 받아들여서는 안 되는 진술들을 표지한다. 예를 들어 로마서 3:5에서 바울은 "내가 사람의 말하는 대로 말하노니"라고 말한다(롬 6:19도 보라). 그러나 그는 2:5-8에서 그렇게 말하지 않으며, 우리도 그가 그렇게 말한 것처럼 여겨서는 안 된다. 우리 각 사람은 행위에 따라(그리고 행위에 근거하여) 영생을 위한 심판을 받을 것이며(2:5-8), 율법을 행하는 것에 근거하여 의롭다 하심을 받을 것이라는 바울의 말을 진지하게 받아들여야 한다(13절).

　3. 긍정적인 판결. 바울은 로마서 2:5-16에서 **긍정적인** 판결과 부정적인 판결의 가능성에 대해 이야기한다. 만약 바울이 우리가 예수에게 피하도록 동기 부여를 하려고 행위로 인해 정죄받는 암울한 전망만을 가정하여 말하고 있다면 우리는 그가 모든 인류에 대한 유죄 판결에 대해서만 이야기하리라고 기대할 것이다. 왜냐하면 오직 그 가능성만 존재하기 때문이다. 그러나 바울은 판결이 어느 쪽으로든 내려질 수 있다고 말한다. 바울이 정말로 모든 사람에게 유죄를 선고하는 **부정적인** 판결만 나올 수 있다고

말하려 했다면 왜 행위에 따른 심판에서 긍정적인 판결의 가능성—"하나님께서 각 사람에게 그 행한 대로 갚으시되 참고 **선을 행하여** 영광과 존귀와 썩지 아니함을 구하는 자에게는 **영생**으로 하고"(롬 2:6-7, 저자의 번역)—에 대해 말하는 것일까? 가상의 해결책은 가능한 긍정적 판결을 설명해주지 못하지만, 성령 안에 있는 삶은 그렇게 할 수 있다.

4. 성령은 선한 행위를 할 수 있는 능력을 주신다. 성령은 거룩한 삶을 위한 능력을 주신다. 바울은 가까운 문맥(롬 2:25-29)과 서신 후반부(롬 8:1-4, 12-13)에서 성령은 우리가 그리스도 안에서 선한 행위를 행하고 율법을 성취할 수 있게 해준다고 말한다. "오직 이면적 유대인이 유대인이며 할례는 마음에 할지니 **영에 있고** 율법 조문에 있지 아니한 것이라"(2:29). 그러한 사람은 심판을 받을 때 하나님의 칭찬을 받는데, 그 이유는 그가 "율법을 완성하기[*telousa*]" 때문이다(2:27, 저자의 번역). "하나님 앞에서는 율법을 듣는 자가 의인이 아니요 오직 율법을 **행하는 자**라야 의롭다 하심을 얻으리니"라는 로마서 2:13과의 연관성에 주목하라. 두 경우 모두 율법을 행하거나 완성하면 하나님 앞에서 의롭다 함을 얻거나 칭찬을 받게 된다. 따라서 우리는 성령을 이 두 가지 모두의 핵심 요소로 보는 것이 좋다. 단순히 가상의 해결책보다 더 나은 해결책이 로마서 2장에 제시되어 있다. **선한 행위는 믿음의 일부일 때 구원을 가져다준다. 왜냐하면 성령은 우리에게 그것을 행할 수 있는 능력을 주시기 때문이다.**

복음-충성 모델은 바울의 말을 단순히 가상적으로 취급하지 않고서도 복음, 은혜, 믿음, 행위가 서로 부합할 수 있음을 보여준다. 우리는 바울의 말이 단순히 우리의 사고체계에 불편함을 초래한다고 해서 바울이 실제로 그가 말한 것과 정반대의 말을 한 것처럼 껴맞출 수는 없다. 값없는 은혜를 지지하는 진영에서는 여전히 이 가상적 관점을 옹호하지만, 이 가상적 관점은 오늘날 대다수 성서학자들에 의해 올바르게 거부되고 있다.

행위와 일치한다?

로마서 2:5-8을 어떻게 해석해야 하는지에 대한 또 다른 해결책은 오늘날 오직 믿음으로 의롭다 함을 받는 것을 고수하려는 이들 사이에서 더 인기가 많다. 그러나 그들의 해결책도 똑같이 문제가 있다. 이를 **일치하는** 해결책이라고 하자. 예를 들어 존 파이퍼는 가상적 관점을 거부하면서 다음과 같은 대안을 제시한다.

> 나는 하나님께서 "각 사람에게 그 행한 대로 보응하시되"(롬 2:6-7)라는 말씀이 단순히 가상적으로만 사실이 아니라 실제로 사실이라고 믿는다. 나는 "~대로/~에 따라"(according to, *kata*)라는 문구를 "근거하여"(based on)와는 다른 의미로 받아들인다.[9]

파이퍼에 따르면 바울은 가상적으로 말하는 것이 아니라 행위에 근거한 심판이 아닌 행위에 따른 심판을 묘사하고 있다. 파이퍼는 로마서 2:6에 나오

....
9   John Piper, *The Future of Justification* (Wheaton: Crossway, 2007), 110.

는 바울의 정확한 그리스어 표현에서 특별한 의미를 끌어내려 한다. "하나님께서 각 사람에게 **그 행한 대로**[*kata ta erga autou*] 보응하시되." 파이퍼는 다른 성경 본문에서 행위를 거부할 때 때때로 다소 다른 표현이 사용된다고 정확하게 지적한다. 즉 우리는 *ex ergōn*(행위로) 또는 *ex ergōn nomou*(율법의 행위로)가 아니라 믿음으로 의롭다 함을 받는다는 것이다.[10] 파이퍼는 로마서 2:6에서 *ex*(~로)가 아니라 *kata*(~에 따라/~대로)가 사용된 것이 구원에서 행위의 역할을 이해하는 데 매우 중요하다고 생각한다.

파이퍼는 영생을 위한 최후의 심판은 행위와 **일치하는**(*kata*) 것이지, 행위에서 **비롯된**(*ex*) 것이 아니라고 말한다. 그는 오직 믿음에는 구원하는 믿음과 **일치하거나 조화를 이루는** 선한 행위가 반드시 수반된다고 말하면서도 믿음을 유일무이한 도구 또는 수단으로 간주한다. 그는 구원의 기반 또는 근거로서 행위를 배제하지만, 그럼에도 구원하는 믿음에 수반되는 선한 행위는 반드시 믿음과 **일치**한다고 말한다(그리고 만약 믿음과 일치한다면 행위는 믿음의 진정성을 증명하는 데 필요한 증거가 된다).

그러나 파이퍼 자신도 이런 유형의 구분을 원하는 자신의 바람이 성경의 일관된 지지를 받지 못한다고 말한다. 성경은 오직 **피스티스**만으로 의롭다 함을 받는다고 명백하게 말하지 않지만, 세 차례에 걸쳐 **행위로**(*ex ergōn*) 의롭다 함을 받는다고 긍정적으로 말하는 것으로도 유명하다(약

---

10   Piper, *Future of Justification*, 109-10, 특히 109n8.

2:21-25).[11] 그리고 야고보는 오직 **피스티스**로만 의롭다 함을 받는 것을 거부하기 위해 이 단어를 사용한다("이로 보건대 사람이 **행함으로 의롭다 하심을 받고 믿음으로만은 아니니라.**" 약 2:24). 파이퍼의 이러한 구분은 불안정하고 억지스럽다.

칭의는 부분적으로 행위에 근거한다

이러한 이유 외에도 파이퍼, 토머스 슈라이너 및 다른 학자들의 일치하는 해결책은 다음 세 가지 이유에서 철저한 검증을 통과하지 못한다.[12]

1. **"~에 따라"에 의한 잘못된 제한.** 행위와 일치한다는 해결책은 "카타"의 의미를 **근거의 의미가 없는** "~에 따라"로 잘못 제한한다. 일반 용법은 그것을 이런 식으로 제한하지 않는다. "~에 따라"는 영어와 그리스어에서 일반적으로 근거를 배제하기보다는 이를 **포함**한다. 예를 들어 다음과 같은 문장을 고려해보라.

아이오와주(州)법에 따라 경찰관은 속도위반 딱지를 발부했다.

아이오와주(州)법에 근거하여 경찰관은 속도위반 딱지를 발부했다.

....

11   Piper, *Future of Justification*, 109-10, 특히 109n8.
12   Thomas Schreiner, "Justification apart from and by Works," in *Four Views on the Role of Works at the Final Judgment*, ed. Alan P. Stanley (Grand Rapids: Zondervan, 2013), 71-98, 특히 78, 97.

우리는 일반 용법에서 이 두 문장이 서로 현저하게 다른 의미를 갖는다고 생각하지 않는다. 당연히 아이오와주법은 속도위반 딱지를 발부하는 타당한 근거의 일부로 제외되는 것이 아니라 포함되는 것으로 여겨진다. "~에 따라"에는 일반적으로 근거가 포함된다.

이것은 영어에서처럼 그리스어에서도 마찬가지다. 예를 들어 신약성경에서 첫 번째 *kata* 용법은 헤롯이 동방박사에게 들어 알게 된 "그때를 기준으로 하여"(*kata ton kronon*) 아기들을 죽였다는 것을 나타낸다. 헤롯의 행동이 단순히 그때와 일치한 것이지, 그때에 근거한 것이 아니라고 말하는 것은 어불성설이다. 그때를 아는 것이 그의 행동의 근거였다. *Kata*는 일반적으로 근거를 의미의 일부로 가정하기 때문에 파이퍼가 이를 배제하려는 시도는 타당하지 않다.

2. 문맥은 일치를 억제하고 근거를 강조한다. 로마서 2:5-8의 문맥은 단순한 상관관계뿐만 아니라 근거도 제시한다. 바울은 "하나님께서 각 사람에게 그 행한 대로 보응하시되"(2:6)라는 말에 이어 이 심판이 어떻게 이루어질지에 대한 추가설명을 덧붙인다. 추가설명은 판결이 "불의를 **따르는**" 것이 아니라 "선한 **일**"과 "진리를 **따르는**" 것과 같이 실행에 옮긴 행위에 근거할 것임을 암시한다(2:7-8). 이러한 질적인 언어는 바울이 실행에 옮긴 행위를 근거의 일부로 간주했다는 결론을 피하기 어렵게 만든다.

3. 성경의 다른 예들도 근거를 포함한다. *kata*를 사용하여 행위에 의한 심판을 언급하는 성경의 다른 본문들은 근거를 배제한 채 일치를 이야기하지 않는다. 예를 들어 바울은 "구리 세공업자 알렉산더가 내게 해를 많이

입혔으매 주께서 **그 行한 대로**[*kata ta erga autou*] 그에게 갚으시리니"(딤후 4:14)라고 말한다. 바울은 알렉산더가 자신의 가르침을 "심히 대적하였다"고 분명히 밝힌다. 문맥은 알렉산더의 실제 행위가 심판에서 갚아주심의 근거가 될 것임을 암시한다. 욥기 34:11, 시편 62:12, 잠언 24:12, 예레미야 32:19, 마태복음 16:27, 요한복음 7:24, 8:15, 베드로전서 1:17, 요한계시록 2:23(참조. 집회서 16:12)도 참조하라. 이 모든 예에서 일치와 근거는 일반적인 언어에서처럼 동일시된 것으로 보인다. 따라서 파이퍼, 슈라이너 및 다른 학자들이 바울이 의미하는 바가 일치지 근거가 아니라고 주장하는 것은 궤변에 지나지 않는다.

이에 대한 결론은 로마서 2:5-8에서 **선한 행위가 최종적 구원을 위한 심판의 근거의 일부가 된다**는 것이다. 이 결론은 바울이 "하나님 앞에서는 율법을 듣는 자가 의인이 아니요 오직 율법을 행하는 자라야 의롭다 하심을 얻으리니"라고 말할 때 더욱 강화된다(롬 2:13). 이 구절에 대한 가장 올바른 해석은 **율법을 실제로 행하거나 실천하는 것이 의롭다 함을 받는 근거의 일부가 된다**는 것을 받아들이는 것이다. 이는 칭의가 단순히 무죄 선언이 아니라 한 사람의 존재 자체의 변화(죄의 권세에 종노릇 하는 것으로부터의 해방)를 수반하기 때문이다. "이는 죽은 자가 죄에서 벗어나 **의롭다 함을 얻었기**[*dedikaiōtai*] 때문이다"(롬 6:7, 저자의 번역). 즉 칭의 자체가 오직 성화와 종종 연관되는 일종의 개인적인 존재론적 변화를 포함한다. 바울과 야고보의 증언에 따르면 행위는 칭의의 근거로부터 배제될 수 없다. 이러한 구원하는 선한 행위는 로마서 2:25-29에서 암시하고 8:1-17에서 보여주듯이 성령께서 우리가 하나님이 주신 율법의 진정한 취지를 우리의 행위를 통해 성취할 수 있게 하므로 가능하다.

따라서 단순히 일치한다는 의미의 구원하는 행위라고 주장하는 해결책은 비성경적이므로 거부되어야 한다. 구약과 신약의 일관된 증언은 적어도 부분적으로 우리 자신의 행위에 기초하여 영생을 위한 심판을 받게 된다는 것이다. 비록 루터가 선한 행위가 어떤 면에서는 위험하다고 규정한 것은 옳은 판단이었지만, 선한 행위는 궁극적인 적이 아니다. **행위는 우리의 칭의와 최종적 구원을 위한 근거의 일부로서 충성을 통해 구원을 가져다주는 긍정적인 역할을 한다.** 그렇다면 어떻게 믿음, 은혜, 행위가 모순 없이 조화를 이룰 수 있을까? 이른바 바울에 대한 새 관점은 구원에 대한 성경의 비전을 더 잘 이해하기 위해 행위를 재평가한다.

바울에 대한 새 관점

학문의 역사를 되돌아보는 것이 언제나 가치 있는 일은 아니다. 하지만 이 경우에는 절대적으로 가치가 있다. 1977년에 E. P. 샌더스가 쓴 『바울과 팔레스타인 유대교』(*Paul and Palestinian Judaism*)가 출간되었다. 이 책은 엄청난 영향력을 일으켰고, 구원에 대한 매우 생산적인 대화의 장을 새로 열었다. 이것은 엄연한 사실이다. 샌더스의 사상이 옳든 그르든 또는 (더 개연성이 높은) 이 두 가지의 혼합이든 간에 말이다.

신약 시대에서 구원을 가져다주는 행위

샌더스는 예수 당대에 유대인들이 구원과 관련하여 은혜, 행위, 용서를 어떻게 이해했는지 살펴보기 위해 성경과 다른 고대 자료로 되돌아갔다. 이를 통해 샌더스는 그가 신약 시대의 거의 모든 유대인이 지니고 있던 종교의 진정한 패턴이라고 간주하는 것을 발견했다. 우리는 예수, 베드로, 바울, 그리고 다른 사도들이 (설령 비범한 인물이라 할지라도) 모두 유대인이었다는 사실을 기억해야 한다. 샌더스는 이러한 패턴을 **언약적 율법주의**라고 불렀다.

샌더스는 "언약적"이란 표현을 통해 예수 시대의 유대인들이 구원을 얻기 위해 어떤 행위를 해야 한다고 생각하지 않았다는 것을 알리려고 한다. 그들은 이미 언약의 일원으로 태어났다. 그들은 자신들이 이미 죄의 정죄를 받은 상황이나 심지어 중립적인 상황에서 태어났다고 여기지 않았기 때문에 구원을 받아야 한다고 생각하지 않았다. 그들은 타고난 악한 성향과 그들의 죄를 인정하면서도 자신들은 "구원받은" 존재로 태어났다고 확신했다. 그들은 이미 언약의 가정에 태어남으로써 **은혜로, 혈통으로** 구원을 받았다. 그들은 "그 안으로 들어가기 위해" 행위로 하나님의 은총을 얻을 필요가 없었다. 또한 최후의 심판에서 개인의 선한 행위가 악한 행위를 능가할 필요도 없었다.

그렇다면 왜 선한 행위를 행해야 할까? 샌더스는 두 번째 단어인 "율법주의"를 통해 사람들이 행위가 어떻게 구원을 가져다준다고 믿었는지를 묘사하고자 했다. 그는 행위는 모세의 율법인 언약을 **유지하는** 목적을 가지고 있었다고 주장했다. 율법을 뜻하는 그리스어는 "노모스"(*nomos*)이며, 따라서 "율법주의"(nomism)라는 표현이 붙여진 것이다. 사람들은 안식일을 지키고, 음식법을 준수하며, 정결법을 지키고, 절기를 지키기 위해 성전을 순례하며, 희생제물을 바치는 등의 행위가 필요했다. **행위는 첫 구원을 얻기 위해서가 아니라 최종적 구원을 위해 구원받은 상태를 유지하는 데 필요했다.**

완전한 순종은 필요하지 않았다. 왜냐하면 하나님은 은혜로 옛 언약 안에 죄 사함을 위한 조항들을 마련해주셨기 때문이다. 죄 사함은 제물을 드리고(레 1-7장) 속죄일에 참여하는 것(레 16장)으로 가능했다. 구약에서 죄 사함을 받은 상태를 유지하려면 특정한 행위들이 필요했고 실제로 그런 명령이 주어졌다.

선한 행위를 통한 언약의 유지는 개인과 집단의 몫이었다. 하나님은 국가 전체(또는 그 안에 있는 큰 집단)를 함께 벌하기도 하고 구하기도 하셨다. 만약 한 개인이 하나님의 율법을 무시하면 하나님은 그 개인과 국가 전체를 벌하셨다. 구원은 천국에 초점이 맞추어져 있지 않았다. 오히려 하나님은 미래의 메시아를 통해 축복의 새 시대, 즉 내세가 도래하게 하실 것이다. 이러한 집단적 요소는 유대 지방의 바리새인들과 쿰란 지역(사해 두루마리가 발견된 곳)에 살던 에세네파 사이에서 모세의 율법을 지켜야 한다는 사회적 압박을 심화시켰다. 개인의 죄는 모든 사람의 집단적 미래 구원에 영향을 미쳤다.

시간 경과에 따른 이해의 변화

샌더스는 중세 가톨릭과 개신교가 모두 신약 시대의 유대인들이 구원을 어떻게 개념화했는지에 대해 크게 오해했다고 주장한다. 루터에게는 가톨릭 교회가 (고행과 면죄부 등) 의식적 행위를 강조한 것이 기본적으로 유대인이 모세의 율법을 준수해야 한다고 주장하는 것과 같았다. 그러나 루터는 유대교에서 선한 행위의 진정한 역할이 초기 구원을 얻는 것이 아니라 구원을 유지하는 데 목적이 있다는 점을 잘못 이해했다. 샌더스에 따르면 루터는 미심쩍은 방식으로 믿음 대(對) 행위 구도를 성경에 강요했다.

만약 샌더스의 견해가 옳다면 전통적 개신교의 행위에 대한 두려움―행위의 의 또는 율법주의를 통해 구원을 얻으려는 잘못된 시도로 이어지는 것에 대한 두려움―은 대부분 핵심에서 벗어난 것이다. 즉 만약 바울이 선한 행위를 행함으로써 구원을 얻을 수 있다는 사상(행위의 의)과 맞서 싸우거나 하나님의 계명을 지킴으로써 구원을 얻으려는(율법주의) 개인을 저지하려고 한 것이 아니었다면 개신교의 많은 에너지와 신학은 엉뚱한 방향으로 향하고 있었던 것이다.

새 관점에 대한 평가

물론 가장 중요한 질문은 샌더스의 주장이 맞느냐는 것이다. 바울에 대한 새 관점에 관한 학계의 평가는 압도적이며 매우 다양했다. 바울에 대한 획일적인 새 관점은 존재하지 않는다. 왜냐하면 말 그대로 수천 명의 학자들이 다양한 입장에서 평가했기 때문이다. 절대적인 관점이란 것은 없기 때문에 누군가가 바울에 대한 새 관점에 찬성하거나 반대한다고 말하는 것은 무의미하다. 새 관점에 대한 논의를 기록하고 다양한 측면을 분석하는 좋은 자료들은 많다.[13] 대다수 학자들은 샌더스가 결정적인 사안들에 대해서는 옳고 다른 사안들에 대해서는 틀렸다는 데 동의한다. **언약적 율법주의**에 대한 그의 기본적 제안은 큰 틀에서 거의 틀림없이 옳지만, 일부 세부적인 부분에서는 그렇지 않다. 유대인들은 자신들이 은혜로 하나님의 언약 가족으로 태어났으므로 만약 그들이 모세의 언약을 지킨다면 하나님의 최종적 구원(주로 "천국"이 아니라 새 시대)에 참여할 것이라고 믿었다. 또한 율법 자체에 죄 사함을 위한 조항들이 포함되어 있으므로 대다수 유대인들은 모세의 율법에 대한 완전한 순종이 구원을 얻는 데 필요하지 않다고 믿었다는 그의 주장은 거의 확실하게 옳다. 뿐만 아니라 샌더스는 예수 시대의 유대인들이 하나님의 구원하는 은혜를 수용했음을 보여줌으로써 유대교에 대한 잘못된 오해를 바로잡고 교회와 세상에 큰 공헌을 했다.

---

13   간략한 개론은 다음을 보라. Michael B. Thompson, *The New Perspective on Paul* (Cambridge: Grove Books, 2002). 전문적인 논의는 다음을 고려하라. Stephen Westerholm, *Perspectives Old and New on Paul* (Grand Rapids: Eerdmans, 2004), 3-258; N. T. Wright, *Paul and His Recent Interpreters* (Minneapolis: Fortress, 2015), 64-131; Garwood P. Anderson, *Paul's New Perspective: Charting a Soteriological Journey* (Downers Grove, IL: IVP Academic, 2016); Stephen J. Chester, *Reading Paul with the Reformers* (Grand Rapids: Eerdmans, 2017).

새 관점의 문제

인류에게는 문제가 있었다. 하지만 샌더스는 과도했다. 예를 들어 그는 유대교가 예수를 메시아로 인정하지 않았다는 점을 제외하면 바울이 유대교에 실질적인 문제가 없었다고 주장한 것으로 유명하다. 샌더스는 바울이 모든 인간이 죄인이라는 논제를 고안해냈고, 이 문제에 대한 기독교의 해결책을 제시하는 것으로 그 출발점을 삼았다고 주장했다. 비록 바울은 예수가 그리스도라는 확신을 갖게 되면서 인간이 처한 곤경의 본질과 그 깊이에 대해 더 예리하게 생각할 수 있었던 것은 사실이지만, 샌더스는 유대인들이 이미 인간의 근본적인 문제에 대해 인식하고 있었던 수준을 과소평가한다.

제한적 행위의 의. 또한 예수 시대를 살던 일부 유대인들은 최종적 구원을 얻기 위해 선한 행위를 충분히 쌓아야 한다고 믿고 있었다는 것이 입증될 수 있다(예. 토빗서 4:9-10; 에스라4서 4:6-5; 7:77; 8:33-36; 바룩서 14:12; 51:7; 솔로몬의 시편 9:3-5). 설령 이미 확립된 언약에 대한 반응으로 선한 행위를 행했다는 샌더스의 주장이 옳다 하더라도, 일부 사람들에게는 선한 행위를 충분히 쌓아야 한다는 것이 불안의 요소일 수 있었다. 유대교에는 적어도 최종적 구원을 위한 **제한적 행위의 의**가 여전히 존재했다. 따라서 이에 대한 루터의 논쟁이 완전히 잘못된 것은 아니었다.

은혜에 대한 잘못된 이해. 또한 비록 샌더스는 유대인들이 은혜를 믿었다는 점을 올바르게 받아들이지만, 그는 제2성전기 유대교에서 은혜가 이미 주어진 것이며, 값없이 주어지는 특성을 지닌다는 점을 지나치게 강조한다. 그는 은혜를 **거저 주어진** 것으로 보는 바울의 견해가 동시대 유대인들 사이에서 이례적이었다는 사실을 인식하지 못했다.[14]

바울에게는 완전한 순종이 중요했다. 마지막으로, 비록 대다수 유대인들은 모세의 율법에 대한 완전한 순종이 필요하지 않다고 믿었지만, 바울은 예수를 메시아로 받아들인 후 그러한 생각의 방향에 변화를 주었을 수도 있다. 바울이 회심하기 전에 무엇을 믿었든 그리스도 사건에 비추어 그는 최종적 구원을 얻으려면 이제 그리스도 외에도 율법에 대한 **완전한** 순종이 필요하다는 확신을 갖게 되었다(롬 2:25; 갈 3:10; 5:3; 참조. 약 2:10). 바울은 아마도 구약의 죄 사함에 관한 이전의 조항(속죄 제도)은 이제 폐지되었다고 생각했을 것이다. 왜냐하면 하나님은 오직 메시아의 죽음과 부활, 그리고 제사장과 왕으로의 즉위에 근거한 새 언약을 그의 백성들과 맺으셨기 때문이다. 샌더스와 새로운 관점에 대한 사소한 불만들은 더 늘어날 수도 있지만, 일부 비판은 다른 비판보다 더 생산적이었다.

행위 재검토하기

율법의 행위로서 행위. 학자들은 샌더스의 연구의 여러 부분을 발전시켜 가면서도 그의 학설을 비판했다. 제임스 던(그 뒤를 이어 N. T. 라이트와 다른 학자들)은 바울이 칭의에 관해 말할 때 단순히 "행위"가 아니라 "율법의 행

---

14 이러한 은혜의 범주에 대해서는 4장을 보라. 이것이 Sanders와 구체적으로 어떻게 연결되는지는 다음을 보라. John M. G. Barclay, *Paul and the Gift* (Grand Rapids: Eerdmans, 2015), 151-58, 318-21.

위"(*erga nomou*)를 염두에 두고 있다는 흥미로운 아이디어를 제시했다.[15] 또한 여러 본문에서 바울은 "행위"를 "율법의 행위"의 약어로 사용하고 있다. 예를 들어 바울은 로마서 9:32에서 단순히 "행위"라고 말하지만, 이스라엘이 언약의 율법을 추구하는 것을 가리키므로(9:31) "행위"는 "율법의 행위"의 약어다. 마찬가지로 바울은 로마서 3:20과 3:28에서 "율법의 행위"라는 온전한 표현을 사용한다. 그러나 3:27에서 그는 더 넓은 문맥(그리고 구절 자체)이 입증하듯이 분명 "율법의 행위"를 의미하지만 그것을 "행위"로 축약한다.

> 그런즉 자랑할 데가 어디냐? 있을 수가 없느니라. **무슨 법**으로냐? **행위**로냐? 아니다. 오직 **피스티스**의 법으로니라. 그러므로 사람이 의롭다 하심을 얻는 것은 **율법의 행위**에 있지 않고 믿음으로 되는 줄 우리가 인정하노라(롬 3:27-28, 저자의 번역).

칭의와 관련된 문맥에서 바울은 적어도 때때로 "율법의 행위"(그가 선호하는 언어)를 의미하지만, 그것을 "행위"로 축약한다.[16] 따라서 우리는 칭의와 관

....

15   칭의는 롬 3:20, 28; 갈 2:16; 3:2, 5, 10에서 일반적인 "행위"와 대조되지 않고 더 구체적으로 "율법의 행위"와 대조를 이룬다. 다음을 보라. James D. G. Dunn, *The Theology of Paul the Apostle* (Grand Rapids: Eerdmans, 1998), 354-71; N. T. Wright, "4QMMT and Paul: Justification, 'Works' and Eschatology" (2006), reprinted in Wright, *Pauline Perspectives* (Minneapolis: Fortress, 2013), 332-55.

16   롬 4:2, 5-6; 9:11, 32; 11:6; 엡 2:9-10; 딛 3:5에는 "율법의 행위"보다는 "행위"가 사용된다. 이러한 본문에서 일반적인 모든 행위가 아니라 율법의 행위를 가리킬 개연성이 높은 이

련하여 바울이 실제로 의미하는 것이 일반적인 모든 "행위"가 아니라 "율법의 행위"일 가능성을 열어놓아야 한다. 이것은 바울의 구원에 대한 비전을 이해할 수 있는 새로운 길을 열어준다.

행위, 칭의, 경계 표지. 바울이 행위가 의롭다 함을 얻게 한다고 말한 것(롬 2:6-8, 13)은 그가 모든 행위를 칭의의 범주 밖에 두지 않았음을 보여준다. 오히려 그는 유대인과 이방인을 구분하는 특정한 유형의 행위, 즉 **율법의 행위**만을 의미한다. 바울에게 있어 "행위" 또는 "율법의 행위"는 할례, 안식일, 음식법, 식탁 교제와 같은 특정한 사회-종교적 경계 표지를 가리킨다. 메시아가 오기 전에는 이러한 율법의 행위가 하나님의 백성(유대인)과 외부인(이방인)을 구분하는 역할을 했다.

예를 들어 바울이 기록된 역사에서 처음으로 행위가 아니라 믿음으로 의롭다 함을 얻는다는 주제를 꺼냈을 때 그것은 베드로의 식탁 교제 관행에 관한 것이었다. 베드로는 안디옥에서 이방인 그리스도인 및 유대 그리스도인 모두와 함께 식사를 하고 있었는데, 할례당의 압력을 의식하여 유대 그리스도인과만 식사하기 시작했다(갈 2:11-14). 당시에는 베드로와 같은 유대 그리스도인이 부적절한 사람(이방인 그리스도인)과 함께 부적절한 음식(정결하지 않은 음식)을 먹으면 특정한 "율법의 행위"—또는 줄여서 "행위"—를 위반하거나 이행하지 않는 것으로 인식되었다.

바울은 이것이 매우 심각한 문제임을 알고 있었다. 베드로의 행동은

....

유에 대해서는 다음을 보라. Dunn, *Theology*, 354-71.

피스티스로 의롭다 함을 받는 것을 실천적으로 부정하는 것이었다. 그의 행위는 복음 자체를 훼손한 것이 아니라 복음이 창조한 하나의 새로운 인류를 훼손한 것이었다. 바울은 베드로를 책망하며 다음과 같이 말한다.

> 우리는 본래 유대인이요 이방 죄인이 아니로되 사람이 의롭게 되는 것은 **율법의 행위**로 말미암음이 아니요 오직 예수 그리스도의 충성(**피스티스**)으로 말미암는 줄 알므로 우리도 그리스도 예수께 충성(**피스티스**)을 바치나니 이는 우리가 **율법의 행위**로써가 아니고 그리스도의 충성(**피스티스**)으로써 의롭다 함을 얻으려 함이라. **율법의 행위**로써는 의롭다 함을 얻을 자가 없느니라(갈 2:15-16, 저자의 번역).

이 에피소드에서는 일반적인 선한 행위가 아닌 **율법의 행위**를 염두에 두고 있다. 바울은 도입부에서 자신이 **피스티스**에 의한 칭의와 **율법의 행위**에 의한 칭의를 구분하는 것이 유대인과 이방인의 차이와 관련이 있음을 암시한다. 율법의 행위는 유대인과 이방인을 구분하는 주된 표지이지만 유일한 표지는 아니다.

갈라디아서 2:15-16에서 바울은 율법의 행위가 아닌 **피스티스**에 의한 칭의에 관해 말하면서 기독교 공동체, 즉 이미 메시아를 받아들인 자들을 향해 말하고 있다. 따라서 분명히 바울의 말은 여기서 안디옥의 원래 청중(또는 나중에 갈라디아 교회에서 그의 편지를 읽고 있던 청중)에게 어떻게 처음으로 그리스도인이 되는지에 대해 말하려고 하는 것이 **아니다**.

바울은 만약 당신이 구원을 받기를 원하면 예수를 믿고 선한 행위를 행함으로써 구원을 얻으려 하지 말라고 말하고 있는 것이 **아니다.** (하지만 믿음으로 의롭다 함을 얻는다는 바울의 말은 오늘날 종종 이렇게 읽히곤 한다.) 바울이 여기서 이미 온전한 그리스도인으로 여기는 자들을 대상으로 말한 것은 의심의 여지가 없다(일부가 떨어져 나가고 있는 상황을 걱정하고 있긴 하지만 말이다). 바울이 여기서 그들에게 어떻게 처음으로 구원을 받는지에 대해 말하고 있다는 것은 이치에 맞지 않는다. 그는 **피스티스**에 의한 칭의와 율법의 행위를 대조하면서 진정으로 의로운 공동체가 어떻게 외부인들과 적절하게 구별되는지를 묘사하고 있다.

우리는 율법의 행위에 대한 바울의 견해를 초기 교회 역사를 통해서도 확인할 수 있다. 행위와 율법의 행위는 바울의 초기 해석자들에 의해 일반적인 선한 행위가 아니라 모세의 율법과 관련된 할례, 금식과 같은 것으로 일관되게 이해되었다.[17] 바울이 모든 초기 해석자들에 의해 일률적으로 잘못 인식되지 않은 한, 이것은 바울에게 있어 (율법의) 행위가 주로 옛 언약의 유대 관습이라는 것—그리고 이것은 칭의와 관련하여 인간의 모든 도덕적 노력, 행위 또는 선한 행위로 일반화될 수 없다—을 강력하게 암시한다.

요약하자면 바울은 **피스티스**가 하나님으로부터 무죄(의롭다 함)를 선

---

17 예. Barnabas 2.1; 4.11-12; 10.11; 13.7; Justin Martyr, *Dialogue with Trypho* 23.4; 28.4; 92.3-5; 95.1; Irenaeus, *Against Heresies* 4.16.1-3; Irenaeus, *Demonstration of the Apostolic Preaching* 35; Matthew J. Thomas, *Paul's "Works of the Law" in the Perspective of Second Century Reception*, WUNT 468 (Tübingen: Mohr Siebeck, 2018), 211-30.

고받은 자들과 비그리스도인들을 구분하는 진정한 경계선이라고 말하고 있다. 칭의는 구원받은 하나님의 백성 안으로 들어가는 것이 아니라 하나님의 백성 안에 서 있다고 선포되는 것이다. 그러므로 칭의는 구원으로 들어가는 과정의 첫 단계로 여겨져서는 안 된다. 그것은 **구원받은 자의 무리 안에 속했다는 지위를 얻었다고 선포되는 것이다**(이미 "들어간 자"로 확인되는 자는 반드시 유일한 **피스티스** 경계를 통해 들어갈 수밖에 없기 때문에 들어가는 것과 지위는 결코 완전히 분리될 수 없지만 말이다). 비록 바울의 유대 그리스도인 대적자들은 할례와 식탁 교제 관행과 같은 율법의 행위가 하나님과의 올바른 관계를 규정하는 데 유효하다고 생각했지만, 바울은 하나님은 그런 것에 무관심하시다고 확신했다. 이러한 행위는 하나님의 참된 백성을 제대로 구분할 수 없다. 왜냐하면 이러한 행위는 이 새 언약 시대에 메시아께 대한 충성을 다하는 데 보편적으로 요구되지 않기 때문이다.

단순한 경계 표지가 아니다. 하지만 던과 라이트 같은 학자들은 율법의 행위가 주로 사회-종교적 경계 표지라고 주장하면서 이러한 행위는 **단지 표지에 불과한지**—그리고 바울은 **율법 전체 중에서 실제로 행해야 하는 행위로서** 율법의 행위에 대해 전혀 관심이 없었는지—에 대한 반론의 여지를 남겼다. 이 비난이 정확하든 그렇지 않든 나는 복음이 말하는 충성에 대한 제안을 분명히 하고 싶다. 비록 나는 바울이 율법의 행위를 초기 구원을 얻기 위해 따라야 할 규범이 아니라 하나님의 백성이라는 신분을 유지해주는 것으로 보았다고 생각하지만, 그럼에도 그것들은 단순히 표지만은 아니었다. 사람들은 최종적 구원을 위한 모세 언약의 일부로서 그것들을 **행해야** 했다. 그리고 비록 바울은 구원을 위해 율법의 행위를 **행할** 필요성에 대해 강력하게 반대했지만, 우리는 이 반대를 모든 육체적 활동, 즉 모든 행위로 확대할 수 없다. 바울은 칭의의 범주에서 **율법의 행위를** 제외하지만, 성령의 인도함을 받은 율법의 행위는 포함한다(예. 롬 2:13; 참조. 2:29, 8:4). 또한 그는 일반적인 선한 행위가 최종적 구원의 근거의 일부라고 생각한다(예. 롬 2:6; 고후 5:10). 왜냐하면 **피스티스**는 반드시 행위를 수반하기 때문이다(5장에서 살펴본 바와 같이). 따라서 **피스티스**는 왕에 대한 순종적 충성의 행위로서 육체적 행위―선한 행위―를 반드시 포함해야 한다.

복음이 말하는 충성과 행위

그렇다면 개신교에 만연한 **율법주의**와 **행위의 의**에 대한 두려움을 복음-충성 모델 안에서 어떻게 더 정확하게 표현할 수 있을까? 첫째, 바울은 하나님의 규범 목록을 어기지 않음으로써 구원을 얻고자 하는 율법주의를 단호하게 그리고 절대적으로 거부한다. 바울은 율법주의에 의한 구원은 불가능하며, 하나님의 저주만 초래할 뿐이라고 말한다(갈 3:10; 5:3).

　　그러나 행위의 의―선한 행위를 행함으로써 얻는 구원―에 대한 바울의 진정한 입장은 좀 더 복잡하다. 우리는 이제 다음 네 가지 요점을 확립했다.

　　1. 설령 바울의 목적이 절대적으로 행위의 의를 보편적으로 반대하는

것이 아니었다 하더라도 그는 율법의 행위와 관련하여 특정한 유형의 행위의 의를 분명히 거부했다.

2. 할례와 같은 율법의 행위를 행하는 것은 엄밀히 말하면 최종적 구원에 절대로 기여할 수 없다. 왜냐하면 그것은 **피스티스**에 의한 것이 아니기 때문이다. 바울은 오직 **피스티스**만이 효력이 있다고 말한다.

3. 그러나 바울은 모든 행위의 구원의 기능을 부인하지 않는다. 선한 행위는 단순히 칭의 또는 최종적 구원과 부합하지 않지만 적어도 부분적으로는 그 근거가 된다.

4. 성령은 우리가 율법의 가장 깊은 뜻에 순종하여 사망이 아닌 생명으로 인도하는 행위를 행할 수 있도록 우리에게 능력을 부여한다.

만약 우리가 다음과 같은 결론을 도출한다면 이러한 요점 간의 긴장은 완화될 수 있고, 바울의 견해는 일관성을 얻는다.

바울에게 있어 행위는 왕이신 예수께 대한 진정한 충성(피스티스)을 구현한 행위일 때만 구원을 가져다준다. 하지만 그렇지 않은 경우에는 절대로 구원을 가져다줄 수 없다. 우리는 구원을 **얻기** 위해 아무것도 할 수 없다. 우리의 죄를 위한 예수의 죽음은 완벽하게 **효과적**이다. 어떻게 효과적인가? 복음의 혜택은 성령의 선물로 주어지는데, 이는 충성이 우리를 왕과 하나가 되게 하고 구원을 가져다주는 선한 행위를 할 수 있도록 허용하기 때문이다. 인간의 육신은 그 자체로 연약하기 때문에 성령을 필요로 한다.

죄의 식민지화하는 힘은 반드시 무너져야 하며, 성령은 육신을 재식민지화해야 한다. 이 재식민지화는 왕께 마음에서 우러나오는 순종을 할 수 있게 하는데, 왕의 율법이 이제 바로 이 마음에 새겨져 있기 때문이다. 따라서 구원을 위해 요구되는 충성의 행위 목록은 결코 만들어질 수 없다. 그러한 목록은 **피스티스**에 의한 성령의 인도하심을 부정하는 것이기 때문이다.

그러나 비록 참된 **피스티스**의 한 측면으로서 육체적 행위가 구원을 위해 필요하지만, 이를 통해 구원을 **얻기** 위해 우리가 할 수 있는 것은 아무것도 없다. 우리를 위한 예수의 죽음은 완전히 효과적이다. 오직 충성만이 유효하다. 성령께서 우리가 그분을 섬기도록 인도하시므로 충성의 질과 진정성은 왕이신 예수에 의해 관계적으로 결정된다. 복음-충성 모델은 충성과 무관한 구원 체계로 작동하려는 모든 형태의 행위 의에 반대한다. 이 모델은 구원을 얻거나 유지하기 위해 모든 사람이 행해야 하는 율법, 규범 또는 행위 목록에 단호히 반대한다. 왜냐하면 그런 것은 왕이신 예수께서 각 사람의 마음에 새겨 성령을 통해 자신의 충성 요구를 알리는 방식을 무시하기 때문이다. 왕이 특정 개인에게 요구하는 충성의 행위는 다를 수 있다(예. 요 21:18-22). 그러므로 구원은 오직 성령이 주도하는 충성을 통해 받는다. 그것은 행위의 의에 관한 문제가 아니다.

가톨릭교회, 개신교, 그리고 복음

개신교, 가톨릭교회, 정교회는 모두 하나의 참된 성경적·사도적 복음의 내용을 지지한다(3장을 보라). 그리고 이것은 개신교, 가톨릭교회, 정교회 신자들이 그 진리를 인정하든 그렇지 않든 상관없이 사실이다! 그럼에도 부정확성은 존재한다. 왜냐하면 복음 자체가 종종 왜곡되고, 부정확하게 묘사되며, 반응 및 혜택과 혼동을 일으키기 때문이다.

챈들러, 길버트, 맥아더, 파이퍼, 스프로울 같은 개신교 지도자들이 복음의 참된 내용과 경계에 대해 오류를 범한 것이 맞다면 개신교 신자들은 과연 그들과 교제를 단절하거나 그들을 출교시켜야 할까? 절대 아니다. 설령 그들이 복음 자체를 복음이 주는 혜택 및 우리의 반응과 혼동했다 하더라도 결국에는 그들 모두가 실제로 복음을 구성하는 10가지 사건을 옹호하므로 그것은 매우 부적절한 일이다. 그들 모두는 기꺼이 충성을 고백한다.

마찬가지로 개신교도들은 가톨릭이나 정교회 신자들과 교제를 단절해서는 안 된다(이것은 서로 마찬가지다). 그들도 이 10가지 사건을 옹호하고 예수를 주님으로 고백한다. 비록 복음, 그 혜택, 우리의 반응에 대해 유사한 혼동이 존재하지만 말이다. 지금부터 이어지는 나의 발언은 정통 기독교보다 가톨릭-개신교 간의 대립과 더 관련이 있다.

비록 가톨릭교회는 하나의 참된 복음을 지지하지만, 복음에 대한 단 하나의 올바른 **반응**(피스티스)과 부분적으로 타협함으로써 복음의 **혜택** 중 하나(칭의)가 위태로워진다. 가톨릭교회는 **피스티스**만을 옹호하지 않는다. 그렇다고 해서 그들도 단순히 칭의가 믿음 더하기 행위라고 생각하지 않는다. 오히려 칭의는 무언가 더 구체적인 행위—성례의 거행—를 통해 이루어진다. 성례는 성례적 행동 자체를 통해(*ex opere operato* "행해진 행위에 의해") 효력을 발휘한다고 한다. 왜냐하면 이것이 하나님의 은혜가 일반적으로 공급되는 방식이라고 느끼기 때문이다. 가톨릭교회에 따르면 사람이 의롭다 함을 얻으려면 성례의 참여에 믿음과 추가적인 선한 행위가 함께 결합해야 한다.

율법의 행위와 가톨릭교회

바울에게 모세의 율법은 명령 또는 규범 목록의 체계다. 그러나 옛 시대에서 메시아 안에서의 새 시대로 바뀌면서(갈 1:4; 4:3-4, 9) 유대인과 이방인 사이에 존재했던 이전의 구분은 폐지되었다(갈 3:28). 그리스도의 십자가로 인해 옛 질서는 사라졌고 새로운 창조세계가 나타났다(갈 6:15; 참조. 고전 7:19). 이제는 왕에게 충성하는 시대가 나타났으므로 율법은 사람을 구속할 힘을 잃어버렸다(갈 3:23-24).

율법은 이미 사라진 옛 질서의 일부이기 때문에 무력하다. 율법을 다시 옹호하고 마치 율법을 충성과 나란히 또는 충성 안에서 의롭게 할 수 있는 것처럼 취급하려는 시도는 치명적인 잘못이다. 바울은 이렇게 말한다. "만일 내가 헐었던 것을 다시 세우면 내가 나를 범법한 자로 만드는 것이라"(갈 2:18). 모세의 율법이 성문법으로서 의롭게 하는 지위를 지니고 있다는 제안은 모두 잘못된 것이다. 율법은 성문법으로서가 아니라 성령을 통해 성취될 때만 의롭게 하는 지위를 갖는다(롬 2:13; 8:4).

의롭게 하지 못하는 모세 율법의 무능함은 일반적으로 명시된 규범에도 적용된다. 그것은 옛 언약에만 국한되지 않는다. 명시된 규범을 위반하는 것이 옛 언약이 체결되기 **이전에도** 치명적인 결과를 가져왔기 때문에 우리는 이에 대해 잘 알고 있다(롬 5:13-14; 7:9-10). 육체 자체가 옛 질서 안에서 "스토이케이아"(*stoicheia*)의 지배를 받았기 때문에 우리는 이에 대해서도 잘 알고 있다(위의 5장을 보라). 성령과 율법 조문에 대한 바울의 진술(예. 고후 3:6)과 함께 읽을 때 이것은 반드시 해야 하거나 절대 해서는 안 되는 것의 목록은 구원을 위해 필요한 것을 절대 규정할 수 없음을 보여준다. 오직 열거할 수 없고, 수량화할 수 없는 성령에 의한 행위만이 이것을 할 수 있다. 따라서 바울은 할례와 같이 옛 언약의 행위가 구원을 가져다주지 못하지만 새 언약 안에서는 구원에 필수적인 행위의 목록이 만들어질 수 있다는 가톨릭교회의 주장에 강력히 반대할 것이다. 그런 규정들은 구원을 가져다주지 못하며, 우리는 그런 규정들을 어떻게 해서든 위반할 것이므로 범법자가 될 것이다. 뿐만 아니라 우리가 성령의 인도하심으로 구현된 충성이 아니라 심지어 그런 체계의 한 가지 규범으로 의롭다 함을 받고자 한다면 우리는 **그 규범 전체를 위반하는 사람**이 될 것이다. 그 결과 우리는 "율법 전체를 행할 의무를 지닌"(갈 5:3) 자로서 전체 규범 체계에 빚진 자가 된다(갈 5:3).

이 경고를 통해 바울은 자신을 유대 **그리스도인**이라고 밝힌 자들(그들은 왕 예수께 충성을 표했다)에게 말하고 있다. 이 유대 그리스도인들은 의롭다 하심을 유지하기 위해 행해야 하는 새 언약 안에서의 명령 목록을 지지했는데, 이는 이것이 왕께 대한 충성을 다하는 데 필수적임을 암시한다. 바울은 이를 하나의 참된 복음에서 떠나는 것이라고 말한다(갈 1:6-9). 왜냐하면 비록 이것이 복음의 **내용**에서 벗어나는 것은 아니지만 복음에 대한 단 하나의 올바른 **반응**(또는 **수단**)과 하나의 새로운 인류라는 복음의 **결과**를 훼손하기 때문이다. 따라서 그것은 복음의 결과인 구원을 가져다주는 중요한 혜택, 즉 칭의를 위태롭게 한다(3장의 "반론 2"를 보라).

가톨릭교회의 공식 교리는 바울의 가르침에 어긋난다. 루터와 다른 종교개혁자들이 다양한 방식으로 가톨릭교회를 풍자했지만, 이 중요한 부분에서 서로 공통점이 정확히 일치한다. 바울에게 적대적이었던 갈라디아의 유대 그리스도인들처럼 가톨릭 신자들은 믿음의 필요성(가톨릭 신자들은 왕 예수에 대한 충성을 표현한다)을 인정하면서도 칭의를 유지하기 위해 새 언약 안에서 행해야 하는 필수 행위 목록을 지지하는데, 이는 그런 목록이 왕께 대한 충성에 필수적임을 시사한다. 바울은 이에 강력하게 항의한다!

가톨릭 신자에게 필수적인 행위

가톨릭교회 안에서 의롭다 함을 받기 위해 반드시 행해야 하는 행위에는 어떤 것이 있을까? 첫째, 그들은 세례성사를 받아야 한다. 가톨릭 내에서 칭의에 관한 가장 권위 있는 선언문(트리엔트 공의회에서 발표한 "칭의에 관한 교령")에 따르면 "세례성사는 믿음의 성사이며, 세례성사 없이는 아무도 의롭다 함을 받을 수 없다."[18] 세례성사는 원죄의 얼룩을 씻어주어 하나님 앞

....

18   Council of Trent, "On Justification," §7, in *Canons and Decrees of the Council of Trent*, trans. H. J. Schroeder (St. Louis: Herder, 1941). 이 문서는 또한 http://www.thecounciloftrent.com/ch6. htm에서 읽을 수 있다. 16세기 아나테마가 여전히 적용되는지 여부와 the *Joint Declaration*

에서 의롭다 함을 얻게 한다. 이후에 어떤 사람이 치명적인 죄(심각하고 고의적인 죄)를 지으면 그는 고해성사에 참여해야 하며 그렇지 않으면 지옥에 갈 위험이 따른다.[19]

보속(penance). 둘째, 보속은 필수다. 믿음만으로는 회복될 수 없다. 트리엔트 공의회의 "칭의에 관한 교령"은 세례 후 타락한 사람이 "고해성사 없이 믿음만으로 잃어버린 의를 다시 회복할 수 있다"고 말한다면 "그를 저주받게 내버려 두라"고 선언한다.[20] 가톨릭 신자는 보속을 행하지 않고 (또는 그것이 불가능하다면 보속을 갈망하지 않고) 칭의를 회복할 수 없다. 이와 다르게 생각하는 자는 그리스도에게서 떨어져 나간 자로 선언된다. 반드시 사제에게 가서 고해성사를 하고 죄와 관련된 자발적인 행동(즉 보속)을 하는 데 동의해야 한다. 만약 사제가 회개가 진실하다고 확신하면 사제는— 그리스도를 대신하여—죄를 사해준다.

의무 축일. 셋째, 가톨릭 신자는 보속을 행할 뿐만 아니라 의무 축일을 지켜야 한다. 일반적으로 이것을 지키지 않는 것은 치명적인 죄를 짓는 것이다. 따라서 가톨릭교회 안에서 최종적 구원은 율법주의, 곧 규범 목록을 어기지 않는 것에 달려 있다. 그것을 어기면 보속이 요구된다. 바울은 구체

....

on the Doctrine of Justification(1999)을 포함한 현대 에큐메니컬 대화에 대해서는 다음을 보라. Anthony N. S. Lane, *Justification in Catholic-Protestant Dialogue: An Evangelical Assessment* (Edinburgh: T&T Clark, 2002), 87-126, 특히 100-107 and 119-26.

19 다음을 보라. *Catechism of the Catholic Church* (Liguori, MO: Liguori Publications, 1994), § 1420-70.

20 Council of Trent, "On Justification," canon 9, in *Canons and Decrees of the Council of Trent*.

적으로 의무 축일에 대해 경고한다.

> 이제는 너희가 하나님을 알 뿐 아니라 더욱이 하나님이 아신 바 되었거늘 어찌
> 하여 다시 약하고 천박한 초등학문[*stoicheia*]으로 돌아가서 다시 그들에게 종
> 노릇 하려 하느냐? 너희가 날과 달과 절기와 해를 삼가 지키니 내가 너희를 위
> 하여 수고한 것이 헛될까 두려워하노라(갈 4:9-11; 참조. 골 2:15-17).

바울은 어떤 체계 내의 명령을 어기지 않음으로써—축일과 금식 준수와
같은—칭의를 유지하려는 시도는 정반대의 효과를 낳는다고 말한다. 바울
은 갈라디아 교회에서 새 언약을 맺은 그리스도인들을 향해 이렇게 하는
자는 누구나 율법 전체에 빚진 자가 되고 율법 위반에 따른 저주를 받게 된
다고 경고한다(갈 3:10; 5:3).

바울은 축일 준수의 필요성을 거부한다. 왜냐하면 그리스도 안에서 종
노릇 하게 만드는 죄의 권세—옛 질서, 그 세력들, 그 요소들(*stoicheia*)과 관
련된—가 영원히 파괴되었기 때문이다. 죄는 규범에 기초한 체계를 교두
보로 삼아 인류를 감염시킨다(롬 7:5-13). 성령에 의한 육신의 재식민지화
는 육신에 대한 그러한 체계의 비효율적인 통치를 영원히 종식시킨 새 창
조세계를 수반한다(위의 5장을 보라).

면죄부. 마지막으로 가톨릭교회 안에서 면죄부는 구원을 위해 필요한
것은 아니지만, 본인이나 사랑하는 사람이 연옥에서 정화되기 위해 보내는
시간을 줄이는 좋은 방법으로 간주된다. 연옥은 천국으로 가기 전에 먼저

정화가 필요한 자들이 거쳐 가는 중간상태로 알려져 있다. 따라서 면죄부는 치명적이지 않은(용서받을 수 있는) 죄를 정화하는 데 필요한 시간을 줄여준다.[21] 면죄부는 당신 자신이나 다른 사람을 위해 받을 수 있다. 루터는 요한 테첼이 로마의 성 베드로 대성당 재건 기금을 마련하기 위해 교황의 허가를 받아 면죄부를 판매할 때 크게 분노했다.

오늘날 가톨릭교회는 여전히 면죄부를 배부하고 있다. 예를 들어 미국 가톨릭 주교회의 공식 웹사이트에 따르면 2018년 6월 한 달만 보더라도 6월 3일, 8일 또는 29일에 대사면(용서받을 수 있는 과거의 모든 죄에 대해 연옥에서 보내야 하는 시간을 완전히 면제받는 것)을 받을 수 있다.[22] 특정 영성체 행진에 참여하거나 특정 축일에 "정말 감미로운 예수"(*Jesu dulcissime*)를 암송하거나 특정 대축일 기간에 십자가, 묵주, 성의(聖衣) 또는 성자의 모습이 그려져 있는 성패를 사용하여 기도하면 면죄부를 얻을 수 있다.

종합적으로 가톨릭교회는 바울이 말하는 율법주의와 행위의 의에 저촉된다. 모세의 율법과 같이 명백히 하나님이 정하신 체계 안에서 명령을 수행하는 것이 바울 시대의 유대 그리스도인들에게 칭의라는 복음의 혜택을 제공할 수 없었다면 가톨릭교회와 같이 논쟁의 여지가 있는 체계는 얼마나 더 그러했겠는가? 문제는 구원을 가져다주는 규범에 기초한 체계의 질(quality)이 아니다. 구원에 관한 가톨릭교회의 공식적인 가르침의 근본적

---

21   면죄부에 대해서는 다음을 보라. *Catechism of the Catholic Church*, §1471-84.
22   United States Conference of Catholic Bishops website, http://www.usccb.org.

인 문제는 다음과 같다. 규범에 기초한 구원의 체계는 **메시아가 통치하는 성령의 새 시대에** 존재할 수 없다. 진정한 구원을 위한 충성의 조건을 정하기 위해 강제로 의무를 부과하는 모든 체계는 메시아가 통치하는 이 새로운 시대에서 성령이 주도하는 충성과 양립할 수 없다.

복음이 말하는 충성은 무엇을 지향하는가?

이 장에서 우리는 구원에 있어 믿음-행위의 문제에 대한 전통적인 설명을 살펴보았다. 개신교에서 널리 사용하는 설명은 다음과 같은 진리에 어긋나므로 성경의 증거에 비추어 재고되어야 한다.

1. 비록 내적인 요소가 없는 것은 아니지만, **피스티스**는 주로 내적 신뢰(또는 내적 확신)가 아니라 외부를 지향하고 관계적으로 실행된다.
2. **피스티스**는 육체적인 것과 무관한 지적인 것을 우선시하지 않는다. 이것은 처음부터 끝까지 몸을 필요로 하며 육신과 연루되어 있다.
3. 영생을 위한 최후의 심판은 적어도 부분적으로는 우리가 몸으로 행하는 행위의 충성도에 기초할 것이다.
4. 특정한 행동은 회개가 없다면 영생에서 배제되는 결과를 초래할 것이다.
5. 성경은 구원(그리고 모든 그런 규범에 기초한 체계)에서 **율법의 행위**를 배제하지만, **도덕적인 노력이나 일반적인 선한 행위**는 배제하지 않

는다.

6. "율법을 **행하는 자**라야 의롭다 하심을 얻을 것"(롬 2:13)이며, 성령이 인도하는 행위를 몸으로 행하는 것은 율법을 성취하고 영생에 이르게 한다.

7. 성경적으로 말하자면 칭의는 구원의 순서에서 소위 성화와 구분될 수 없다.

충성은 예수의 속죄에 대한 내적 신뢰를 배제하지 않는다. 그러나 그것은 믿음의 목적을 재설정한다. 충성은 성경에서 말하는 구원하는 믿음(피스티스)이 외부지향적이며, 행위를 수반하고, 관계적으로 십자가에 달리시고 부활하신 왕을 지향한다는 점을 강조한다. 선한 행위는 단순히 내적인 믿음의 결과가 아니다. **피스티스**는 사고를 먼저하고 그다음에 몸이 따라오는 것도 아니다. **피스티스**는 몸으로 구현하는 것과 절대 다른 것일 수 없다. 선한 행위는 단순히 칭의나 그 열매의 결과와 일치하는 것이 아니라 **피스티스** 안에서 그 근거의 일부를 형성한다.

그러나 복음이 말하는 충성은 가톨릭의 성례주의를 거부한다. 가톨릭의 성례주의는 선한 행위를 믿음 안에서 칭의의 근거의 일부로 올바르게 허용하지만, 칭의가 유지되고 완성되려면 일련의 행위를 수행하고(행위의 의) 규범을 어겨서는 안 된다(율법주의)는 잘못된 요구를 한다. 성경에 따르면 구원을 가져다주는 행위는 성령의 도우심을 따라 왕께 대한 충성을 구현하는 행위에만 해당하며, 규범의 이행을 요구하는 체계 안에 속한 경우는 해당하지 않는다. 바로 그런 의미에서 구원하는 믿음은 구원을 베푸는 왕께 대한 충성으로 이해하는 것이 가장 좋다.

개신교와 가톨릭교회 사이의 의견의 불일치에 대해서는 더 많은 이야기를 나눌 수 있고 또 그래야만 한다. "오르도 살루티스(*Ordo salutis*, 구원의 서정) 안에서의 칭의와 소위 성화에 관해서도 흥미로운 질문을 던질 수 있다. 전가된 의 대(對) 부여된 의는 특히 "하나님의 의"를 둘러싼 복잡한 논쟁과 관련이 있으므로 매우 중요하다. "신화"(*theosis*)는 정교회 전통과의 대화에서 논의될 수 있다. 나는 이러한 주제를 『오직 충성으로 얻는 구원』(8장)에서 간략하게 다루었으며, 앞으로 출간할 책에서 이 주제를 더 확대하려고 한다. 본서에서 나의 과제는 교회에서 복음이 더 잘 선포될 수 있도록 핵심적인 복음-충성 모델을 명확하게 설명하는 것이었다.

복음, 혜택, 반응

오늘날 교회에서 복음을 전파하고 가르치는 방식은 반드시 바뀌어야 한다. 복음의 **내용**과 복음이 주는 **혜택**, 복음에 요구되는 개인적 **반응**이 뒤섞여 개신교와 가톨릭교회 모두에 헤아릴 수 없는 막대한 피해를 입혔다. 우리의 이신칭의는 분명 복음의 핵심이 아니다. 심지어 우리의 칭의와 우리의 믿음은 복음의 내용에도 속하지 않는다! 복음이 말하는 충성은 성경에 근거한 구분을 통해 개신교-가톨릭 간의 대화의 쟁점을 분명히 한다. **이신칭의**와 복음의 참된 관계는 다음과 같이 요약할 수 있다.

자신의 믿음에 의한 예수의 칭의는 복음의 **내용**의 일부다.

우리의 칭의는 복음의 내용이 아니라 복음의 주요 **혜택** 중 하나다.

우리의 믿음은 복음의 내용이 아니라 복음에 대한 단 하나의 효과적인 **반응**
이다.

구원하는 믿음(**피스티스**)은 구원을 베푸는 왕께 대한 **충성**을 외면화하고 구현
한다.

세례는 충성을 **구현하기** 위한 가장 좋은 초기 방법이다.

개신교의 기본 모델과 달리 복음은 "예수가 당신의 죄를 위해 죽고 당신의
죄를 사하기 위해 부활하셨다는 사실만 믿으면 된다"가 아니다. 또한 가톨
릭교회의 주장과 달리 복음은 "세례와 고해성사라는 성례 행위를 행하기만
하면 용서받을 수 있다"도 아니다. 복음-충성 모델은 성경적 복음은 10가
지 그리스도 사건으로 가장 잘 설명된다는 것을 보여준다. 개신교와 가톨
릭교회는 **참된 복음의 내용**에 동의한다. 심지어 이 합의가 인정되지 않는
경우에도 말이다. 따라서 개신교와 가톨릭교회는 왕이신 예수께 충성을 고
백할 때(즉 일반적인 상황에서) 서로를 형제자매로 온전히 받아들여야 한다.

　　복음의 내용을 복음이 가져다주는 구원의 특별한 혜택의 실현이나 복
음에 대한 응답과 혼동해서는 안 된다. 복음의 내용은 개인의 칭의와 용서
와 같이 구원의 특별한 혜택을 포함하지만, 그 혜택의 실현은 포함하지 않
는다. 마찬가지로 신뢰(믿음)와 성례 행위는 복음의 내용이 아니라 전형적
인 개신교-가톨릭교회의 반응이며, 이는 죄를 사하시는 왕께 대한 **충성**이

라는 한 가지 필수적인 반응을 반영할 수도 있고 반영하지 않을 수도 있다.

———

복음이 말하는 충성은 복음을 반응 및 혜택과 구별함으로써 개신교와 가톨릭교회가 새로운 공통점을 찾는 데 도움을 줄 수 있다. 개인적 차원에서 이것은 우리가 믿음-행위라는 소용돌이 속에서 끝없이 회전하는 것을 방지하는 데도 도움이 된다. 더그가 개인적으로 경험한 지옥은 그가 받아들인 부적절한 신학 때문이었다. 그 신학은 그의 진정한 충성스러운 행위를 그가 오직 예수만을 신뢰하기보다는 그 행위를 신뢰하도록 유혹할 수 있는 일로 잘못 탈바꿈시켜버렸다. 그래서 주 안에서 행한 그의 신실한 노고는 그가 계속해 자신의 구원을 의심하게 만들었다. 이제 더그는 더 이상 다시 구원받으려는 마음이 전혀 없다. 대신 그는 지역 교회에서 예수의 왕권에 대해 자주 설교하고 있다.

우리가 기독교 진리에 대한 지적인 의구심에 압도당할 때 이와 유사한 허탈감에 빠질 수 있다. 이럴 때 우리는 감정적 또는 지적 확신으로 구원받는 것이 아니라는 사실을 기억할 필요가 있다. 충성으로서의 믿음은 몸으로 외부를 지향하고 처음부터 구원을 가져다주는 선한 행위를 수용한다. 만약 용서하는 왕이신 예수께 불완전한 육체적 충성을 바칠 만큼 복음의 진리에 대한 지적 확신이 우리에게 충분히 있다면 우리는 우리가 그분과 하나가 되었다는 것을 알고 있다.

7장

충성의 도전 받아들이기

나는 작년 여름에 두 명의 10대 자녀와 함께 폭포 점프를 하러 갔다. 나는 폭포가 많은 캘리포니아 북부 지역에서 자랐다. 몇몇 폭포는 깊은 웅덩이 위로 5-8미터 높이에 천연 플랫폼이 있다. 폭포 점프는 내가 소년기와 대학 시절에 가장 좋아했던 취미 생활이었다.

내 아이들은 한 번도 가본 적이 없었다. 그래서 나는 아이들이 도전할 수 있도록 미리 그들을 준비시켰다. 아래에서 보면 상당히 안전해 보이지만 위에서 보면 무서울 것이라고 여러 차례 말해주었다. 그들은 준비가 되어 있었다. 나는 폭포 점프를 수백 번도 더 해봤지만 내가 먼저 올라가니까 내 심장은 마구 뛰었다. 아이들은 조금의 망설임도 없이 나를 따라 물속으로 뛰어들었다. 나는 그들의 용기에 감탄했다. 우리를 비롯하여 다른 사람들도 여러 번 점프를 했다.

한편 한 중년 남성은 한 시간 동안 가장자리에 서서 두려움을 이겨보려고 애썼다. 그는 분명히 관광객이었다. 그는 다른 사람들이 점프하는 것을 보기 전에는 뛰어내릴 생각을 하지 못하고 그냥 폭포 앞에 멈춰 서 있었다. 우리가 그곳을 떠날 때에도 그는 여전히 점프를 하지 못했다.

이 책은 우리 교회의 복음이 바뀌어야 한다고 주장했다. 하지만 그것 자체가 목적이 되어서는 안 된다. 왜냐하면 복음이 우리를 변화시켜야 하기 때문이다. 복음-충성 모델은 이러한 변화를 가능케 만드는 데 도움이 될 수 있다. 당신과 당신의 교회 또는 가족이 복음이 말하는 충성을 더욱 온전히 실천하는 방법을 고려하고 있다면 당신이 제대로 준비가 되어 있지 않는 한, 시작하기 어려울 것이다.

이 장은 복음이 말하는 충성의 가장 중요한 세 가지 도전에 어떻게 직면할 것인지를 주제로 삼는다. 첫 번째는 **교리**에 관한 것이다. 나는 구원에 관한 성경의 주요 본문에서 시작하는 복음이 말하는 충성을 설명할 수 있는가? 두 번째는 **목회**에 관한 것이다. 어느 정도의 충성이면 충분할까? 세 번째는 **선교**에 관한 것이다. 나는 다른 사람들에게 왜 제자 훈련이 구원을 위한 선교인지 말할 수 있는가? 그리고 나는 그것을 개인적으로, 그리고 우리 교회 안에서 실천에 옮길 수 있는가?

복음이 말하는 충성 가르치기

교회에서 친구를 만나거나 목사와 커피를 마신다고 가정해보자. 당신은 『왕이신 예수의 복음』을 읽었고 복음과 믿음에 대한 보다 섬세한 이해가 교회의 사역을 개선할 수 있다고 확신한다. 그래서 당신은 구원하는 믿음이 왜 충성으로 가장 잘 이해되는지 설명하려 한다. 정중하게 긍정하는 사람도 있지만 정중하게 반박하는 사람도 있다. 즉 우리는 행위로 구원받는 것이 아니라 오직 예수만을 신뢰함으로써 구원을 받는다는 것이다. 충성은 너무나 행위와 같다는 것이다.

머지않아 누군가는 그 유명한 에베소서 2:8-10을 인용할 것이다. 구원의 틀 안에서 은혜, 믿음, 행위 간의 올바른 관계를 완벽하게 설명하는 이 본문을 인용하고 나면 더 이상 무슨 말을 더 할 수 있겠는가? 이미 여기서 이야기는 끝이 난다.

만약 당신이 복음이 말하는 충성이 주는 도전에 맞설 준비가 되어 있다면 당신은 진지한 대화가 이제 막 시작되었다는 것을 알게 될 것이다. 당신의 대화 파트너와 함께 에베소서 2:8-10의 핵심 단어를 하나씩 차례로 짚어보라. 당신이 설명해야 할 단어는 볼드체로 표시했다.

너희는 그 **은혜**로 **믿음**을 통해 **구원**을 받았다. 그리고 이것은 너희에게서 난 것이 아니다. 하나님의 선물이다. **행위**에서 난 것이 아니니 누구든지 **자랑하지** 못하게 하려는 것이다. 우리는 그가 만드신 작품이다. 우리는 그리스도 예수 안에서 **선한 일**을 위하여 지으심을 받은 자이기 때문에 이 일은 하나님이 전에 예비하사 우리로 그 가운데서 행하게 하시려는 것이다(엡 2:8-10, 저자의 번역).

만약 당신이 이 책 전체를 읽었다면 각 단어를 불완전하게라도 복음이 말하는 충성에 비추어 설명할 수 있어야 한다. 나는 당신이 시도해보길 권한다. 종이 한 장을 꺼내 보라. 그리고 당신이 그것을 할 수 있는지 보라. 먼저 본문의 **문맥**, 특히 복음과의 관계를 검토해보라. 그 후 각 단어를 설명하라. 만약 당신이 어려움을 겪는다면 본서의 일부를 다시 읽어보라. 그런 다음 아래에 있는 나의 제안들을 읽어보라.

문맥

에베소서 전반에 걸쳐 바울의 그리스도 언어는 왕적 틀을 전제한다. 바울은 과거의 우리의 죽은 상태와 즉위하신 **왕**과 연합된 새로운 삶을 대조한다(엡 2:1-10). 보다 광범위하게 바울은 하나님의 우주적 구속 계획의 일부로서 메시아 인에서 주어지는 교회의 축복을 설명한다(1:3-14). 바울은 교회가 이 사실을 온전히 이해하기를 기도한다(1:15-23). 하나님의 구속 목적은 유대인과 이방인이 왕 안에서 한 인류로 연합하는 것이다(2:11-18).

바울은 에베소서 2:8-10이 복음이라고 말하지 **않는다**. 당신의 대화 상대자는 종종 그것이 복음 또는 그 근사치라고 가정할 것이다. 왜 실제 복음이 그것과 다르고 더 거대한지를 성경을 사용하여 그에게 보여주라. 필요하다면 본서 1-3장을 복습하라.

은혜

바울이 말한 은혜의 의미는 모든 사람이 말하는 은혜의 의미와 다르다. 구원하는 은혜는 하나님께서 우리가 마땅히 받아야 할 것보다 더 좋은 것을 주신다는 추상적인 원리가 아니라 복음과 관련된 것이다. 문맥을 보면 바울은 이미 2:8에서 "너희는 그 은혜로 구원을 받았다"가 의미하는 바를 이미 2:5에서 바로 그 똑같은 표현을 사용하여 설명했다. 이것은 구체적으로 복음에 관한 것이다. 여기서 은혜는 우리가 죄로 인해 죽었을 때에도 하나님께서 왕과 함께 우리를 살리셨다는 것을 의미한다. 이것은 우리가 왕의 죽음과 부활에 연합했음을 의미한다. 또한 우리를 왕과 함께 하늘 영역에 앉혀주셨음을 의미한다. 이것은 왕의 통치와 우리의 연합을 의미한다. 은혜는 에베소서 2:8에서 일반적인 원리가 아니라 복음의 중심 사건―죽음, 부활, 즉위―과 이에 동참하는 교회가 왕과 연합하는 것을 가리킨다. 구원하는 은혜는 복음에 의해 규정된다.

이 외에도 (1) 공로, (2) 크기, (3) 혜택을 주려는 마음, (4) 시기, (5) 효과, (6) 보답 등 은혜의 여섯 가지 차원은 성경을 해석하는 사람에 따라 다르게 강조될 수 있다. 당신의 대화 상대자는 주로 은혜의 다양한 의미를 분리하기보다는 하나로 묶는다. 가장 전형적인 묶음은 바울이 에베소서 2:8에서 "은혜"에 대해 말할 때 그가 하나님이 창세 전에 **개인**에게 구원의 선물을 주셨으며, 따라서 우리가 하나님의 구원의 선물을 받기 위해 할 수 있는 것이 아무것도 없으며, 은혜를 저버리지 않고 하나님께 육체적으로 선물을 되돌려드릴 수 있는 것이 아무것도 없다고 말하려 한다는 것을 가정한다. 다시 말해 전형적으로 하나님의 시간적 우선성(4), 개인적인 공로 부족(1), 하나님께 육체적으로 보답할 수 없는 개인의 무능력(6)을 강조한다. 그러나 이것은 과거의 시점에 대한 바울의 **집단적** 이해(4), 개인에 대한 은혜의 **효과**(5), 특히 **육체적 충성의 답례 선물**에 대한 은혜의 요구(6)를 지적함으로써 바로잡아야 한다. 4장을 복습해보라.

에베소서의 맥락에서 이 구체적인 은혜의 시점은 **창조 이전에 개인을 위해** 주어진 것이 아니다. (비록 아들 안에서 **창조 이전에 교회 전체를 위해** 주어진 것이지만 말이다. 1:4-5; 2:10을 보라). 바울에게 있어 은혜, 즉 그리스도-선물은 1세기의 특정 시점, 즉 우리가 **집단으로** 도움이 필요했던 시점에 임했다. 그것은 우리가 악한 영적 세력에 지배당하고 관능적으로 탐욕스럽고 불순종하며 범죄로 인해 죽었을 때 임했다. 이것은 **이전의 공로가 집단으로 부족했음**을 의미한다. 그러나 이전의 공로가 부족하다고 해서 **은사를 받은 후**에도 개인적인 공로가 전혀 없다는 의미는 아니며, 이러한 견해는 바울에게는 낯선 것이다. 바울의 견해는 구원의 은혜(그리스도 사건)가 개인을 변화시키는 데 **효과적**이지만, 반드시 충성이라는 선물로 **보답해야** 한다는 것이다. 개인에 대한 효과와 육체적 충성을 통한 보답의 필요성은 구원의 은혜에 대한 개인화된 이해에 포함되어야 한다.

구원받음

설령 전문적인 지식이 없더라도 우리는 단순히 에베소서 2:8-10의 문맥에 주의를 기울임으로써 가장 중요한 요점들을 파악할 수 있다. 바울은 개인의 구원 과정을 묘사하고 있는 것이 **아니다**. 그는 다음과 같이 말하지 **않는다**.

1. 당신은 **개인적으로** 죄로 인해 죽었다.
2. 그러나 하나님은 **일반적으로 은혜로우시다**. 그분은 사람이 결코 받을 만한 자격이 없는 구원의 선물을 **개인**에게 베푸시기 때문이다.
3. 이로써 당신은 이제 **개인적으로** 단번에 구원을 받았고
4. 이제 **당신**은 죽으면 **천국**에 갈 수 있다.

바울은 오히려 "너희들"이라는 집단인 교회를 향해 말한다. 그는 다음과 같이 말한다.

1. 전 인류의 일원으로서 **교회**는 이전에 죄로 인해 죽었다.
2. 최근 역사에서 하나님은 받을 자격이 없는 **집단**인 우리에게 **구체적인 선물**(은혜)―왕의 죽음, 부활, 즉위의 복음―을 주셨다.
3. 이로써 왕 안에서 참된 교회의 과거, 현재, 미래의 **집단적** 지위는 "구원받음"이며
4. **우리는 내세에** 부활한 몸으로 왕과 함께 통치할 수 있다.

다시 말해 바울은 집단 구원을 염두에 두고 있다.

그러나 전문적인 지식은 "구원받음"이란 단어의 의미를 명확히 할 수 있다. 바울이 "너희는 은혜로 믿음을 통해 **구원을 받았다**"라고 말할 때 우리는 이 "구원받음"을 개인과 관련된 정적이고 단회적이며 과거의 사건으로 보는 경향이 있다. "나는 구원받지 못했었지만, 이제 내가 예수를 신뢰할 때 단번에 구원받았다." 그러나 이것은 부정확하다. 그리스어 본문에서 "구원받았다"라는 동사와 연결된 "너희"는 한 사람 이상을 가리킨다. 또한 이 본문은 정적인 과거의 사건을 강조하지 않고, **구원받은 지속적이고 총체적인 상태**를 강조한다. *Este sesōsmenoi*라는 어구는 현재 완료 분사의 **지속적인** 측면을 강조하는 "너희는 구원을 받고 있다"라고 번역할 수도 있고, 이 사건의 **총체적인** 관점을 강조하는 "너희는 구원을 받았다"라고도 번역

할 수 있다.

믿음

만약 당신이 다른 지도자나 친구와 에베소서 2:8을 가지고 논의한다면 거의 언제나 다음 두 가지가 가정된다. 바울이 "너희는 은혜로 **믿음을 통해** 구원을 받았다"라고 말할 때 (1) 그는 예수에 대한 **우리의** 구원하는 믿음에 관해 말하며, (2) 여기서 믿음은 주로 예수의 죽음과 부활을 통한 하나님의 구원의 약속이 참되다는 **내적 신뢰**를 의미한다는 것이다. 이 두 가지 가정은 모두 의심스럽다.

첫째, 바울은 심지어 이 본문에서 예수에 대한 우리의 믿음에 대해 전혀 말하지 않을 수도 있다. 그리스도가 믿음의 행위를 하고 있을 수도 있다. 바울은 "[그리스도의] 믿음을 통해" 즉 "너희는 은혜로써 **왕의 신실함 또는 충성된 활동**을 통해 구원을 받았다"라는 의미로 말했을 수도 있다. 이 견해는 다음 절에 의해 뒷받침된다. "이것은 너희에게서 난 것이 아니요 하나님의 선물이라." 바울은 구원의 선물은 **결코 우리에게서 난 것이 아니라**고 말한다. 따라서 그는 이것이 **전적으로 신적 행위를 통해** 왔음을 강조할 수도 있다. 하나님이 그의 아들 왕을 보내셨고, 왕은 하나님의 계획을 완성함으로써 아버지와 우리에 대한 **충성**을 보여주셨다. 즉 왕은 **피스티스**를 보여주신 것이다.

추가적인 증거는 "그리스도의 믿음"(*pistis Christou*)이 "메시아에 대한 믿음"이 아니라 "메시아의 신실함"을 가리킬 개연성이 더 높은 본문에서 찾아볼 수 있다(5장을 보라). 궁극적으로 우리는 이것이 에베소서 2:8에서 바울이 의도한 것인지 확신할 수 없으며, 학계에서도 의견이 분분하다. 논의를 위해 바울이 전통적인 견해─그리스도에 대한 우리의 믿음─를 의도했다고 가정해보자.

둘째, 설령 바울이 그리스도에 대한 우리의 믿음(*pistis*)을 의도했다 하더라도 우리는 **피스티스**가 실제로 무엇을 의미하는지 물어보아야 한다. 이 책에서는 구원하는 **피스티스**가 충성으로 가장 포괄적으로 이해된다고 주장했다(2장과 5장을 보라). 이 주장의 타당성을 가장 쉽고 빠르게 입증할 수 있는 방법은 로마서 1:5이나 16:26을 제시하는 것인데, 거기서 바울은 복음의 목적을 모든 민족이 "**피스티스**의 순종"을 보여주는 것이라고 말한다. 문맥상 왕에 대한 충성을 특징짓는 이 순종은 **피스티스**를 단순히 구세주를 신뢰하는 것으로 축소하려는 시도보다 훨씬 더 잘 이해된다. 피스티스는 감정적인 확신처럼 내면을 향하지 않는다. 피스티스는 관계적으로 외부를 향하고, 실제로 구현하며, 충성이라는 적용된 의미를 지닐 수 있다.

행위

6장에서는 행위와 율법의 행위에 대해 광범위하게 다루었다. 율법의 행위는 일반적인 선한 행위와 다르다. 율법의 행위는 언약을 유지하기 위해 유대인들에게 요구되었다. 특히 누가 신실한 유대인인지 아닌지를 나타내는 데 중요한 역할을 했다. 예를 들어 할례, 식탁 교제 관습, 음식법, 정결 의식이 율법의 행위다. 비록 경계의 구분이 주요 기능이었지만, 율법의 행위는 다른 규례들과 함께 행해져야 했기 때문에 단순한 경계 표지는 아니었다.

　　바울이 "행위"를 언급할 때 그는 종종 일반적인 선한 행위나 도덕적 노력이 아니라 "율법의 행위"를 의도한다(6장의 논의를 보라). 바울이 에베소서 2:9에서 "행위에서 난 것이 아니니 이는 누구든지 자랑하지 못하게 함이라"라고 말한 것도 이런 의미일 개연성이 높다. 바울은 에베소서 2:9에서 "행위"라고 썼지만, 아마도 "율법의 행위"를 의도했을 것이다. 여기서는 두 가지를 고려할 필요가 있다. 첫째, 바울은 다른 곳에서도 이런 식으로 축약한다. 예를 들어 로마서 3:27과 9:32에서 "행위"는 "율법의 행위"의 축약이라는 것이 거의 확실하며, 이는 에베소서 2:8-10에서 볼 수 있는 것과 유사한 믿음 및 자랑과 관련된 문맥에서 나타난다. 둘째, 바울은 에베소서 2:9에서 일반적인 행위가 아니라 율법의 행위를 의도한 것임을 문맥적으로 드러낸다. 바울은 율법의 위반("죄", 1:7)을 언급하고 인접 문맥에서 두 번 강조한다("범죄", 2:4, 5). 그러나 결정적인 증거는 에베소서 2:8-10 바로 뒤에서 바울이 "그러므로"라는 단어를 사용하고, 하나님이 할례의 의미를 어떻게 폐지하셨는지에 대해 말하기 시작한다는 것이다(2:11-18).

　　바울의 "그러므로" 때문에 2:9의 "행위"가 2:11-18에서 바울이 할례의 의미가 사라졌다고 말하는 데에도 영향을 미쳤을 것임을 우리는 알고 있다. 갈라디아서와 로마서는 바울이 "율법의 행위" 가운데 할례를 으뜸으로 여겼음을 보여준다(예. 갈 2:16; 롬 3:28). 에베소서 2:14-15에서 바울은 "그는 육체로써 법조문으로 된 계명의 율법을 폐하셨다"(저자의 번역)고 말하면서 할례를 넘어 율법의 일반적인 규례로 일반화한다. 바울은 골로새서

2:13-14에서도 거의 같은 말을 하며 갈라디아서 3:10-14에서도 그 이미지를 "율법의 행위"에 적용한다. 그는 에베소서 2:9-15에서 "행위"로 묘사한 것을 다른 본문에서는 "율법의 행위"로 묘사한다.

요약하자면 바울 서신의 다른 곳에서 "율법의 행위"를 묘사한 것을 보면 2:9의 "행위"도 "율법의 행위"일 개연성이 높다. 바울은 "우리는 은혜로써 충성을 통해 구원을 받았으니 이것은 율법의 행위에서 난 것이 아니니 누구든지 자랑하지 못하게 함이라"라고 말한다. 이것은 바울이 모든 선한 행위를 구원에서 배제하려는 것이 아니라 규칙에 기반을 둔 접근 방식을 정죄하면서도 충성에 기반을 둔 접근 방식을 긍정하고 있다는 것을 의미한다.

자랑

"자랑"에 대한 바울의 정확한 우려는 우리가 에베소서 2:9에서 "행위"를 "율법의 행위"에 대한 바울의 약어로 읽을 때 명확해진다. 바울은 모세의 "율법의 행위"와 관련하여 한 인간이 자신에게 영광을 돌리거나 자랑할 수 있는 가치의 기준이 없음을 지적한다. 사람이 율법을 어떤 민족적 특권으로 소유한 것을 자랑하든, 언약을 유지하기 위해 율법의 행위를 탁월하게 행한 것을 자랑하든 그런 모든 것은 아무런 가치가 없다는 것이 증명되었다. 그리스도-선물(복음)은 "율법의 행위"의 소유나 수행에 근거하여 인류 전체 또는 그 일부에게 주어진 것이 아니다. 그것은 인류 역사의 특정 시점에 공로 없이 주어진 은혜다. 명시된 규칙을 지닌 그 어떤 체계(예. 가톨릭교회)도 칭의(의)에 기여할 수 없다. 왜냐하면 그런 체계는 성령의 시대에 폐지되었기 때문이다. 성령의 도우심을 통해 선한 행위를 행할 때 우리는 **피스티스로만** 의롭다 함을 받는다.

선한 행위

"우리는 그리스도 예수 안에서 **선한 행위**를 위하여 지으심을 받은 하나님의 작품이다"(엡 2:10, 저자의 번역)라는 바울의 말은 온전한 복음-충성 모델에 비추어볼 때 이해가 된다. 바울은 성령에 기초한 구원의 선한 행위에 아무런 거부감도 느끼지 않는다. 에베소서 2:8-10에서 바울의 타깃은 율법의 행위와 그것이 집단으로 인류에게 주어진 그리스도-선물의 무가 속성을 거부하는 대안적 가치 체계를 만들어내는 방식이다. 선한 행위는 최종적 구원을 위해 필요하며(롬 2:6-8) 심지어 칭의의 **근거**의 일부다(롬 2:13). 이것은 은혜를 거스르지 않는다. 구원하는 은혜는 그리스도라는 구체적인 선물, 즉 복음이다. 하나님의 이 복음 선물은 그 선물을 수락했음을 확인하는 답례 선물, 즉 상응하는 응답을 요구한다. 이 응답이 바로 믿음(*pistis*)이며 그 범주 안에는 선한 행위가 포함된다. 이것은 구원하는 믿음(*pistis*)이 주로 복음에서 선포된 구원의 왕이신 예수께 대한 외향적으로 구현된 **충성**이기 때문에 가능하다. 성령이 인간의 육신을 식민지화했기 때문에 인간은 율법의 가장 심오한 의도까지 충족시키는 선한 행위를 실제로 행할 수 있다(롬 8:1-17).

"얼마나 많이"라는 도전

복음이 말하는 충성을 성경에 근거하여 설명하는 것이 가장 기본적인 도전이다. 그러나 두 번째 도전은 목회 현장에서 발생한다. **당신은 어느 정도의 충성이면 충분한지 설명해줄 수 있습니까?** 영생이 걸려 있음을 고려하면 우리가 우리의 구원에 대한 절대적인 확신을 갈구하는 것은 이해할 만하다.

우리가 날마다 왕이신 예수께 작게 그리고 때로는 상당히 심각하게 충성스럽지 못하다는 것을 알기 때문에 이 질문은 더욱 절실하다. 아울러 충성은 우리가 스스로 구원을 얻어야만 하는 두려움과 행위의 러닝머신으로 우리를 내어 몰지 않는가? 예수께 대한 우리의 충성과 우리의 선한 행위는 완벽과는 거리가 멀기 때문에 그것은 당연히 우리에게 의존할 수 없다.

지금까지 배운 내용에 비추어 당신은 이러한 우려를 어떻게 해결할 것인가? 나는 충성이 전통적인 내적 확신으로서의 믿음 모델보다 확신을 더 무너뜨리지 않는다고 확신한다. 또한 충성은 행위의 의 또는 율법주의를 조장하지도 않는다. 왜냐하면 진정한 충성은 오직 성령의 인도하심을 통해서만 가능하기 때문이다. 충성은 왕께 대한 충성을 의미하며, 여기에는 육체적 행위(선한 행위)가 포함되지만, 규칙에 의한 행위는 제외된다. 보편적인 기준을 사용하여 충성이 어느 정도면 충분한지를 객관적으로 측정할 수 있는 방법은 없다. 그것은 요점의 일부다.

"얼마나 많이"는 전적으로 잘못된 질문이다. 왜냐하면 그것은 **분량**이나 **성문 규칙의 준수**에 관한 것이 아니기 때문이다. 그것은 성령이 왕의 조직체 안에서 각 사람을 인도하시는 가운데 나타나는 **관계의 질**에 관한 것이다. 당신은 그것을 쟁취할 수 없다. 예수가 당신을 위해 그 모든 것을 지불했다. 그러나 그는 자신의 은혜에 대한 응답으로 성령이 이끄는 당신의 **육체적 충성**을 요구하며, 당신은 관계적 질이라는 당신의 신뢰하는 충성의 일부로서 당신이 몸으로 행한 것에 따라 (부분적으로) 심판을 받을 것이다. 왕은 각 사람에게 각기 다른 과제를 맡길 것이므로 충성은 개인화된다.

확신에 관해 이야기할 때 우리는 무엇보다도 하나님께서 아들을 통해 각 개인의 영생에 대한 최종 심판자가 되실 것임을 기억해야 한다. 주 예수는 우리의 충성의 정당성을 관계적으로 결정하며, 그는 말치레에 속지 않을 것이다. "주여, 주여"라고 말하는 자들은 습관적으로 악을 행하기 때문에("불법을 행하는 자들", 마 7:21-23) 예수께 "내가 너희를 도무지 알지 못한다!"라는 말을 듣게 된다. 의심할 여지 없이 왕이신 예수는 우리가 상상하는 것보다 더 공정하고 자비로우신 분임을 증명하실 것이다. 그 외에도 복음-충성 모델은 "얼마나 많이"라는 도전을 수용하기 위한 네 가지 팁을 제시한다.

어떻게 정의하든 완전한 "믿음"은 요구되지 않는다

첫째, 하나님의 약속에 대한 내적 확신으로서의 전통적인 "믿음" 모델도 "어느 정도면 충분할까?"라는 고민에서 벗어나지 못한다. 믿음에 대한 전통적인 개념에서도 완전한 믿음이 요구된다고 생각하는 사람은 아무도 없다. 그렇다면 누군가는 왜 완전한 충성이 요구된다고 생각할까? 예수는 겨자씨만 한 **피스티스**만 있어도 하나님께 기도할 때 도움이 될 수 있다고 말한다(마 17:20). 따라서 내적 확신이든 외향적 충성이든 우리에게는 심지어 우리의 작은 **피스티스**도 우리가 왕과의 구원의 연합을 이루기에 충분하다고 믿을 만한 충분한 이유가 있다.

완전하진 않지만 복된 확신

둘째, 우리는 스스로 속을 수 있으므로 오직 굳건한 확신을 가질 수 있을 뿐, 그 어떤 경우에도 완전한 확신을 가질 수 있을지 혹은 가져야 할지는 의심스럽다. 비록 그리스도인들은 왕과 진정으로 연합한 자들이 나중에 타락할 수 있는지에 대해 이의를 제기하지만, 최종 구원을 얻기 위해서는 우리가 **피스티스**로 인내해야 한다는 데는 사실상 이견이 없다. 우리가 완전한 개인적 확신을 간절히 원한다고 해서 우리가 그런 확신을 가지고 있다는 의미는 아니다. 어쩌면 그런 확신을 **갖고 있지 않는** 것이 우리에게 더 유익할 수 있다. 왜냐하면 그것이 우리가 인내하는 데 도움을 주기 때문이다.

바울은 다음과 같이 경고하고 격려한다. "참으면 또한 함께 왕 노릇 할 것이요, 우리가 주를 부인하면 주도 우리를 부인하실 것이라. **우리는 미쁨이 없을지라도 주는 항상 미쁘시니 자기를 부인하실 수 없으시리라**"(딤후 2:12-13). 심지어 우리가 신실하지 못할 때에도(불충실할 때에도) 우리가 주님을 우리의 참된 왕으로 단호하게 거부하거나 부인하지 않는다면 우리는 여전히 그의 몸의 일부로 남아 있다. 만약 우리가 그에 대한 우리의 불완전한 충성을 끝까지 유지하면 왕은 자기 자신을 부인할 수 없다. 따라서 우리는 그와 함께 통치할 것이다.

지침은 확신을 주거나 경고한다

셋째, 성경은 요한1서에서 우리가 왕과 진정으로 구원을 위해 연합되어 있는지를 가늠할 수 있도록 지침을 제시하며, 이로써 우리는 불완전하지만 복된 확신을 가질 수 있다. 요한은 세속적인 것을 사랑하기보다는 예수의 계명을 지키고, 계속 죄를 짓기보다는 의를 행하고, 성령의 증인이 되고, 형제자매를 미워하기보다는 사랑하는 것에 대해 이야기한다(2:3, 9, 15-16, 23, 29; 3:6, 9, 14; 4:2-3). 그러나 가장 중요한 "테스트"는 그의 마지막 테스트다. 왜냐하면 거기에 그가 서신을 쓴 목적이 반영되어 있기 때문이다.

> 하나님의 아들에게 **피스티스**를 바치는 자는 자기 안에 증거가 있고…하나님은 우리에게 영생을 주셨고 이 생명은 그의 아들 안에 있다. 아들이 있는 자에게는 생명이 있고 하나님의 아들이 없는 자에게는 생명이 없느니라(요일 5:10-12; 참조. 5:13).

이 마지막 지침은 다른 지침의 모호함을 명확히 한다. 만약 우리의 영생이 참으로 계속 죄를 짓지 않는 데 달려 있다면 우리는 걱정할 수밖에 없다. 우리에게는 단지 일회성 실패만 있는 것이 아니다. 반복되는 실패와 죄의 중독이 우리를 괴롭힌다. 그러나 우리는 계속 죄를 짓지 않는 것이 예수에게

피스티스를 다하는 것을 가장 궁극적인 테스트로 간주하는 틀 안에 있음을 본다. 만약 우리가 충성을 선언하고 그것을 실행에 옮기면 설사 그것이 불완전하더라도 우리에게는 영생이 있다.

예수는 용서하고 힘을 주시는 왕이다

넷째, 의심의 공격을 받을 때 우리는 우리가 섬기는 왕이 어떤 왕인지를 기억해야 한다. 그는 가시 면류관을 쓰셨다. 이 예수는 용서하고 힘을 주시는 왕이다. 그는 근본적으로 **우리 편**이다. 예수의 성육신, 삶, 죄를 위한 죽음, 부활, 아버지와 함께 성령 파송, 즉위 등 그의 복음 사역 전체는 충성심을 함양하는 데 목적이 있다. 좋은 소식은 개인의 변화를 이룩하는 데 효과적이다. 하나님이 간절히 원하시는 것은 우리가 용서하는 아들과 충성스러운 연합을 이루는 것이다. 하나님은 우리 편이다.

제자를 만드는 사명의 도전

복음-충성 모델에서 "구원을 받는다는 것"은 어떤 모습일까? 우리의 구원 안에서 성장하는 것, 즉 그리스도인의 제자도는 어떤 모습일까? 제자도와 구원은 서로 분리될 수 없다. 마지막 도전은 제자를 만드는 사명을 우리 자신과 다른 사람들을 위한 하나님의 구원의 길로 받아들이는 것이다. 즉 **제자의 길은 구원의 길이다.**

우리는 예수에게 그랬던 것과 똑같은 방식으로 오직 충성만으로 죽음에서 구원을 받는다. **다만** 그의 충성은 **완벽**했다는 것만 제외하고 말이다. 우리의 충성은 **불완전**하다. 그러나 **우리의 불완전한 충성**은 그분과 우리를 하나로 묶을 때 **완벽한 구원을 가져다준다.** 그리고 그분과 전적으로 하나가 되어야 한다. 그의 삶, 죽음, 부활, 즉위의 패턴을 본받는 제자도는 선택 사항이 아니다. 구원을 가져다주는 충성은 우리 주님이 명령하는 것을 행하는 것을 포함한다.

십자가를 지고 그를 따르라는 예수의 가르침은 하나의 제안이 아니다 (막 8:34). 그것은 마치 그가 "당신은 내 죄가 당신의 죄를 덮어준다는 믿음으로 구원을 받지만, 그리스도인으로서 당신의 삶을 더 높은 수준으로 끌어올리고 싶다면 덜 이기적인 사람이 되려고 노력하세요"라고 말하는 것과는 **다르다.** 예수와 복음을 위해 당신의 현재의 자아를 죽이는 것만이 다가올 부활의 시대에 합당한 삶을 얻는 **유일한** 길이다(막 8:35-38). 제자도는 우리가 삶 전반에 걸쳐 구원하는 충성을 실현하는 방법이다.

왕이 보낸 자들

십자가를 구현하는 삶은 구원을 위해 타협할 수 없는 것이기 때문에 예수는 사도들에게 나가서 영혼을 구원하라고 말씀하지 않으시고, 오히려 다른 일, 즉 모든 민족을 제자로 삼으라고 말씀하신다.

예수께서 나아와 말씀하여 이르시되 "하늘과 땅의 모든 권세를 내게 주셨으니 그러므로 너희는 가서 모든 민족을 제자로 삼아 아버지와 아들과 성령의 이름으로 세례를 베풀고 내가 너희에게 분부한 모든 것을 가르쳐 지키게 하라. 볼 지어다! 내가 세상 끝날까지 너희와 항상 함께 있으리라" 하시니라(마 28:18-20).

이 위대한 명령은 복음-충성의 틀 안에서 온전히 이해할 수 있다. 예수는 속죄가 아니라 즉위에 대해 말씀하신다. 복음은 "예수가 구원의 왕으로서 하나님 우편으로 즉위하셨다"로 요약할 수 있기 때문에 우리는 "하늘과 땅의 모든 권세를 내게 주셨다"라는 예수의 말씀은 사명에 있어 부수적인 것이 아니라는 점을 알고 있다. 그것은 바로 그 사명의 기초다. 예수의 즉위에 비추어볼 때 우리는 왕의 사절로 사람들에게 그 소식을 전하기 위해 보냄을 받았다. 가자!

제자를 만드는 것이 복음의 목적이다

이 책에서 우리는 복음의 목적에 대한 사도 바울의 설명이 복음의 충성 요구를 이해하는 데 얼마나 중요한지를 강조했다. 예수의 위대한 명령은 흥미로운 방식으로 바울의 설명과 유사하다. 예수의 왕권에 비추어볼 때 이 위대한 명령에서 우리가 해야 할 일은 다음과 같다.

1. 모든 민족을 제자로 삼아
2. 세례를 베풀고
3. 예수의 모든 명령을 지키도록 가르친다.

이것이 복음의 목적에 대한 바울의 설명과 어떻게 일치하는지를 생각해보라. "모든 이방인 중에서 피스티스로 순종"(롬 1:5; 참조. 16:26). 만약 피스티스(충성)가 제자도와 조화를 이룬다면 우리는 각각 같은 세 가지 요소를 갖게 된다.

1. 제자도 / 충성
2. 모든 민족
3. 순종 / 예수의 명령 준수

제자도는 왜 최종적인 구원을 위한 선택 사항이 아닐까? 위에서 언급한 유사점은 "믿음"(충성)과 순종하는 제자도가 구원의 사명 안에서 똑같은 방식으로 기능한다는 것을 암시한다. 복음의 목적은 모든 민족의 충성/제자도를 위한 것이다.

　제자도를 선택 사항이나 부가적인 것으로 만드는 복음은 모두 거짓 복음이다. 복음이 말하는 충성은 예수에 대한 믿음, 제자도, 그의 명령에 대한 순종이 왜 함께 가야 하는지 이해하는 데 도움을 준다. 구원하는 믿음을 행위와 율법과 대치하는 전통적인 설명에서는 예수의 명령을 긍정적인 위치에 두기 어렵다. 구원하는 믿음이 왕에 대한 충성이라면 그렇지 않다. 우리는 마치 우리가 황금률, 산상수훈의 원리 또는 십계명과 같은 일부 다른 제도를 완벽하게 지킴으로써 구원을 받을 수 있기라도 한 것처럼 예수가 왕으로서 선포하신 일련의 명령 목록을 준수함으로써 구원을 받는 것이 아니다. 우리는 성령의 인도를 받아(규칙 체계가 아니라) 그의 명령에 순종하는 가운데 그분께 충성함으로써 구원을 받는다. 이는 성령이 우리가 그분을 기쁘시게 하는 선한 일을 할 수 있게 하시기 때문이다. 이것은 행위에 의한 구원이 아니라 충성스러운 제자도 또는 구현된 충성에 의한 구원이다.

제자도가 구원에 이르는 유일무이한 길이기 때문에 우리는 전도와 제자 삼기를 절대 분리해서는 안 된다. 교회 지도자들에게 던지는 도전이 바로 이것이다. **당신은 모든 전도 활동이 제자 양육의 필요성을 반영하고 또 그 반대의 경우도 마찬가지가 되도록 하기 위해 교회 프로그램에 어떤 변화를 도입할 수 있습니까?** 왕이신 예수께 대한 충성이 모든 교회의 삶의 통합적인 중심이 될 수 있도록 모든 장벽을 허무십시오.

제자 양육의 신성한 경계

우리를 파송할 때 예수는 왜 우리가 성부, 성자, 성령의 이름으로 세례를 베풀라고 명령했을까? 우리가 복음의 중심이 믿음으로 의롭다 함을 받는 것이라고 생각한다면 이것은 자의적으로 보인다. 또는 우리가 복음이 전적으로 십자가와 부활에 관한 것이라고 생각한다면 말이다. 만약 우리가 온전한 복음(열 가지 사건)을 염두에 두지 않으면 우리는 성육신과 성령 파송도 온전한 복음에 속한다고 말할 수 없다. 복음의 확장된 정의(3장 참조)는 복음의 삼위일체적 토대를 보여준다.

복음은 **성부 하나님**이 **성자 예수**를 보내셔서 구원을 베푸시는 왕이 되고, **성령**

을 보내심으로써 그의 우편에서 영원히 다스리시고 성경 말씀에 기록된 하나님의 약속을 성취하신 것에 관한 실제적인 이야기다.

삼위 하나님의 이름으로 세례를 베풀라고 명령한 것은 그것이 왕이신 예수께 충성을 처음으로 구현할 수 있는 최고의 수단이기 때문이다. 우리 몸은 아무리 불완전하다 하더라도 그분의 도움으로 최종 구원에 도달하기 위해 계속해서 충성을 다해야만 하며, 이것이 성경에서 말하는 구원하는 믿음이 의도하는 바다. 삼위 하나님의 이름은 하나의 참된 복음을 구성하는 신성한 경계를 제시하여 복음이 대안적인 비-복음이 되는 것을 방지한다. 이 유일한 복음이 예수가 어떻게 왕이 되셨는지에 대한 참된 이야기이지만, 그 이야기에는 아들을 육신의 몸으로 이 땅에 보내시는 아버지 하나님, 아버지 우편으로 돌아가시는 아들, 내주하시는 성령을 보내신 일이 반드시 포함된다.

복음은 삼위일체와 동일하지 않으며, 삼위일체는 복음과 동일하지 않지만, 이 둘은 서로 얽혀 있고 서로를 정의한다. 바로 그런 이유에서 삼위일체 교리는 언제나 교회의 진정한 복음 사명의 중심이 될 것이다. 여기에서 우리에게 주어지는 또 다른 도전은 **사도신경이나 니케아 신조를 복음이 말하는 충성을 지켜주는 요약본으로 암송하는 것**이다. 그것을 단순히 공유하는 믿음의 진술이 아니라 왕이신 예수께 대한 선교적 충성을 다짐하는 것으로 교회에서 개인적으로나 단체적으로 암송하라.

위대한 명령은 예수가 우리에게 주신 궁극적인 도전이다. 그는 아버지 우편으로 즉위하실 때 모든 권세를 받으셨다. 그러므로 복음이 말하는 충성을 실천하라. 또한 다른 사람들에게도 왕께 충성스러운 제자가 되는 방법을 가르치라. 구원이 그것에 달려 있다는 것을 기억하면서 새로운 마음으로 충성을 다하라. 성부와 성자와 성령의 이름으로 세례를 베풀며 왕께 충성을 맹세하라. 좋은 소식은 왕이신 예수가 그의 아버지께서 보내신 아들이라는 것이다. 그분은 그와 함께 통치하신다. 그분은 우리에게 성령을 보내주셨다. 다른 사람들에게 그분이 명령하신 모든 것에 순종하여 그분께 충성을 다하라고 가르치라. 그분은 세상 끝날까지 항상 우리와 함께 하시며 우리의 충성에 힘을 불어넣어 주실 것이다.

복음이 말하는 충성 요약

우리는 설교, 가르침, 전도, 제자 양육을 수월하게 하기 위해 복음-충성 모델을 아래 표에 통합시켰다. 이 요약본의 핵심은 복음 자체를 밀접하게 연관된 개념들과 분리하는 것이다.

복음

복음은 왕이신 예수가

 1. 성자 하나님으로 선재하셨고

 2. 성부 하나님에 의해 보내심을 받았으며

 3. 하나님이 다윗에게 하신 약속을 성취하기 위해 인간의 육신을 입으셨고

 4. 성경 말씀에 따라 우리의 죄를 위해 죽으셨으며

 5. 장사되셨고

 6. 성경 말씀에 따라 사흘째 되는 날에 다시 살아나셨으며

 7. 많은 목격자들에게 나타나셨고

 8. **통치하는 그리스도로서 하나님 우편에 즉위하셨으며**

9. 그의 통치를 실행하기 위해 그의 백성에게 성령을 보내셨고

10. 이 세상을 다스리기 위해 최후의 심판자로 다시 오시리라는 것이다.

짧은 복음 요약

예수는 구원하시는 왕이시다.

확장된 복음 요약

복음은 **성자 예수**께서 **성부 하나님**에 의해 보내심을 받아 구원을 베푸시는 왕이 되고, **성령**을 보내심으로써 그의 우편에서 영원히 다스리시고 성경 말씀에 기록된 하나님의 약속을 성취하신 것에 관한 실제적인 이야기다.

복음의 목적

복음의 목적은 모든 민족이 왕이신 예수께 충성을 다하는 것이다.

복음에 대한 우리의 응답

오직 충성뿐이다. 충성은 회개, 신뢰하는 충성심, 세례로 표현된다. 죄를 회개한다는 것은 예수의 명령대로 살기 위해 다른 충성의 대상을 철회하는

것을 의미한다. 구원하는 믿음은 용서의 왕이신 예수께 충성하는 것이며, 성령의 능력으로 행하는 선한 행위를 포함한다. 세례는 충성을 구현한다.

복음의 혜택

우리는 복음 자체를 **구원의 혜택**과 혼동해서는 안 된다. 복음은 구원이 **줄 수 있는** 혜택을 선포한다. 그러나 충성을 다함으로써 복음에 응답하는 자들만이 이 특별한 혜택을 **실현**할 수 있다. 여기에는 죄 사함, 의(칭의), 입양, 영광 등이 포함된다. **특별한** 구원의 혜택은 우리가 충성을 다하고 성령을 받을 때만 개인적으로 받을 수 있다. 이것은 우리를 이러한 혜택을 이미 소유한 다른 사람들, 즉 참된 교회와 연합시킨다. 또한 복음이 선포되면 심지어 충성하지 않는 사람들도 경험할 수 있는 **일반적인** 사회적·정치적 복음의 혜택(치유, 억압으로부터의 해방, 빈곤 구제)도 있다.

복음의 배경

복음은 하나님의 세계 창조, 우주적 결과를 초래한 인간의 불순종, 그리고 구약성경의 나머지 이야기를 가정한다. 특히 아브라함과 다윗과 맺은 언약을 통해 하나님이 이스라엘에 주신 약속이 강조된다. 이러한 배경 이야기는 복음이 아니다. 구약성경 이야기의 일부분은 구원의 왕이신 예수 안에서 성취되고 절정에 달할 때 비로소 복음이 된다.

부록 2

추가 대화를 위한 가이드

우리는 왕이신 예수의 복음을 삶으로 구현하고 선포할 수 있는 우리의 능력이 자라나길 원한다. 이 가이드의 목적은 제시된 질문과 활동을 통해 개인과 그룹의 성장을 촉진하는 것이다. 이 가이드는 장과 섹션으로 구성되어 있다. 그룹이나 짝을 위해 고안된 활동의 경우, 혼자 공부하는 사람은 각 부분 별로 역할극을 하면 유익할 수 있다. 성찰하고, 개인화하고, 공유하고, 적용하라.

서론

1. 이 책을 읽고 토론함으로써 당신은 무엇을 얻고자 하는가?
2. 당신은 구원과 관련하여 무엇에 가장 관심이 있는가? 그리고 다른 사람과 구원에 관해 토론하는 것에 대해서는?
3. 그리스도인들은 왜 가톨릭, 개혁파, 아르미니우스파 같은 명칭을 사용하는 것을 좋아하는가? 당신은 각각에 대해 어떤 생각이나 느낌을 받는가? 그러한 명칭을 사용하는 것의 좋은 점과 나쁜 점은 무엇인가?

4. 자신의 구원 이야기에서 중요한 순간 두 가지를 나누라.

5. 플리니우스의 속주에서 그리스도인이 되었다면 어떤 점이 달랐을 것으로 생각하는가? 오늘날의 상황과 어떻게 같고 또 달랐을까?

6. 다음 주에 예수께서 언젠가 "너는 나에 대한 너의 피스티스(믿음 또는 충성)를 저버리지 않았다"(계 2:13)라고 말씀하실 때 당신이 받게 될 도전 두세 가지를 말하라. 이번 주에 충성을 다하기 위해 **지금** 당신이 취할 수 있는 조치는 무엇인가?

1장: 복음을 올바로 이해하기

도입부

1. 당신이 경험한 가장 재밌거나 민망스러웠던 식사 이야기는 어떤 것인가? 그때 은혜로운 방식으로 대응한 사람은 누구인가? 또 그렇지 않았던 사람은?

2. 친구나 지인에게 이 책을 함께 공부하자고 초대하여 복음과 관련된 환대를 보여주면 어떨까? 지체하지 말라. 최소한 한 사람을 선택하라. 지금 바로 문자나 전화 또는 이메일을 보내라.

더 나은 복음?

1. "더 나은 복음"이 가능하면서도 불가능한 이유는 무엇인가?

2. 누가 당신에게 복음을 처음으로 전했는가? 그 복음의 제시에 결함

이 있었는가? 아무튼 그것이 효과적이었던 이유(실천적, 신학적 이유 모두)는 무엇이었을까?

3. 이번 주에 "하향 이동"을 실천할 수 있는 구체적인 상황을 찾아보라. 당신이 내려가야 할 첫 번째 단계는 무엇인가?

복음이 아닌 것

1. 왜 복음이 **아닌** 것에 대해 이야기할까?

2. 왜 복음을 말로 선포하지 않고 행동으로 선포하는 것이 불충분한가? 복음을 말로만 전하고 행동을 하지 않는 것이 똑같이 문제가 되는 이유는 무엇인가?

3. 이 섹션에 나열된 주제 중 실제 복음과 혼동될 경우 교회에 가장 위험한 것은 무엇이라고 생각하는가?

4. 복음은 십자가 중심적인가? 이 질문에 답하기 위해서는 어떤 요소들을 고려해야 하는가?

5. 두 팀으로 나눠라. 1번 팀은 로마서의 길에 따라 복음을 준비하고 제시한다. 2번 팀은 로마서의 길이 실제로 복음이 아닌 이유를 준비하고 답한다.

복음의 기본

1. "복음"과 "복음 전파"를 의미하는 그리스어 단어가 성경 밖에서도 사용된다는 것을 아는 것이 왜 도움이 되는가?

2. 마지막으로 당신이 비그리스도인에게 복음을 전했던 때에 대해 이 야기하라.

예수는 복음을 선포한다

1. 예수가 선포한 복음의 주요 주제는 무엇인가? 복음 선포의 시기와 방식은 복음과 어떤 관련이 있는가?

2. 마가복음과 누가복음은 "하나님 나라"를 사용하는 반면, 마태복음은 "천국"을 선호한다. "하나님 나라"와 "천국"과 관련된 당신의 생각을 적어라. 최종 구원이 천국에 가는 것보다 왕이신 예수가 하늘에서 이 땅을 다스리는 것에 관한 것이라면 당신이 복음을 전하는 방식은 어떻게 바뀌어야 할까?

바울의 복음

1. "나사렛 예수"와 "그리스도 예수"의 차이점은 무엇인가?

2. "죽은 자들 가운데서 살아남"이 "죽음에서 살아남"보다 더 나은 이유는 무엇인가?

3. 로마서 1:3에서 "존재하게 되었다"의 의미는 무엇일까? 그리고 1:4에서 "능력의 하나님의 아들로 임명되셨다"의 의미는 무엇일까?

4. 나는 "그리스도 예수"라는 표현을 사용하는 것을 제안한다. 왜 그럴까? 예수에 대해 말할 때 이와 비슷한 효과를 낼 수 있는 다른 방법을 나열하라.

5. 공식적인 호칭(Mr., Mrs., Ms., Rev., Dr., Prof.)을 사용하면 이야기의 분위기는 어떻게 달라지는가? (실험적으로 당신은 어제 있었던 일을 공식적인 호칭을 사용하여 이야기해볼 수 있다.)

정화된 복음 제시하기

1. 복음을 올바로 아는 것보다 더 시급한 것은 아무리 불완전하더라도 복음을 전하는 것일지도 모른다. 아직 복음을 받아들이지 않았다고 생각하는 친구, 이웃, 직장 동료 세 명을 찾아보라. 하나님께서 복음을 전할 동기와 기회를 주시고, 성령께서 길을 예비해주시도록 지금 그리고 매일 기도하라.
2. 상상력을 동원하여 그 세 사람과 각각 만나서 할 수 있는 현실적인 대화 첫 몇 줄을 적어보라. 복음을 전할 수 있는 접점, 즉 복음이 그 대화와 어떻게 연관될 수 있는지 설명하라.

2장: 믿음이 아니라 충성

도입부

1. 그리스도인은 충성 맹세를 해서는 안 된다고 말하는 사람에게 당신은 어떻게 반응하겠는가?
2. 당신은 누구의 충실함 또는 충성심을 존경하는가? 그 이유는 무엇인가?

3. 우리는 "충성"이라는 단어를 국기에 대한 충성 맹세와 연관시킨다. 왕이신 예수가 등장하고 그분의 왕국 원칙을 요약한 짧은 "충성 서약"을 작성해보라. 그것을 잘 다듬은 다음, 매일 특정 시간에 말로 표현하겠다고 약속하라. (당신의 것이 마음에 들지 않는다면 사도신경을 사용해보라.)

4. 친구, 배우자, 정부 또는 왕에게 충성하는 것이 서로 어떻게 다른지 적어보라. 성경은 우리에게 예수를 이 모든 것으로 여기도록 권유하지만 왕권을 가장 강조한다.

믿음의 문제들

1. 오늘날 비그리스도인들 사이에서 가장 널리 퍼져 있는 "믿음"의 의미는 무엇일까? 그리스도인들 사이에서는? 그럼 "신념"은?

2. 고대인들이 피스티스라는 한 단어를 사용하여 두 가지 의미를 모두 표현할 수 있게 해준 "믿음"과 "충성"이라는 우리의 개념에는 어떤 공통점이 있는가?

3. 시간이 지나면서 의미가 바뀐 영어 단어(예. "태블릿" 또는 "게이") 목록을 작성해보라. 이 단어들은 왜 변하는 걸까? 단어의 의미가 바뀌었다는 것을 모른다면 어떤 결과를 초래할 수 있을까?

충성으로서의 믿음

1. "성경에서 믿음은 충성을 의미한다"라고만 말하면 오해의 소지가

있는 이유는 무엇인가? 더 정확한 표현은 무엇인가?

2. 단어는 어떻게 의미를 갖게 되는가? 왜 이것이 충성으로서의 **피스티스**(믿음)에 있어 중요한가?

3. 로마서 3:21-26에서 "믿음" 또는 "믿다"를 "충성" 또는 "충성을 다하다"로 대체하면 그 의미가 어떻게 달라지는가?

4. "안전하다"라는 단어의 용법을 논의하라. (1) 아이는 **안전하다**. (2) 그 장난감은 **안전하다**. (3) 이 웹사이트는 **안전하지 않다**. (4) 그는 1루에서 **안전하다**. (5) 보석은 금고에 있다. 각 경우에서 무엇이 같고 무엇이 다른가?

5. 위의 질문과 관련하여 어린이, 야구공, 장난감, 웹사이트, 보석에 대한 우리의 문화적 배경 정보가 "안전하다"의 적용 의미에 어떤 영향을 미치는가? 여기서 **피스티스**와 관련된 교훈은 무엇인가?

복음의 목적

1. 대중적인 기독교 문화에서 복음의 목적은 어떻게 이해되는가?

2. 복음에 순종한다는 것은 무엇을 의미하는가?(예. 롬 10:16; 살후 1:8; 벧전 4:17)

3. 하나님은 왜 복음을 주셨는가? 바울은 왜 그저 "믿음"이 아니라 "믿음(*pistis*)의 순종"(롬 1:5; 16:26)에 대해 말하는가?

복음은 구원을 주시는 하나님의 능력

1. 이 섹션의 로마서 1:16-17에 관한 다섯 가지 질문에 각각 자신의 말로 대답하라.

2. "의인은 **피스티스**로 말미암아 살리라"(롬 1:17)라는 말씀은 예수와 우리에게 어떻게 적용되는가?

3. 당신이 개인적으로 하나님의 구원의 능력을 깨닫게 된 때에 대해 말해보라.

4. 이번 주에 복음의 구원의 능력이 당신의 직장 또는 학교생활 방식을 바꿀 수 있는 세 가지 방법을 나열하라.

믿음에서 충성으로의 전환

1. 가정, 직장 또는 학교에서 당신은 어떤 **특정한** 상황에서 구원에 관한 주제에 대해 토론하게 되는가? 충성으로 전환하는 길을 준비하는 데 도움이 되는 **구체적인** 행동은 무엇인가?

2. 고린도후서 4:3-6을 읽어보라. 만약 이 구절을 복음에 대해 공부하는 첫 번째이자 주된 본문으로 삼는다면 우리는 무엇을 강조할 경향이 있는가? 5-6절은 3-4절을 이해하는 데 어떤 도움을 주는가? 마가복음 1:14-15, 고린도전서 15:3-5 또는 로마서 1:1-5이 더 좋은 출발점이 될 수 있는 이유는 무엇인가?

3장: 왕에 대한 온전한 복음

도입부

1. 복음의 요약본의 일부 장점 및 단점은 무엇인가?

2. 한마디로 요약한 가장 좋은 당신의 복음을 적어보라.

3. 미국 헌법(또는 다른 국가 헌장)과 관련하여 그 내용, 목적, 요구되는 반응, 혜택 사이의 차이는 무엇인가? 우리가 이것들을 혼동하면 어떻게 될까? 이것이 복음과 어떤 관련이 있는가?

복음 그 자체

1. 열 가지 그리스도 사건을 복습하라. 다른 중요한 그리스도 사건은 어떤 것인가? 그것들도 복음으로 간주해야 하는가? 왜 그런가, 또는 왜 그렇지 않은가?

2. 비록 열 가지 사건은 각각 복음에서 빼놓을 수 없는 중요한 사건이지만, 그럼에도 어떤 사건은 다른 사건보다 신학적으로 더 중요하다. 신학적으로 가장 중요한 것부터 가장 덜 중요한 것까지 순서대로 재배열하라. 당신은 왜 이 순서를 선택했는가?

복음의 내용 확대하기

1. **예수가 구원의 왕**이라는 사실을 확립하는 것이 열 가지 복음 사건의 가장 포괄적인 틀인 이유는 무엇인가?

2. 성육신이 복음과 우리의 구원에 필수적인 이유는 무엇인가?

3. 당신은 오늘날 기독교의 가장 큰 문제가 무엇이라고 생각하는가? 그것이 기독교의 구원과 관련이 있는가?

4. 베드로의 오순절 연설(행 2:14-41) 또는 바울의 비시디아 안디옥 연설(13:16-41)을 자세히 살펴보라. 복음의 열 가지 요소 중 하나를 찾을 때마다 기록해보라.

5. 복음을 구성하는 열 가지 그리스도 사건을 모두 기억하는 데 도움이 되는 연상 기호를 만들어보라. (예. **선재하심**. **보냄 받으심**. **성육신**. **죄**를 위해 죽음. **장사**. **부활**. **출현**. **즉위**. **성령**. **재림**. 선.보.성.죄.장.부.출.즉.성.재. Preexisted. Sent. Incarnation. Died for sins. Buried. Raised. Appeared. Enthroned. Spirit. Return. "Penguins steal ice. Dogs bite rabbits. Ants eat sticky rice.") 물론 당신은 이보다 더 잘 할 수 있다. 말이 이상하면 할수록 더 좋다.

왕의 복음에 대한 반론

1. 십자가에 달린 강도의 말은 충성을 나타내는가?

2. 당신이 당첨된 복권을 가지고 있다면 당신은 상금을 청구하지 않아도 돈을 받을 수 있는가? 이것은 복음에서 말하는 "우리 죄를 위해 죽었다"에 대한 좋은 유비인가, 나쁜 유비인가?

3. 프리에네 달력 비문을 읽어보라(163쪽을 보라). 그것과 초기 기독교의 구원 사상 사이의 다섯 가지 접촉점을 열거하라. 그 비전은 기독교의 비전과 어떻게 비슷하면서도 또 다른가?

복음과 삼위일체

1. 어떤 지인은 "나는 예수가 좋은 것을 가르쳤고, 우리는 좋은 사람이 되어야 한다고 생각한다. 그러나 나는 그가 하나님이었다고 확신하지 않는다. 그것은 나에게 해당하지 않는다"라고 말한다. 그는 당신에게 대답할 여지를 준다. 당신은 뭐라고 말해야 할까?

2. 복음을 다른 사람에게 전할 때 복음의 열 가지 부분을 모두 전해야 할까? 주어진 상황에서 어떤 부분을 전하고 강조할지를 어떻게 선택해야 할까?

3. 삼위일체는 왕의 복음에서 얼마나 중요할까?

모든 그리스도인을 위한 하나의 복음

1. 고린도전서 11:17-22을 읽어보라. 주의 만찬이 실제로 주의 만찬이 되려면 본문의 어느 부분에서 분열을 강화하기보다는 제거해야 한다고 일러주는가? 당신은 지역 교회에서 그러한 분열을 어떻게 없앨 수 있는가? 당신의 교회는 도시의 다른 교회와 협력할 수 있는가?

2. 사도신경은 열 가지 복음 사건 중 어느 것을 언급하거나 강하게 암시하는가? 사도신경은 여기서 요약한 복음이 강조하지 않은 것 중에 무엇을 강조하는가?

3. 교회 예배 중에 함께 신조를 낭송하는 것의 장단점은 무엇인가?

4. (교황과 같은) 단 한 명의 지도자도 없이 교회가 연합할 수 있는 몇 가

지 방법은 무엇인가? 단합을 위한 각각의 다른 모델의 장단점은 무엇인가?

가교: 분명해진 복음, 활성화된 복음

1. 복음의 내용, 목적, 반응, 유익, 배경 간의 차이점을 당신의 말로 요약해보라.
2. 가난한 자나 불우한 자를 돕지 않는 한 복음이 복음이 아니라고 말하는 데는 과연 한계가 있는가?
3. 예수는 우리의 조건 없는 충성을 받아야 하지만, 배타적인 충성은 받지 않아야 한다. 당신의 충성을 도식화할 수 있는 순서도를 만들어보라. 예수가 맨 위에 위치한다. 그 아래에 당신의 다른 관계를 배치해보라. 가족, 배우자, 회사, 상사, 동료, 직원, 동급생, 친구, 친척, 지인, 국가, 지방 정부, 세상, 교회, 장로, 목사, 이웃 등 내가 충성해야 하는 사람들과 내게 충성해야 하는 사람들을 생각해보라. 당신은 어디에 속해 있는가?
4. 당신은 다른 사람에게 충성을 지나치게 요구하거나 적게 요구하는 경향이 있는가? 다른 사람에게 마땅히 보여야 할 충성심을 과대평가하거나 과소평가하는 경향이 있는가? 그 이유는 무엇인가?
5. 당신이 충성을 다해야 하는 사람(예. 상사)으로부터 금전적으로 부정직한 일을 하라는 요구를 받는다면 당신은 예수에 대한 충성을 어

떻게 지킬 것인가?

6. 만약 당신이 선생이고 학생들이 험담을 한다면 당신은 예수에 대한 충성을 어떻게 강화할 수 있는가?

7. 당신이 누군가에게 **거의** 복음을 전할 뻔했다가 그러지 못했던 때에 대해 이야기해보라. 무엇이 당신을 막았나?

4장: 은혜의 여섯 가지 측면

도입부

1. "나 같은 죄인 살리신 그 은혜 놀라워"라는 찬송에는 은혜에 대한 어떤 정의가 가정되어 있나? "은혜"라는 단어가 등장하는 현대 노래를 생각해보라. 그 단어가 어떻게 사용되고 있나?

2. 목회자가 교인들에게 서로 하나님의 은혜를 보여줄 것을 권면한다면 그 권면에 담긴 일반적인 의도는 무엇일까?

3. 다음 문맥에서 "은혜"가 어떻게 다르게 사용되는지 토론해보라. (1) 요점은 규칙이 아니라 **은혜**다. (2) 그는 내가 시험에서 부정행위를 한 것을 적발했지만 **은혜**를 베풀었다. (3) 그 댄서는 그런 **우아함**(은혜)을 보여준다. (4) 이 결혼은 더 많은 **아량**(은혜)이 필요하다. (5) 당신은 오직 하나님의 **은혜**로만 구원을 받는다.

은혜 문제

1. 한 친구가 다음과 같이 말한다. "은혜는 공짜 선물을 의미한다. 그러므로 예수를 영접한 후 내가 하는 일은 나의 구원과 아무런 상관이 없다. 그렇지 않다면 그 선물은 더 이상 공짜가 아니니까." 이에 대해 당신은 어떻게 응답하겠는가?

2. "복음", "믿음", "은혜"에 대한 값없는 은혜 운동과 복음이 말하는 충성 모델의 정의를 비교해보라. 주된 차이점은 무엇인가? 공통점은 무엇인가?

복음은 구원의 은혜다

1. 누군가에게 선물을 받을 때 당신의 기분은 어떤가? 선물을 받은 후 당신이 일반적으로 반응하는 방식은 어떠한가?

2. (역사 속에서 주어진) 복음 자체가 하나님의 놀라운 구원의 은혜라는 사실을 우리가 깨닫지 못할 때 어떤 일이 벌어지는가?

은혜의 여섯 가지 측면

1. "중요한 것은 선물이 아니라 생각이다"라는 말이 있다. 이 말은 항상 맞는가? 대체로 맞는가? 맞은 적이 있는가? 이것이 하나님의 은혜에는 어떻게 적용될까?

자격

1. 무언가 받을 자격이 없는 것을 받았을 때에 관해 이야기해보라.

2. 고대인들은 **은혜는 자격이 있는 자에게만 주어지는 것**이라고 믿으면서 어떻게 은혜를 은혜로 여겼을까?

3. 한 사람, 그룹 또는 자선단체에 기부할 10,000불이 당신에게 있다고 하자. 당신은 어디에 기부하겠는가? 이 돈으로 누구에게 은혜를 베풀지 결정할 때 자격을 얼마나 고려할 것인지를 0점에서 10점까지의 범위 안에서 평가해보라.

규모

1. 지금까지 당신이 받은 선물 중 가장 큰 선물은 무엇인가?

2. 선물 또는 은혜의 크기를 **양적으로** 측정하는 것과 **질적으로** 측정하는 것 중 어느 것이 더 나은가? 그리고 우리는 그것을 어느 기준에서 측정해야 할까? 주는 사람이나 받는 사람의 감정으로, 아니면 선물 자체를 객관적으로 평가해서?

3. 성경에 따르면 구원의 은혜의 크기가 커질 수 있다는 것은 어떻게 가능한가?

혜택을 주고자 하는 마음

1. 악의적인 선물을 준 적이 있다면 이야기해보라. (물론 정말로 악의적으로 준 것일 수도 있고, 장난으로 준 것일 수도 있을 것이다.) 누가 혜택을 받

았는가? 왜 그랬나?

2. 지난 몇 년 동안 받은 선물 중 가장 사려 깊었던 선물은 무엇이었는가? 그 선물이 특별했던 이유는 무엇인가?

3. 하나님이 완전하시다면 어떻게 그분의 은혜가 완전하게 유익하지 않을 수 있는가?

타이밍

1. 너무 일찍 받거나 너무 늦게 받은 선물에 대해 말해보라.

2. 하나님의 은혜는 언제 시작되었나? 이 질문에 답하기 어려운 이유가 무엇인가?

3. 믿음(*pistis*)은 언제나 하나님의 선물인가? 어떻게 그런가?

4. 사장이 직원에게 "올해에는 보너스를 받게 될 거야!"라고 말한다. 그 사람이 보너스를 받지 **못할** 이유는 무엇일까? 이 유비를 복음과 은혜와 구원에 관한 성경의 가르침에 적용한다면 유사점과 차이점은 무엇일까?

효과

1. 당신은 한 번도 사용하지 않은 선물을 지난 크리스마스에 여러 개 받았을 것이다. 말해보라. 왜 한 번도 사용하지 않았는가?

2. 당신이 받은 선물 중 정말로 유용했던 선물에 대해 말해보라. 그 이유가 무엇인가?

3. 하나님이 완전하시다면 은혜가 성경에 묘사한 대로 항상 완벽하게 효과적이지 않은 이유는 무엇일까?

4. 은혜의 효력이 목적과 불가분의 관계에 있는 이유는 무엇일까?

5. 왜 우리는 개인과 집단에 주어지는 은혜의 효과를 따로 고려해야만 하는 것일까?

답례

1. 오늘날의 문화는 왜 완벽한 선물은 아무런 조건 없이 주는 것으로 생각하는 경향이 있을까?

2. 최근에 기억에 남는 선물에 대해 말해보라. 당신은 그 선물에 어떻게 보답했나? (현물이나 규모에 대한 보답을 넘어 정서적 또는 사회적 보답까지 생각해보라.)

3. 우리가 하나님의 복음의 선물에 충성으로 보답해야 한다면 현재 당신에게 충성은 어떤 모습인가? 어떤 습관이나 관행이 충성을 장려하는가? 어떤 것이 불충실함을 부추기는가?

4. 이번 주에 예수께 충성을 다하기 위해 실천하고 싶은 한 가지 행동을 말해보라. 그것을 이행하기 위한 첫 번째 실천적인 단계는 무엇인가?

5장: 믿음은 몸으로 구현된다

도입부

1. 당신이 받은 세례에 대해 말해보라. 누구에 대한 충성을 강조하고 장려했나? 당신은 이것이 적절하게 강조되었다고 생각하는가? (당신이 아직 세례를 받지 않았다면 회개하고 왕이신 예수께 충성을 고백하고 흠뻑 물에 젖으세요!)

2. 당신은 왜 하나님이 첫 신앙고백의 일환으로 우리에게 무언가 육체적인 것을 하라고 명령하셨다고 생각하는가?

오늘날의 믿음과 행위

1. 당신이 믿음을 실천하는 데 어려움을 겪는 삶의 한 영역은 어디인가? 당신은 그 단절된 부분을 어떻게 설명할 것인가?

2. 당신은 다른 사람들(예. 친구, 가족, 목회자)이 그리스도인의 구원에서 믿음과 행위의 관계에 대해 설명하는 것을 들어본 적이 있는가? 주로 무엇을 강조하는가?

3. 개신교인들 사이에서 믿음과 행위의 관계에 대한 표준적인 견해는 무엇인가?

외부지향적인 믿음

1. 이 책에서는 "믿음은 일반적으로 심리적이거나 감정적이기보다는

관계적이고 외부지향적이다"(238쪽)라고 주장했다. 여기서 관계적이란 무엇을 의미할까? 외부 지향적은?

2. 다음 표현 중 가장 적합한 라벨—외향적, 내향적, 관계적, 개인주의적—을 골라보라. 그런 다음 성경에 묘사된 구원하는 믿음에 가장 가까운 것부터 순서대로 나열해보라. (1) 당신은 걱정하고 있지만 믿음을 가져야 한다. (2) 그는 이슬람 신앙을 가지고 있다. (3) 나는 진화론에 대해 잘 모른다. 나는 믿음으로 사고한다. (4) 때로는 당신도 믿음의 도약이 필요하다. (5) 우리는 믿음을 기반으로 하는 조직이다. (6) 코치는 내가 먼저 시작하게 함으로써 나의 대한 믿음을 보여주었다. (7) 나는 하나님을 믿고 싶지만, 나에게는 믿음이 없다. (8) 나는 교회에 가지 않는다. 내 믿음은 개인적인 것이기 때문이다.

3. 예수와 당신의 관계를 생각할 때 가장 주목할 만한 시각적 이미지나 장면은 무엇인가? 이것이 예수에 대한 당신의 믿음 또는 신뢰에 어떤 영향을 주는가? 이제 예수를 보좌에 앉으신 강력한 왕으로 생각하고, 당신이 그의 연회를 준비하거나 연회장을 청소하거나 장작을 공급하는 모습을 상상해보라. 자, 지금 그분이 당신에게 말씀하시며 당신에게 사명을 주신다. 당신이 즉시 충성을 다하는 모습을 상상해보라. 이제는 그분이 왕으로서 당신에게 이번 주에 어떤 특정 가족 구성원을 어떻게 대할지 말씀하신다고 상상해보라. 더 큰 충성을 바치기 위해 예수에 대한 당신의 이미지를 바꾸어보라.

아브라함의 믿음

1. 아브라함이 하나님의 **일반적인** 약속을 신뢰함으로써 의롭게 되었다(의롭다 함을 받았다)는 주장에는 어떤 문제가 있는가?

2. 갈라디아서 3:13-14은 "그리스도께서 우리를 속량하사…그리스도 예수 안에서 아브라함의 복이 이방인에게 이르게 하시고 우리로 하여금 믿음을 통해 약속하신 성령을 받게 하려 하심이라"라고 말한다. 구체적으로 아브라함의 복은 무엇을 말하는가? 그것은 어떻게 받는가? 이 본문은 복음과 그 목적과 어떤 관련이 있는가?(롬 1:5; 갈 3:8)

3. 아브라함의 믿음은 어떻게 육체적으로 외면화되었나? 그것은 관계적으로 어떻게 외부로 향했는가?

4. 하나님은 이번 주에 당신에게 무엇을 신뢰하라고 말씀하시는가? 그것은 하나님의 매우 구체적인 복음 및 그 목적 또는 결과와 어떤 관련이 있는가?

외적인 것이 내적인 것이 되었다

1. 기독교 역사에서 믿음이 점차 외부지향적이지 않고 내부지향적으로 변해온 것이 왜 중요한가?

2. 당신의 성경에 끼울 충성에 관한 책갈피를 만들어보라. 성경을 읽는 것이 충성을 구현하는 행동이라는 것을 기억하라.

구현된 믿음

1. 마음과 뇌는 서로 어떻게 연관되어 있을까? (이것은 매우 복잡한 질문이며, 많은 이론이 있다.)

2. 예수가 진정한 육체를 가지고 있었다는 사실을 부인하는 가현설은 왜 그렇게 위험한 거짓 가르침인가?

3. 식민지란 무엇인가? **피스티스**와 어떤 관련이 있는가?

4. 어떤 친구는 "나는 믿음으로 구원받았지, 그 후에 내가 행한 어떤 행위로 구원받은 것이 아니다"라고 말한다. 당신은 이 말을 어떻게 생산적인 대화로 전환할 수 있을까?

그리스도는 신실함을 구현하신다

1. "그리스도의 믿음"의 의미에 대한 두 가지 기본 선택지를 당신의 말로 설명해보라. 구원을 이해하는 데 이것이 왜 중요한가?

2. 시편 116편을 읽어보라. 시편 저자(아마도 다윗)가 미래의 메시아의 인격으로 말하고 있다고 상상해보라. (사도 바울도 이 시편을 그렇게 읽은 것으로 보인다.) 당신은 이 시편의 줄거리를 어떻게 요약할 것인가? 당신은 시편과 예수의 생애 이야기 사이에 서로 일치하는 부분을 몇 개나 찾을 수 있는가? 시편 16편, 22편, 69편에서도 이 질문에 답해보라.

3. 바울이 고린도후서 4:13에서 시편 116:10을 인용한 방식은 로마서 1:17과 어떤 관련이 있는가?

4. 예수의 구원은 당신의 구원과 어떻게 같으면서도 다른가?

믿음은 유일하다

1. 우리는 왜 믿음(*pistis*)이 유일하게 구원을 가져다준다는 주장의 정도 를 확립해야 하는가?

2. 한 사람은 오직 믿음만으로 구원을 받는다고 주장한다. 다른 사람은 "내가 산을 옮길 만한 모든 믿음이 있을지라도 사랑이 없으면 내가 아무 것도 아니요"(고전 13:2)라는 바울의 말을 인용하며 믿음은 그 효력을 발생하려면 사랑으로 형성되어야 한다고 반박한다. 그 대화 에 당신이 끼어들기로 했다. 당신은 뭐라고 말할 것인가?

3. 구원을 위한 믿음과 성령 안에서의 삶 사이의 논리적 연관성은 무 엇인가?

4. 출애굽기 20장을 펴보라. 당신이 **거기에 열거된 이 계명들**을 지킴 으로써 구원을 얻는 것이 왜 불가능한가? 그럼에도 당신이 이 계명 들을 지켜야 하는 이유는 무엇인가?

6장: 행위는 어떻게 구원하는가

도입부

1. 본인이나 지인 중에 "구원을 다시 받은" 사람이 있는가? 혹은 세례 를 한 번 이상 받은 적이 있는가? 당신은 그 동기가 무엇이라고 생

각하는가?

2. 당신은 그리스도인의 구원이 결정적인 단회성 사건이라고 보는가, 아니면 하나의 과정이라고 보는가? 그 이유는 무엇인가? 당신은 성경의 여러 본문에서 일관성 있게 자신의 견해를 뒷받침할 수 있는가?

3. 당신은 잘못된 동기에서 비롯되었다고 생각해서 무언가 선한 일을 하지 않았던 적이 있는가? 당신은 동기의 순수성이 우리가 하는 일에 얼마나 영향을 미쳐야 한다고 생각하는가?

문제로서의 행위

1. 율법주의란 무엇인가? 당신의 신앙생활에서 율법주의로 인해 어려움을 겪는 부분은 어디인가? 왜 그런가?

2. 당신은 자신이 규칙을 준수하는 사람이라고 생각하는가, 아니면 반항하는 사람이라고 생각하는가? 당신이 다른 사람에게 투영하고 싶은 이미지가 이 점에서 당신에게 얼마나 영향을 미치는가? 당신이 주님과 동행하는 데 이것이 어떤 영향을 미쳤는가?

3. **행위의 의**란 무엇인가? 당신은 개인적으로 그것을 믿은 적이 있는가? 당신이 진정으로 그것을 믿는다고 생각하는 특정한 사람이나 그룹("그리스도인" 또는 기타)을 지목할 수 있는가?

행위는 문제가 아니다

1. 이 장에서는 행위를 전적으로 문제가 있는 것으로 보는 것이 왜 어리석은 것인지에 대해 어떤 논거를 제시하는가?

2. 전통 개신교(예. 루터와 칼뱅)는 구원을 위해 선한 행위가 필요한지에 관해 값없는 은혜 운동과 예리하게 의견을 달리한다. 왜 그런가?

3. 이번 달에 당신이 행한 선한 일 세 가지를 적어보라. 당신은 하나님이 어떻게 관여하셨다고 생각하는가? 당신은 어떻게 관여했는가? 당신이 죄를 지을 때는 어떤가? 당신은 하나님의 행위와 당신의 행위가 어떻게 조화를 이룬다고 생각하는가?

행위가 문제가 아닌 또 다른 이유들

1. 일부에서는 심지어 교회에 속한 사람들조차도 (회개와는 별개로) 특정한 행동이나 행위를 하면 영생에서 제외될 수 있다고 주장해왔다. 이 견해에 대한 주된 성경적 증거는 무엇인가?

2. 로마서 2:5-8을 읽어보라. 하나님의 심판 기준을 설명하는 모든 말씀을 찾아보라. 당신은 그것을 어떻게 요약할 것인가?

칭의 안에서 행위를 회피하려는 시도

1. 칭의의 기본 의미는 무엇인가? 칭의는 의와 어떤 관련이 있는가?

2. 로마서 2:5-8에 대한 가상적 접근법을 설명해보라. 당신은 이 견해가 지난 500년 동안 개신교 내에서 왜 그렇게 영향력이 있었다고 생

각하는가?

3. 이 책은 가상적 관점을 거부해야 하는 다섯 가지 이유를 제시한다. 다섯 가지 중 가장 설득력이 있다고 생각하는 것과 가장 설득력이 없다고 생각하는 것은 무엇인가? 그 이유는 무엇인가?

4. 믿음과 행위의 관계에 대한 일치의 견해는 무엇인가?

5. 로마서 2:6에 나오는 그리스어 "카타"의 올바른 해석에 따라 무엇이 달라지는가?

6. 로마서 2:13을 읽어보라. 당신은 구원이 어떻게 일어나는지에 대한 논쟁에서 이 구절이 왜 특별히 중요하다고 생각하는가? 로마서 2:13을 해석할 때 로마서 2장에서 어떤 증거를 고려해야 할까?

바울에 대한 새 관점

1. "언약적 율법주의"라는 문구의 두 단어를 모두 설명해보라. 두 단어가 합쳐졌을 때 이 전체 문구의 의미는 무엇인가?

2. 예수 당시 대다수 유대인들은 이미 은혜로 인종에 의해 구원받았다고 믿었다는 말은 무슨 의미인가?

3. 자명하게 다른 사람에게 영향을 미치는 죄는 무엇인가? 당신에게만 영향을 미치는 **것처럼 보이는** 죄는 어떤 것일까? 다른 사람에게 감추어진 사적인 죄가 어떻게 실제로 자아보다 더 많은 해를 끼치는 것일까?

4. 당신은 공적인 죄와 사적인 죄 중 어느 것이 더 나쁘다고 생각하는

가? "더 나쁘다"를 측정하는 다른 방법에는 어떤 것이 있는가? 그리고 누구에게 "더 나쁘다"는 것인가?

새 관점에 대한 평가

1. E. P. 샌더스가 바울에 대한 새로운 관점을 처음 제시했을 때 대부분의 학자들이 긍정했던 부분은 무엇인가? 반면 어떤 부분이 광범위하게 거부되었는가?

2. "율법의 행위"와 "행위"라는 바울의 표현은 사람이 행하거나 행하려고 노력하는 모든 선한 행위를 포함하는가? 이 입장에 대한 찬반 입장을 모두 주장해보라.

3. 만약 바울이 "율법의 행위"를 주로 유대인과 이방인을 구분하는 사회-종교적 관습으로 보았다면 그것이 여전히 수행해야 하는 명령이라는 것을 인식하는 것이 왜 중요한가?

4. 만약 회중이 현대 예배와 전통 예배를 놓고 분열한다면 전통 음악을 고수하는 것을 "율법의 행위"로 간주하는 것이 공정한가? "율법의 행위"에 대한 바울의 견해가 오늘날 우리 교회의 관행에 어떤 영향을 미쳐야 할까?

복음이 말하는 충성과 행위

1. 바울이 특정한 유형의 행위의 의를 거부했다는 것은 무엇을 의미할까?

2. 한 지인이 의아해한다. "나는 믿음과 행위의 관계 전체를 이해하지 못하겠어요." 성령의 역할은 우리가 그 의미를 설명하는 데 어떤 도움을 줄까?

3. 성령의 인도를 구할 때 당신은 개인적 실천과 집단적 실천 중 어느 쪽을 더 선호하는가? 이것이 당신의 제자도의 질에 어떤 영향을 미치는가? 당신에게 가장 도움이 되는 세 가지 실천을 열거해보라.

가톨릭교회, 개신교, 그리고 복음

1. 개신교 신자들 사이에서 가톨릭 신자에 대한 일반적인 고정관념은 무엇인가? 그 반대는? 동방 정교회는 서양에서 덜 알려진 경향이 있다. 당신이 정교회에 대해 아는 것은 무엇인가?

2. 당신은 복음이 기독교 연합을 위한 주요 신학적 표준이 되어야 한다는 데 동의하는가? 고려해야 할 다른 표준은 무엇인가? 그 이유는 무엇인가?

3. 당신이 판단하기에 성례와 의식의 차이점은 무엇인가?

4. 고행은 무엇인가? 면죄부는 무엇인가? 가톨릭 신자들은 왜 이것들이 구원에 효과적이라고 믿는가?

5. 이 책에서 가톨릭교회의 근본적인 문제점으로 지적한 것은 무엇인가? 당신은 이 분석에 동의하는가? 동의하는 이유 또는 동의하지 않는 이유는 무엇인가?

복음이 말하는 충성은 무엇을 지향하는가?

1. 당신은 개신교 내에서 복음에 대해 가장 혼란스러워하는 것을 어떻게 요약할 것인가? 가톨릭교회 내에서는?

2. 성경적으로 말할 때 칭의, 믿음(*pistis*), 복음 간의 진정한 관계를 가장 잘 설명할 수 있는 방법은 무엇인가?

3. 기독교의 진리에 대한 의구심으로 당신이 어려움을 겪었던 때(지금이라도)를 묘사해보라. 그럴 때 당신은 어떻게 자신을 새롭게 하고 계속 인내할 수 있었는가?

4. 구원을 받으려면 우리가 복음에 대해 얼마나 지적인 확신을 가지고 있어야 할까? 충성은 그 경계를 정하는 데 어떤 도움을 줄 수 있을까?

7장: 충성의 도전 받아들이기

도입부

1. 도전에 맞설 준비가 부족해서 (거의) 실패했던 경험에 대해 말해보라.

2. 복음이 말하는 충성의 세 가지 도전 중 앞으로 당신이 가장 마주하기 어려울 것 같은 도전은 무엇이라고 생각하는가? 지금 당장 준비를 위해 당신이 취할 수 있는 두 가지 실천적 단계는 무엇인가?

복음이 말하는 충성 가르치기

1. 당신은 에베소서 2:8-10에서 볼드체로 표시된 각 단어를 단어당 한두 문장으로 설명할 수 있는가?(참조. 331쪽)

2. 에베소서 2:8-10의 더 넓은 전후 문맥은 은혜, 믿음, 행위의 적용 의미에 대한 중요한 정보를 어떻게 제공하는가? 연필을 손에 들고 에베소서 1장과 2장을 전부 읽으면서 어떤 연결점이 있는지 기록해 보라.

3. 우리가 에베소서 2:8-10이 한 그룹에 그리고 그 그룹의 일원인 개 개인에게 쓰인 편지임을 인식할 때 이 본문은 어떻게 달리 이해될 수 있을까? 현대 독자들이 에베소서 2:8-10을 부주의하게 개인에 게 적용할 경우 발생할 수 있는 오해 세 가지를 나열해보라.

4. 예수의 믿음(신실함)과 예수에 대한 우리의 믿음 중 에베소서 2:8에 서 염두에 두고 있을 개연성이 높은 것은 어느 것일까? 그 이유는 무엇인가?

5. 에베소서 2:8-10은 복음-충성 모델을 가르치는 방법을 습득하는 데 도움이 되는 구절로 제시되어왔다. 그러나 야고보서 2:14-27도 도움을 준다. 야고보서 2:20-24에서 주요 구원 용어에 밑줄을 그어 보라. 그리고 각 용어에 대해 설명할 수 있는지 살펴보라.

"얼마나 많이"라는 도전

1. 구원을 받으려면 왕이신 예수께 얼마나 충성해야 할까?

2. 양과 관계의 질의 차이를 유지하는 것이 왜 중요한가? 관계의 질은 누가 궁극적으로 결정하는가? 어떻게 결정하는가?

3. 바울은 다음과 같이 말한다. "**참으면** 또한 **함께 왕 노릇 할 것이요** 우리가 주를 **부인하면** 주도 우리를 부인하실 것이라. 우리는 **미쁨이 없을지라도** 주는 항상 **미쁘시니 자기를 부인하실 수 없으시리라**"(딤후 2:12-13). 볼드체로 된 용어와 이 본문의 전체적인 요점을 설명해보라.

4. 요한1서 2장을 읽고 구원에 관해 필요한 경고나 확신을 주는 구절을 모두 찾아보라. 오늘날 기독교 문화에서 당신이 가장 적실하다고 생각하는 것은 무엇인가?

제자를 만드는 사명의 도전

1. 당신을 제자로 만드는 데 도움을 준 한두 사람에 대해 이야기해보라. 무엇이 효과적이었는가? 비효과적이었던 것은?

2. 당신은 누군가가 제자가 되는 데 도움을 준 적이 있는가? 없다면 그 이유는 무엇인가? 있다면 당신이 사용한 자료, 소통 패턴, 성공과 실패에 대한 이야기를 공유해보라.

3. 만약 당신의 목회자가 "제자의 길이 구원의 길이다"라고 말한다면 당신은 교인들이 어떤 반론을 제기할 것으로 생각하는가? 그 반론에 답할 수 있는가?

4. 예수의 위대한 명령과 로마서 1:5에 나오는 복음의 목적에 대한 바

울의 설명 사이에는 어떤 유사점이 있는가? 여기에 담긴 일부 함의는 무엇인가?

5. 당신의 교회에서 정기적으로 하는 활동이나 프로그램 다섯 가지를 말해보라. 그것들은 전도와 제자 훈련 중 어느 쪽에 더 치우쳐 있는가? 각 활동에서 "예수는 구원의 왕이시다"가 어느 정도 통합적으로 핵심점이 되는지를 1-10점 사이에서 평가해보라. 한 프로그램을 선택하고 어떻게 하면 그 프로그램이 10점에 가까워질 수 있도록 도울 수 있는지 구상해보라.

6. 복음과 삼위일체 교리의 관계는 무엇인가?

7. **제자를 만드는 사람이 되라.** 우리는 이것이 왕이신 예수를 섬기면서 깊고 장기적인 영향력을 행사할 수 있는 가장 좋은 방법이라고 확신할 수 있다. 이것이 예수가 우리에게 명령하신 것이기 때문이다. 그리스도의 제자가 될 준비가 되어 있는 사람을 찾아보고 초대하라. 의도적인 제자 양육 그룹을 만들고 예수의 제자가 되기를 원하는 6-12명의 모임을 인도해보라. 몇 년 동안 서로의 삶에 대해 대화를 나누어보라. 그리고 이 사람들을 제자 양육자로 파송하여 각자의 그룹을 인도하도록 하자. 그리고 이것을 반복하자. 이를 위한 훌륭한 무료 자료가 마련되어 있다(예. www.discipleship.org, www.renew.org).

성경 및 고대 문헌 색인

왕이신 예수의 복음

참된 복음은 단지 믿음이 아니라 충성을 요구한다

Copyright © 새물결플러스 **2024**

1쇄 발행 2024년 9월 6일

지은이 매튜 W. 베이츠
옮긴이 홍수연
펴낸이 김요한
펴낸곳 새물결플러스

편 집 왕희광 정인철 노재현 이형일 나유영 노동래
디자인 황진주 김은경
마케팅 박성민
총 무 김명화 이성순
영 상 최정호
아카데미 차상희

홈페이지 www.holywaveplus.com
이메일 hwpbooks@hwpbooks.com
출판등록 2008년 8월 21일 제2008-24호
주 소 (우) 04114 서울시 마포구 신촌로28가길 29
전 화 02) 2652-3161
팩 스 02) 2652-3191

ISBN 979-11-6129-287-8 93230

책값은 뒤표지에 있습니다.